U0929550

高等学校城市轨道交通系列教材

城市轨道交通卓越工程师

教育培养计划系列教材

城市轨道交通
运营心理学

主　编　朱小瑶

副主编　朱海燕　程　丹　朱鸣

主　审　朱沪生　陈　洁

中国铁道出版社有限公司

2020年·北　京

图书在版编目(CIP)数据

城市轨道交通运营心理学/朱小瑶主编.—北京:中国铁道出版社,2013.10(2020.6 重印)
ISBN 978-7-113-17044-8

Ⅰ.①城… Ⅱ.①朱… Ⅲ.①城市铁路—交通运输管理—管理心理学—教材 Ⅳ.①U239.5-05

中国版本图书馆 CIP 数据核字(2013)第 173255 号

书　　名: 高等学校城市轨道交通系列教材
城市轨道交通运营心理学
作　　者: 朱小瑶　朱海燕　程　丹　朱　鸣

责任编辑: 殷小燕　徐　清　　　**电话:**(010)51873147
封面设计: 陈东山
责任校对: 龚长江
责任印制: 陆　宁

出版发行: 中国铁道出版社有限公司(100054,北京市西城区右安门西街 8 号)
网　　址: http://www.tdpress.com
印　　刷: 三河市宏盛印务有限公司
版　　次: 2013 年 10 月第 1 版　2020 年 6 月第 8 次印刷
开　　本: 787 mm×960 mm　1/16　印张:16.25　字数:300 千
书　　号: ISBN 978-7-113-17044-8
定　　价: 35.00 元

版权所有　侵权必究

凡购买铁道版图书,如有印制质量问题,请与本社读者服务部联系调换。电话:(010)51873174(发行部)
打击盗版举报电话:市电(010)51873659,路电(021)73659,传真(010)63549480

序

随着我国城市轨道交通的大发展，目前建造轨道交通的城市越来越多，城市轨道交通的网络化程度也越来越高。城市轨道交通是为广大群众的出行提供便捷快速服务的公共交通工具，是解决城市居民“出行难”的有效手段，已成为城市中最具公益特征的重要民生工程。

城市轨道交通以“安全运送乘客”为目标，随着城市轨道交通运营网络的不断完善，网络内车站数量的不断增多，客流量也不断增加，对城市轨道交通的运营质量和服务要求也越来越高。

自1993年5月28日上海地铁1号线投入试运营至今已近20年了，截至2013年9月，上海城市轨道交通的运营线路总里程已经达到472 km(不含磁悬浮示范线)，近期规划(包含在建线路)路将达到660 km，远期规划线路更将达到970 km，已投入运营的车站总数为310座。上海地铁700万人次的日客流量已成为常态。

“安全、快速、准点”的运营特点既是广大市民对地铁的评价，也是对地铁服务的基本要求，面对着每天700万人次的客流量，摆在地铁管理者和车站服务人员面前，最现实的和急需解决的课题是：面对着脾气禀性各异、数量庞大的乘客群，如何进一步提高服务质量。

要提高服务质量，首先需要知道乘客的需要。出行目的不同，乘客文化背景不同，乘客个性的不同等等，使乘客对服务的要求不同，遇到运营突发事件时的行为表现也各不相同。

观察、研究乘客是为了找出乘客对服务的要求，如何才能准确、迅速地从乘客的外在行为判断出乘客的内心需求，就要借助于专门研究人们内心活动的学科——心理学。

城市轨道交通的各级管理和服务人员，很少甚至有些从来没有接触过心理学，对心理学持有一种神秘和高深莫测的感觉。回想最初他们也是从未接触过城市轨道交通，就是凭着他们的努力，将上海地铁管理得井然有序，今天在城市轨道交通大发展的形势下，为了提高管理水平和服务质量，通过他们的努力，相信地铁管理和服务人员也同样可以了解、掌握和运用心理学，为广大乘客服务。

心理学是一门古老而又年轻的学科，心理学认为人的行为是人们适应环境的方式，因此以人的心理现象为主要研究对象，研究人的心理。心理学的结论也是建立在依据科学方法原则收集的证据基础上的。由于心理学分析的对象往往是具体的个体——一个人，所以如果不理解精神过程——人类精神过程的活动——就不能理解人的行为；反之，只有了解了人的行为，才能找出人的内心活动，而这一点正是地铁管理和服务人员需要掌握和了解的，因此当城市轨道交通发展到一定的层次，必然就会对管理和服务人员提出学习心理学的要求，才能找出存在的不足，通过持续改进进一步提高服务质量。

各类心理学的教材门类繁多，但是针对城市轨道交通的心理学教材比较稀缺，究其原因：一方面由于城市轨道交通作为我国的一门新兴行业，尚处于发展和完善的过程中，对于管理和服务质量的要求还在摸索过程中；另一方面城市轨道交通运营心理学教材的编写者，既要有丰富的运营管理经验实践经验，又要掌握心理学的基础知识，这就比较困难了。现实中不缺少心理学专家，但是具有城市轨道交通运营管理经验的专家就比较稀缺，有针对性的教材难以面世也就不足为奇了。

本教材采用：具有丰富运营管理经验的城市轨道交通工程技术人员与中国科学院心理研究所的学者相结合，共同编写的方法，本就是一种尝试，希望能取得预期的效果。

为便于从未或很少接触过心理学的城市轨道交通管理和服务人员，能在较短的时间内，经过培训掌握心理学的基础知识和基本原理，并运用于工作实际，本教材包括：基础、服务和管理三篇。

基础篇主要介绍心理学的基础知识，包括心理学和优质服务的关系，心理学的基础知识和基本原理；服务篇主要介绍城市轨道交通中常见的乘客心理现象和情绪表现，出行乘客的心理需要，典型的乘客心理特征和帮助服务人员提高心理分析能力；管理篇主要针对管理者，帮助他们提高对被管理者的心理分析和在实践中的运用能力，考虑到城市轨道交通的列车驾驶员属于一个特定的岗位，在日常工作中并不直接与广大乘客打交道，但是其心理承受能力，尤其在面临突发事件时，驾驶员的心理状态，直接决定了列车上全体乘客的安全，因此也将对列车驾驶员的心理测试、培训和评估纳入管理篇。

本教材可作为城市轨道交通运营管理企业中，不同层次的客运管理和服务人员业务培训教材，也可作为城市轨道交通专业各级学校的课堂教材。

城市轨道交通高速发展的特点和各城市间发展的不平衡，造成处于不同发展阶段的城市对运营心理学培训的急需程度不完全一致，为满足各城市“急用先学、缓用细学”的培训要求，本书同样可供其他城市的轨道交通运营管理人员的业务培训教材，或供相关人员参考。

本书从心理学基础入手，结合车站服务实际案例，通过分析乘客需求、找出现实服务工作中存在的不足，并通过持续改进，实现提高服务质量的目标，因此具有理论着手，佐以实例，易学好懂的特点。

本书主编朱小瑶同志是长期从事上海地铁客运管理工作，自1998年参与筹建上海地铁总公司的运营管理处并具体负责地铁的客运管理、车站商业开发、乘客伤亡处理、企业质量管理等业务，2007年起作为上海轨道交通的高级培训师，具备有多年的教育培训经验，由他主笔编写的《城市轨道交通客运管理》一书，被深圳、昆明等多座城市的轨道交通运营企业选做培训教材。

中国科学院心理研究所是我国在心理学研究方面的权威机构，本书能通过他们的审核，并得以出版，更说明心理学基础知识确实需要在城市轨道交通行业进行普及和推广，可以为轨道交通服务的质量提高，提供理论依据。

由于长期从事城市轨道交通的运营管理和教育培训工作，朱小瑶具有丰富的理论知识和实践管理经验，本书许多实例都是作者的亲历亲为，然而在当时，也只是"知其然而不知其所以然"，通过本书的编写，才知道符合乘客需求的管理案例，才是成功管理的前提，也更具有一定的代表性和现实意义。这也是本书可以作为提高城市轨道交通客运管理人员尤其是车站站长业务能力的培训教材的原因所在。

我国的城市轨道交通正面临着迅速发展的局面，城市轨道交通的运营管理将是长期的任务。乘客对服务质量的要求也日益提高，了解掌握和运用心理学基本知识必将成为城市轨道交通各级管理者和服务人员的重要基本技能之一。

我们国家地域广阔，各地的风土人情也不尽相同，地域间的人口流动必然造成城市轨道交通乘客的多样性、广泛性和复杂性，不同的乘客群对客运管理、客运服务就会有不同的要求，这就需要广大从事城市轨道交通运营管理的人员，不断总结经验，不断提高业务水平，高质量、高水平地完成"安全运送乘客"的城市轨道交通目标。希望有更多的从事一线运营生产管理的同志，能将自己的工作经验总结出来，与其他从事管理工作的同志分享，共同为我国的城市轨道交通运营管理事业做出一份努力。也期待本书能在促进城市轨道交通运营管理的人员培训方面发挥作用。

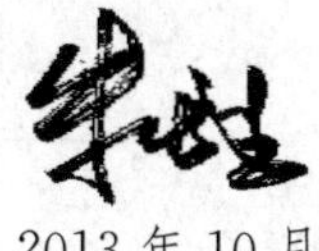

2013年10月

前　言

城市轨道交通所具有的运量大、速度快、安全、准点、保护环境、节约能源等特点，已为世界各国所认同，世界各大城市也都以"优先发展以轨道交通为骨干的城市公共交通系统"作为解决城市交通拥堵问题的根本出路。可见，城市轨道交通在破解城市居民"出行难"的课题方面，具有独特的优势。

轨道交通是城市的公共交通工具之一，拥有巨大的客流，其拥有的乘客数量与其在解决城市居民"出行难"方面发挥的作用成正比。城市轨道交通的社会性和大众性特点，又造成了乘客群体组成的多样性和复杂性。由于乘客们所受教育、文化背景、生活习俗、脾气性格都各不相同，因此造成了乘客群体在出行过程中，对车站服务的要求也不尽相同。俗话说："百姓百姓，百人百性"，指的就是这种情况。

城市轨道交通的运营模式决定了所有乘客都必须通过车站才能实现他们的出行目标，因此车站就成为巨大客流的集散地。当面临着出行要求各不相同，个体禀性千差万别的巨大客流时，对车站服务提供者而言，首先要面对的问题是如何为数量如此巨大和性格各异的乘客群提供他们各自所需的服务呢。

实际工作中，车站服务人员是通过对乘客行为的判断，来分析乘客需求的。如：乘客行为——刚进入车站；动机判断——购票或乘车；服务需求——指引到售票处或候车点；服务提供——引导乘客。就是服务人员通过观察乘客行为、分析乘客需求，从而提供服务的一般过程。实际上，这一过程就是心理学中"需求产生动机、动机决定行为"原理的体现。由此可见，要提高车站服务质量、满足性情各异乘客群的服务需求，车站服务人员是需要学习一点心理学基础知识的。

车站客流组织和行车组织是城市轨道交通运营管理的主要内容，前者的服务对象主要是广大乘客，而后者管理的对象则主要是本企业员工。无论是提供服务还是实施管理，二者面对的都是具体的、具有独特个性的人。为了实现服务或管理的目标，就需要服务提供者和管理者掌握被服务和被管理者的需求，将心理学的知识运用到具体的服务和管理的实际工作中去。

说到心理学，我们总觉得它是一门高深莫测、有点神秘的学科。实际上，心理学是源于生活的一门很古老的科学。

例如当我们观察一个幼儿时，我们就会发现许多有趣的现象：有些儿童会把自己的玩具藏起来，不让其他小朋友找到，以确保自己的对玩具的“独享权利”；稍大些后就学会了揣摩母亲的脸部表情，分析她是否生气，甚至当发现妈妈在生气时，自己也会乖乖的不再胡闹，以“取悦”母亲。

又如，成人在初次见面时往往特别费心于自己给他人留下的“第一印象”，这种情况在求职者首次参加面试时尤甚，当然他或她同时也在对别人进行“察言观色”。这种试图给人留下良好印象和揣度别人心思的现象，其实都属于心理学的范畴。因为，这些揣度的能力都是建立在对别人的心理进行观察和推理的基础上的。人们通常都是根据别人在日常生活中的行为和语言来判断他们的心理。

城市轨道交通客运服务的对象是广大乘客。虽然每个乘客都有其自身独有、有别于他人的、具有明显特征的个性，但是作为一个“乘客群”在对城市轨道交通提供的服务要求方面，还是有其通用的共性。作为服务行业的工作人员，我们必须明白，每个乘客虽然各有其不同的性格，对客运服务的要求各不相同，他们的外在表现，包括他们的情绪、语言、人际互动甚至身体不适等，都是他们各自内心心理活动的体现，是和心理学密切相关的。实际上心理学包括的范围是很广的，凡是与人有关的东西统统都可以被包含在心理学里面。

不同的乘客在乘坐轨道交通的过程中，会有不完全一致的行为。心理学告诉我们，人的需求决定了人的动机，人的动机又决定了每个人的行为。如早高峰时段，对于急于上班或上学的乘客，其最大的需求就是“列车准点”，一旦发生列车延误的情况，他们的行为表现就是比较焦急，甚至追着服务人员，询问的话可能翻来覆去就是：“列车何时才能恢复正常”；同样的列车延误情况，对于观光旅游的乘客而言，相对地就不太着急，行为表现也要从容许多。

但是作为轨道交通服务人员，为了找出乘客们对服务的需求，恰恰需要“反其道而行之”：就是通过观察乘客的行为表现，分析出指导乘客行为的动机，再进一步从这些动机中，寻找出乘客对服务的基本需求。

服务人员掌握了心理学的基础知识后，就能找出乘客需求与车站所提供的服务之间的差距，才能改进我们的服务；同理，运营管理人员也应在掌握心理学基本原理的基础上，找出员工的基本需要，才能有效地进行管理。

本教材分为基础篇、服务篇和管理篇三大部分，基础篇主要介绍优质服务与心理学的关系以及心理学的基础知识；服务篇主要介绍城市轨道交通运营服务人员如何运用心理学知识，通过分析乘客行为找出乘客的需求，进而改进和提高服务质量；管理篇主要介绍运营管理者应当掌握的管理心理学基础知识。

本教材为提高车站客运服务质量提供了心理分析依据，具有较强的操作性。学习和应用本教材的基础知识并运用于实践，有助于提高城市轨道交通的工作质量和服务水平，并使乘客在乘坐轨道交通出行的过程中，真正感受到安全、迅捷和方便，享受到“身心愉悦”的出行过程。

作者
2013 年 10 月于上海

目　录

第1篇 基 础 篇

第1章 心理学与优质服务

说起心理学，许多人就会产生一种高深莫测、神秘敬畏，甚至产生一种自己被窥探、人也变得透明了的心理感觉。实际上心理学并没有那么神通广大，也绝不是“妖术”，心理学其实就是研究人和动物的心理现象、精神功能和行为的科学。

心理学既是一门理论学科，也是应用学科。随着科学的发展和人们认识的深入，人们对心理学的研究也越来越深入，逐步形成了：理论心理学与应用心理学两大领域。除了专门研究心理学的学者外，大多数日常接触到的都是应用心理学。现实中，大多数企业并不需要进行理论研究，它们更关心如何将心理学的原理运用于生产或服务实践中，从而提高企业的产品竞争力或服务质量，因此心理学作为应用学科的作用更大。事实上，心理学的一些基本原理在我们生活中是广泛地存在着和被应用着，只不过我们并不自知而已。

城市轨道交通是以运送乘客为主要业务的运营企业，服务的对象是广大乘客。只有掌握了乘客对服务的需要，才能发现目前所提供的服务质量和水平差在何处，也只有找到了差距，才能制定出改进措施，并最终实现提高服务质量、提供优质服务的企业目标。

服务质量的改进过程需要建立在对乘客需要的了解和分析基础上，但是日常服务过程中所能观察和收集到的只是乘客外在的行为表现，因此必须对乘客的行为进行推理和分析，才能找出引发这种行为的动机和动机背后的乘客需要。这一分析研究过程，本质上就是对心理学基础知识和基本原理的应用过程，因此城市轨道交通的运营管理人员需要掌握一些心理学的基础知识，以便在制定客运管理办法或措施时，能最大程度地满足最大多数乘客的服务需要，提高乘客对服务的满意度。

1.1 心理现象是客观的存在

人与其他生物最大的区别就在于人类所具有的思考能力，人的思考是指：针对某一个或多个对象进行分析、综合、推理、判断等思维的活动。人的行为一般都是思考后的结果。由于思考是在人的体内静静地进行的，不易被察觉，因此当人们不想让其他人发现自己内心的想法，就会对自己内心的思考采取保密措施，进行掩饰，使其在外表上表现得与平时毫无二样，若无其事，或故意给人造成一种高深莫测、玄而又玄的感觉，借此掩饰自己内心的想法。人们通常说的："我又不是他肚子里的蛔虫，怎么会知道他是咋想的"就是指一个人如果要刻意隐藏自己的内心想法，其他人是很难察觉的。

人们能观察到的只是人的外在行为表现，正因为人的行为是人们思考结果的最终体现，那么如果没有行动，是否就可以证明一个人没有进行思考呢，答案显然是否定的。虽然各种可以被观察到的行为是思考的结果，但是不应忘记人们思考的结果还包括不采取行动。所以对于不采取行动或者没有任何行动的人，其内心的心理活动包含有 2 种可能：一种是此人确实没有进行思考；另一种是经过思考后决定不采取行动。这 2 种情况下，人的外在行为表现都是相同的，借助心理学的原理，可以将这 2 种情况进行区分。

例如：在旅游胜地经常可以看到一些当地人在推销土特产，也经常看到游客在思考要不要购买，购买或不购买的行为实际上都是游客思考的结果，当然也有可能有些游客根本就没有下车，因此也不知道有土特产推销，他们的不购买行为就不属于思考的结果。

正因为行为是人们的外在表现，是可以被其他人所感知的，因此人们可以从人的外在行为表现来推断其内在思考过程和结果。

城市轨道交通运营心理学就是运用心理学的基本原理，帮助管理者和服务提供者，分析乘客行为，从中找出当前所提供服务的差距和不足，加以改进，最终实现优质服务的目标。

1.1.1 心理现象的广泛性

心理学是研究人们内心心理活动的一门学科。人是具有思考和行为能力的，人的行为表现仅只是内心心理活动的外在表现而已。通过行为推断人的内心想法实际上是普遍存在的现象，只不过有些人可能并不清楚，实际上这就是心理学原理的应用。因此在我们的日常生活中，可以说到处都有心理学运用的实例。

例如，我们经常听见这种指责：怎么连这个也想不到？或这不是显而易见的吗？指责者认为：已经有了这种现象，接下来的行为发生不就是必然的吗？你怎么会没想到呢？这种根据已有现象，推断后续行为的过程，其实就是心理推断的过程。这也说明在现实生活中是存在一种为大家共识的、心照不宣的、极具普遍性的心理推测规则。某种意义上说，这种普遍存在的根据现象推断事物发展结果的公认规则，实际上就是在生活中运用心理学基本原理的现象之一。

我国很早就有心理学应用的实例，在古代被称为攻心。我国的经典名著《三国演义》中就有大量的描述涉及心理学运用的案例，其中诸葛亮是运用心理推断的佼佼者。脍炙人口的“空城计”、“借东风”、“草船借箭”都是成功地运用了“揣摩对方心理、推断对方行为、最终为我所用”的攻心策略，其结果往往导致敌人得出错误推断，使自己获得成功。例如表1.1。

表1.1　《三国演义》中的心理学案例

案例描述	引导他人进行错误的思维推断	行为的结果
空城计	诸葛亮一生谨慎、从不弄险	司马懿上当
借东风	利用自然现象、貌似神通广大、借机脱身	周瑜受骗
草船借箭	揣摩曹操心理、雾天不敢出兵、放箭御敌、收箭而归	曹操中计

此外在《三国演义》中还有许多巧妙地应用心理学原理的故事，例如：曹操的望梅止渴、刘备的白帝城托孤、孙权的东吴招亲等包含着对人们心理的推断、揣摩和利用的描述。

国外的许多文学作品中也有大量的心理活动描述，例如：19世纪的法国作家大仲马的《基督山伯爵》、《3个火枪手》；司汤达的小说《红与黑》；俄国作家果戈理的《死灵魂》；列夫·托尔斯泰的《战争与和平》等等，这些世界名著之所以引人入胜，就是因为在作品中有大量的人物内心心理活动的描写。

纵观古今中外的人类发展史，心理现象无处不在、无时不有，因此心理现象是人皆有之的普遍的社会现象。

正是由于心理现象在现实生活中普遍存在，因此才能运用心理学的分析方法，找出人们的思维方式、实际需要以及思维与行为方式间的关系。

城市轨道交通管理和服务人员则可以据此发现乘客行为与乘客需要的关系，进而找出乘客需要与当前服务的差距，为提高客运服务质量提供改进方向。

1.1.2　城市轨道交通的乘客心理

人的心理活动是客观存在的一种现象，有一个发生、发展、消失的过程。人们在活动的时候，往往通过各种感官认识外部世界事物、通过头脑的活动思考着事物的因果关系，并伴随着喜、怒、哀、乐等情感体验。例如：人们对美妙音乐的认识过程就是通过人的听觉，感受到乐曲的愉悦，伴随着人的神态放松、神经松弛、脸部表情轻松，但是也会有些不懂得欣赏音乐的人，听到乐曲响起，完全无动于衷、脸上也毫无反应，这些都是个人对音乐的不同的主观感受，无论人们对音乐有何主观的反应，都是各人的一种心理活动现象。

要分析乘客的心理，首先需要对城市轨道交通乘客心理下一个定义。

城市轨道交通乘客心理可以理解为:城市轨道交通乘客和心理这2个定义的合成。搭乘城市轨道交通列车出行的人谓之乘客;心理则是指:人们对客观物质世界的主观认识和反应。因此,城市轨道交通乘客心理就可以定义为:搭乘地铁列车出行的人们在乘车过程中,对城市轨道交通管理及服务的主观认识和反应。

乘客在城市轨道交通运营范围内活动的时候,通过各种感官认识外部车站的各类事物,经头脑的活动思考着事物的因果关系,并伴随着喜、怒、哀、乐等情感体验等。虽然乘客的心理活动过程发生在乘客的内心,一般并不易被察觉,但是乘客在城市轨道交通运营范围内的外在行为是可以被识别的。

心理学告诉我们,人的行为是人们适应环境变化的一种手段。乘客的行为则是当乘客置身于城市轨道交通运营环境中,为适应和遵守地铁的出行规则所采取的一种姿态,是乘客的外部表现,是通过观察就可以很容易被识别的。

例如:高峰时段的车站乘客大都均是步履匆忙,当列车误点时,大多数乘客脸上都会呈现出焦急的神色,这些也都是可以被观察到的。车站工作人员可以据此推断出乘客此时的焦急心理。

又如:在地铁车站,老年体弱乘客大都步履蹒跚地行走;年轻乘客行走就显得步伐轻快;而学生的勾肩搭背、边说笑边行走更是司空见惯。如有违上述规律、行为异常者,往往就需要车站服务人员倍加注意。青年乘客如果步履蹒跚,往往可能身体不适,老年乘客步履匆忙可能是赶时间,前者需要车站服务员关心以防发生不测、后者更要关心以防摔跤,这些反常行为的乘客,往往更需要车站提供尽心和细致的帮助和服务。

我们经常说换位思考、设身处地,其实就是以当事者的身份进行思索,研究行为之所以产生,以及产生这些行为的心理因素。

大多数乘客在出行过程中,对城市轨道交通的基本要求是:安全快捷抵达目的地车站,但是由于各位乘客的个人脾气秉性不同,在出行目的和所处的车站环境也都不尽相同,甚至还有可能在出行过程中遇到突发的运营故障,因此每位乘客的外在行为表现往往也是各不相同的。

心理学认为:行为的发生源于人的动机,而动机的激发实际上是源于人的需要。由于动机和需要均属于人的心理活动,不易被识别,因此通过观察乘客外在的行为表现,一般就可以找出隐藏在行为背后的行为动机,进而就可以发现乘客真实的需要。

以乘客进入车站为例:

某车站的出入口有楼梯和向下运行的自动扶梯供乘客使用。由于正值早高峰时间段,进站客流量较大,自动扶梯的入口端排起了长长的队伍。有些乘客就放弃自动扶梯的使用,迈开双腿连蹦带跳、三步并作二步地从楼梯快步进了站、当然也有部分乘客在楼梯上一步一步从容不迫地沿阶而下,更有些乘客耐心地在自动扶梯的人群后面排队，偶尔也可见有想夹塞插队的乘客，但是在众目睽睽之下，只能讪讪地、不情愿地去排队或走下楼梯。

通过对上述进站乘客的4种行为表现，就可以分析出隐藏在他们各自行为背后的服务需要：

1. 楼梯上快步进入车站的乘客

这是一群赶点的乘客，由于时间紧迫，等不及按部就班地花时间排队，宁愿通过自己的努力、多付出一些体力，实现早点进入车站的目的。可以被称为是时效型乘客群。

这类乘客的行为动机是：即使需要多花一点体力也要尽可能快地抵达站台。

他们最大的愿望是：列车能早点进站，最大的需要是：地铁运营正常。

2. 楼梯上从容沿阶而下的乘客

他们在时间的限制方面较前一类乘客宽松，对乘车环境的要求稍高，不愿前胸贴后背地被裹挟，只要条件许可，宁可自己付出一些体力的代价，也要追求比较宽松舒适的乘车环境。因此可以被称为是舒适型乘客群。

这类乘客的行为动机是：宁可多花些体力也要尽可能改善当前的乘车环境。

他们最大的愿望是：出行过程不要太挤，最大的需要是：地铁运能的提高。

3. 耐心排队等自动扶梯的乘客

他们总希望用最小的付出换取最大的收益。排队乘坐自动扶梯所花的一点时间，换来的是节省了走楼梯的体力消耗，他们认为这种时间的付出与体力的获得是值得的。可以被称为是实惠型的乘客群。

这类乘客的行为动机是：只要省力，花一些时间是值得的。

他们最大的愿望是：服务设施多些，最大的需要是：地铁便民措施的提高。

4. 夹塞不成，转而走下楼梯的乘客

他们希望通过捷径实现少付出多收益的目的。夹塞既节省了付出的时间成本，又实现了体力的节省，只是在众目睽睽的舆论压力下，不得不排队或走楼梯。

良好的运营秩序是对这种乘客行为最好的制约力。因此可以被称为投机型乘客。从某种意义上说，投机是人类的本能，一般需要通过教育培训、环境约束、舆论监督等手段予以制约。实际上他们中的某些人也并不愿投机，如果有足够多的服务设施，可以满足减少耗时的愿望，他们往往也会转化为实惠型乘客群。

这类乘客的行为动机是：有机会就投机，反正也没有什么损失。

投机型乘客们最大的愿望当然也是希望增加服务设施、减少排队等待时间，这样就不用夹塞了。他们最大的需要是：地铁便民措施的提高。

上述对进站乘客各种不同行为表现的分析，可以证明：通过观察乘客的外在行为，是可以分析和找出隐藏在行为背后的乘客愿望和乘客对服务要求的，并可以据此提高和改进车站服务质量；同时也证明了运用心理学基础理论和应用原理，通过分析乘客行为找出服务的薄弱环节，提高城市轨道交通运营管理效率和质量是切实可行的。

1.2 城市轨道交通的行业属性

城市轨道交通因其所具有的安全、便捷和准点等特点，已被越来越多的城市居民所认识，并将其作为出行的首选公共交通工具。随着城市轨道交通的迅猛发展，城市轨道交通在我国已逐渐形成了一个新的行业。

应该如何定义城市轨道交通这一新的行业，作为一个新兴的行业，城市轨道交通又有哪些行业特点和属性呢？

顾名思义，城市轨道交通强调的是：在城市中运营的轨道交通，因此在了解城市轨道交通的行业特点、性质之前，首先需要对城市、城市公共交通等概念和术语有一个基本的了解。

1.2.1 基本概念与术语

本文仅介绍涉及城市轨道交通行业性质的一些基本概念和术语。

1. 城市

一般认为：在非农业产业和非农业人口集聚形成的较大居民点中，人口较稠密的地区就称为城市。

城市中一般有：居民住宅区、工业区和商业区等并且具备行政管辖功能。

行政管辖是一种权力，因此也被称为行政管辖权。行政管辖权是行政主体在行政程序法上的一项程序权力，它是行政主体之间就某一行政事务的首次处置所作的权限划分。

行政管理是运用国家权力对社会事务的一种管理活动。因此城市的行政主体实际上就是政府。对城市的行政管辖是政府实施城市管理的基本职能之一。

城市规模各不相同，因此按城市聚居人口的数量可以区分城市规模大小。

世界各国的具体分级标准不尽一致。联合国将2万人作为定义“城市”的人口下限，10万人作为划定“大城市”的下限，100万人作为划定“特大城市”的下限。这样的分类，仅反映了部分国家的惯例和国际流行的通则，并不一定符合我国国情。根据我国人口众多、分布相对集中的特点，另行制定了我国自己的城市划分标准。我国在城市统计中，对城市规模的分类标准为：市区常住人口50万以下的为小城市，50万～100万的为中等城市，100万～300万的为大城市，300万～1 000万的为特大城市，1 000万以上的为巨大型城市。

2. 公共设施

聚集的人口、相对集中的居住，就必然会对居住的所在地产生“衣食住行”的基本生活需求和要求有相应的生活设施。

如果居住在城市中的人们都自行配置生活设施，既不现实也不可能，于是就需要由具有城市行政管辖功能的政府负责，为城市居民提供所需的日常生活设施。这些生活设施是供全体市民共同享用的，因此称为公共设施。

公共设施是指：由政府或其他社会组织提供的、属于社会公众使用或享用的公共建筑或设备。

城市公共设施按照具体的项目特点可分为：教育、医疗卫生、文化娱乐、交通、体育、社会福利与保障、行政管理与社区服务、邮政电信和商业金融服务等。

由于城市交通是隶属于城市公共设施范畴的，因此也被称为城市公共交通。

3. 交通

交通的原意是“交错相通”，后引申为：从事旅客和货物运输及语言和图文传递的行业。

本文所引用的交通概念，主要是指：从事旅客运输的行业。

4. 城市交通及特点

城市交通可分为：城市的对外交通和城市内部交通两大部分。

1)城市的对外交通

城市的对外交通是城市对外联系的各种交通的总称。

2)城市内部交通

城市内部交通是指：城市(包括市区和郊区)道路(包括地面、地下、高架、水道、索道等)系统间的公众出行和客货输送，因此城市内部交通实际上是连接城市各组成部分的各种交通的总称。

本文主要述及的是城市内部交通。

为了将乘坐市内交通者与城市中需要乘坐对外交通的人区分开，本文将前者称为乘客；而将后者称为旅客。

3)城市交通网

城市的交通网主要由道路、高速路和轨道交通组成；有些具备条件的城市，还建有市内水道交通网。

4)城市交通特点

虽然各城市在规模、性质、结构、地理位置和政治经济地位等方面存在差异，但是城市交通所具有的主要特点则是基本相同的：

(1)城市交通的重点是客运；

(2)早晚上下班时间是城市客运高峰；

(3)每个城市的客流形成,都有着自身的规律;

(4)城市客运量大小与各该城市的总体规划和布局有着直接的关系。

5. 城市公共客运交通

城市公共客运交通是指:在城市(包括郊区)范围内,为方便公众出行,用客运工具进行的乘客运输。

严格意义上,城市公共交通应当包括城市公共客运与城市公共货运2类。如:城市居民搬家所需的公共运输车辆就属于城市公共货运系统。由于本文不涉及城市公共货运业务,因此本文所指的城市公共交通一律专指城市公共客运交通。

城市公共交通是城市交通的重要组成部分。城市公共交通对城市政治经济、文化教育、科学技术等方面的发展影响极大,也是城市建设的一个重要方面。

6. 公共交通工具

1819年在巴黎市街出现的,为公众提供租乘服务的公共马车,被认为是最早的城市公共交通形式、成为城市公共交通发展的里程碑。

公共交通工具是指:公共交通中供乘客乘用的交通工具。

交通工具在狭义上是指:一切人造的用于人类代步或运输的装置。

交通工具虽是用以代步的移动设备,但驱动力各有不同:马车、驴车、牛车等利用牲畜力量驱动;自行车、黄包车、轿子、轮椅等以人力驱动;汽车、摩托车、火车、船只及飞行器等则依靠动力驱动,这些都是交通工具的具体形式。

交通工具经历了:畜力和人力阶段、蒸汽阶段、内燃阶段、电气阶段、自动化阶段等发展阶段。随着科技的发展,交通工具一定还会有新的发展和变化。

需要指出的是:交通工具本身并不存在“公共”的性质,其性质完全依据使用的对象而定。如:同样的一辆轿车,如果是私人拥有,就仅仅是“交通工具”而不是“公共交通工具”,如果这辆轿车被出租车公司投入运营,则同样的车就不但是“交通工具”而且具有了“公共交通工具”的身份。

7. 三次产业分类法

三次产业分类法是新西兰奥塔哥大学教授费希尔(A. Fisher)1935年在《安全与进步的冲突》一书中首先提出的的,他根据人类经济活动的发展,将世界经济发展史划分为三个阶段:

1)第一阶段

第一阶段即初级阶段,人类的主要活动是农业和畜牧业;

2)第二阶段

第二阶段开始于英国工业革命,以机器大工业的迅速发展为标志,纺织、钢铁及机器等制造业迅速崛起和发展;

3)第三阶段

第三阶段开始于20世纪初,大量的资本和劳动力流入非物质生产部门。

费歇尔教授将处于第一阶段的产业称为第一产业,处于第二阶段的产业称为第二产业,处于第三阶段的产业称为第三产业。即首次将产业门类划分为第一、第二和第三产业。

这种对产业的分类方法也被称为“三次产业分类法”。

“三次产业类法”提出后,得到广泛的认同,并一直沿用至今。可以说,所有的传统产业经济理论,基本上都是建立在三次产业划分基础上的。

根据各国三个产业的产值和就业人口的比例,也可以清楚地显示出该国在经济方面的发展水平,一般而言经济发展水平越高的国家,其第三产业在国民经济总值中所占的比例也越高。

在西方发达国家,第三产业的劳动已占总劳动的60%~70%。其第三产业产值占到整个国民生产总值的70%~80%。据2002年《中国统计年鉴》的数据,其中美国的数据来自美国经济分析局网站,其余的数据来自OECD组织见表1.2。

表1.2 各国第三产业占本国国民经济生产总值的比重对照表

国名	中国	韩国	日本	美国	加拿大	法国	德国	英国	澳大利亚
年份	2001年	2000年	2000年	2000年	2000年	2000年	2000年	2000年	1999年
比重(%)	27.7	61.1	63.1	76.6	74.1	74	62.6	72.8	73.6

我国在20世纪80年代中期引入,并从第七个五年计划开始采用了三次产业分类法,废除了此前一直采用的是农、轻、重的产业分类法。

8. 城市公共交通业与第三产业

在国家标准《国民经济行业分类》(GB/T 4754—2002)中对第三产业有明确的分类:我国将第三产业分为15个门类(自F类到T类)、计47个大类,是分类最多的产业。

在《国民经济行业分类》标准中明确地将城市公共交通业归在“第F类的第53项”,因此城市公共交通的产业分类是属于第三产业的。

城市轨道交通是城市公共交通的一种形式,既然城市公共交通属于第三产业,城市轨道交通行业当然也就属于第三产业。

9. 服务性行业

服务性行业也称为服务性产业,能为人们提供他们所需要的服务。当然,行业提供的服务并不是无偿服务,而是需要消费者用一定量的金钱来购买的。既然人们花了钱购买了服务,就需要行业提供能够令他们满意的服务,而不是由有关部门和行业自己说的服务。

服务性行业具有“服务本身并不具有物质属性”的特点,符合第三产业的“非物质生产部门”属性，因此服务性产业也就成为了第三产业的一种。

服务业也即是生产和销售服务产品的生产部门和企业的集合，因此服务产品与其他产业产品相比，具有非实物性、不可储存性和生产与消费同时性等特征。

在我国国民经济核算实际工作中，将服务业视同为第三产业，即将服务业定义为除农业、工业之外的其他所有产业部门。

在基本掌握上述的基本概念和术语后，就能进一步地了解城市轨道交通在城市发展中的地位和作用。

1.2.2　城市交通的公交优先

“衣食住行”是每个社会人都离不开的，城市居民由于社交、工作、生活等需要，因此在日常生活中每个城市居民必然也都存在着出行的需要。

1. 出行方式的变化

在古代当人们需要外出时，短距离的往往采用步行、坐轿、骑坐牲口或以牲口为动力的车辆等代步的交通工具，靠近河道的还可乘坐船只，借助水流的力量实现完成出行。在民国时期，我国出现了以洋车也称“人力车”代步的交通形式。

解放后，在我国大陆地区，私人拥有的自行车渐多，并成为城乡居民外出的主要代步工具。据有关资料统计：至上世纪八十年代，我国几乎80%以上的家庭拥有自行车，国际公认我国是“自行车王国”。

随着我国的经济发展，轻骑、摩托、机动三轮车、汽车、大客车等，已逐步成为城乡居民外出的主要代步工具。

归纳起来，我国城市居民的出行方式，一般可以分为以下3类：

1)步行

步行是人类基本的活动方式之一，似乎整个人体结构就是为步行设计的，步行被公认为世界上最好的运动。随着生活水平的提高和城市生活节奏的加快，仅仅依靠步行已经不现实了，人们需要有更方便快捷的代步工具，于是各类代步的交通工具应运而生。代步交通工具在经历了牲畜动力阶段、蒸汽阶段、内燃阶段、电气阶段后，现在正在向自动化阶段发展。

需要特别指出的是：再先进的代步交通工具也不可能做到“全程代步”。在出行全过程的“起始和抵达”阶段，还是存在着“出行者”的“步行过程”。

例如：除需要他人背或抬的病人外，乘坐出租汽车的乘客，在上车前和下车后，都存在着“步行上下车”的阶段。

又如：乘坐城市轨道交通的乘客，为了乘坐列车，每一位行动正常的乘客都需要在起始车站和目的地车站内自己行走。即使有些车站采用自动扶梯、电梯等工具来运送乘客，但是上车的行为，依然还是需要乘客步行完成的。

一般而言，人们在解决短距离的移动时，步行这种人类最基本的活动方式，仍然不失为最佳方式，因此，人类的步行活动是永远也不可能消失的。

2)私人交通工具

第二次世界大战结束后，以轿车、摩托车、自行车为工具的私人交通得到迅速发展。由于这些交通工具具有机动灵活，行止随意，具有“从门到门”的特点，极大地满足了人们的出行需求，因此深受城市居民的喜爱。但是这些自用的私人交通工具也存在:载量小，运送效率低，道路利用率不高等缺点。

私人交通工具发展的结果，给城市交通带来了一系列的问题，主要是：

① 交通拥挤和交通阻塞，城市中的平均车速日益下降；

② 交通事故增加；

③ 噪声和空气污染日趋严重；

④ 能源消耗量猛增；

⑤ 停放车的场地严重不足。

为了克服上述这些矛盾，一些工业发达的国家，曾致力于道路系统的改善。例如:加宽地面道路，修建高架路和高速路，开辟地下交通通道等。此外，在交通管理、交通控制系统方面也在不断改进，采取引进计算机控制、加强对道路的管控等新技术。这些措施虽然提高了道路通过能力，但是仍然难以解决由于有增无减的私人交通流所造成的城市道路阻塞的问题。

随着经济建设的发展和人民生活水平的提高，私人交通工具的拥有量越来越大，城市交通阻塞的程度也越来越严重、道路资源出现了越来越紧张的局面。人们从解决城市交通拥堵的教训中得到了一条宝贵的经验:解决大、中型城市的交通问题，还是应该采用“优先发展城市公共交通”的方法；私人交通只能作为公共交通和专业运输的辅助手段，并应根据当地城市的特点，适当地控制私人交通的发展规模，才能使城市交通和人们的出行更加灵活方便，这才是经济合理地解决大中型城市交通阻塞的出路。

当然在工业不很集中的小型城市中，由于公众出行距离较短、客流发生量较小而且人们居住比较分散等原因，私人交通工具的发展在目前仍有其可行性。

3)公共交通工具

在我国，中小城市中一般都以公共汽车、有轨电车、无轨电车等为主要城市客运工具，而在逐渐现代化的特大城市和巨大城市中，除了前述的各类公共客运交通工具外，有轨电车、地下铁道、快速交通系统等城市公共交通系统正在逐渐发展成为城市公共交通的骨干。

公共交通工具一般具有:载客数量大，运送效率高，能源消耗低，相对污染小和运输成本低等优点。在主要的城市交通干线上这些优点尤其明显。

在我国的一些城市中，有些机关团体还配有自备客车参与了本单位职工上下班的接送运送，它在客观上也已经成为城市公共交通中的一支辅助力量。

从以上人们出行方式的变化过程中，我们可以清楚地认识到：

(1)市民出行量迅猛增加

城市化进程加快已然成为世界发展的趋势，随着城市人口迅猛增加、城市生活节奏的加快和居民社交活动量增加，其结果势必造成市民的出行需求量不断增加，对城市交通造成了巨大的压力。作为城市交通工具，无论是自行车、私家车还是公共交通车辆的总量也都随之在迅速地增加。

(2)道路建设滞后于需求

城市交通工具总量的增加，必然要求城市能建设和提供更多的道路。但是受到建设规划、城市土地资源和建设周期长等因素的限制，城市道路的建设往往总是滞后于城市交通工具的增量，远远难以满足城市居民出行需求，于是就产生了道路拥堵的世界性城市交通难题。

(3)提高道路资源利用率

由于道路资源建设滞后于城市交通工具数量的增加，以及由此所引起的城市交通拥堵，已成为有待破解的世界性难题，世界各国都在研究对策：收取车辆进城通行费、繁华市区车辆禁行、车牌号单双日交替行驶等措施层出不穷。这些措施有一个共同思路：通过减少道路上行驶的车辆，缓解城市道路的拥堵。但是道路上行驶车辆的减少并不能减少人们出行的需求，这种治标不治本的措施，难以根本解决市民“出行难”的问题，于是人们的思维开始转向另一个方向：提高道路资源的利用率。

城市客运道路利用率是指：某交通工具运送总人数与该交通工具所占的道路面积之比。显然，道路利用率越高，该路段运送的乘客量就越大。

此外随着人们对生活质量的要求不断提高，绿色环保也已成为人们关注的焦点，对汽车排放的废气也有考核指标——人均排污量。汽车废气的人均排污量是指：某交通工具运送总人数与该交通工具运送过程中所排放的废气总量之比。某交通工具的人均排污量数值越低，说明该交通工具对环境的污染程度越小。

私人轿车与公共汽车相比，后者的道路资源利用率显然要大于前者，在城市污染方面，后者的人均排污量也要远远低于前者。

据有关资料的统计：一辆公共汽车的运载能力相当于15～20辆私人轿车；从运能的角度看：城市中每增加600辆公共汽车的车队，就可相应地减少12 000辆地面行驶的小汽车、可节省80%的运输费用和降低60%～75%的能耗、城市空间的占用和对城市空气的污染则可减少90%。

由此可见，提高城市道路资源的利用率，不但可以部分解决城市交通拥堵的问题，还能部分解决城市环境污染、提高能源利用率和降低出行成本等问题。

2. 城市交通的公交优先

公交优先是公共交通优先发展的简称。从上述三类居民出行的方式分析中，可以看出在城市中发展公共交通，既可以满足城市居民出行的需求，又可以在现有的道路资源条件下，部分缓解城市的交通拥堵问题。

早在2005年国务院办公厅就以书面文件的形式下发了《关于优先发展城市公共交通意见的通知》(国办发〔2005〕46号)，因此"公共交通优先发展"已经成为我国城市交通发展的基本原则。

城市公共交通包含有多种类型的交通工具，公共汽车虽然大幅度地提高了地面道路资源的利用率，但是由于依然还需要在地面道路上行驶，因此还达不到"不占用现有地面道路资源"的目标。

能否发展一种"基本不占用现有地面道路资源"、又具有"安全、快速、准点、节能、大运量、少污染"特点的公共交通工具呢?

城市轨道交通作为公共交通的一种快速、大运量的运输工具就应运而生了。

3. 轨道交通在公共交通的地位和作用

要认识城市轨道交通在城市公共交通中的地位，首先要了解城市公共交通的特性。由于城市轨道交通存在着投资大、建设周期长、线路走向固定、后期维修任务重等建设特点，因此必须慎重对待城市轨道交通的发展规划。在规划制定前，一般先要对城市的交通状况进行评价。

1)城市交通状况评价

评价特大和巨大型城市交通状况的优劣主要有以下几个方面：

(1)城市公共交通客运运输专业的发展水平；

(2)交通秩序和交通安全状况；

(3)与交通结构相适应的道路建设状况；

(4)城市交通通畅程度和城市交通的公害情况；

(5)城市繁华区的平均车速。

2)轨道交通在城市交通中的地位

通过对需要建设轨道交通城市的交通评价，就可以清楚地发现："城市地面交通已经不能满足城市发展对交通的要求"，因此为了满足城市的发展，就需要有一种"安全、快捷、大运量、少污染、少占用现有道路资源"的新型公共交通形式。

在我国许多具有较长发展历史的城市，由于长期积存城市基础建设滞后的历史欠账，多年来一直都有城市居民"出行难"的问题没有解决，随着我国改革开放政策的实施，城市交通已经成为严重制约城市发展的瓶颈，解决城市交通尤其是城市公共交通，已成为城市发展过程中城市管理者需要认真对待的课题。

国外城市发展的经验告诉我们:城市轨道交通具有:安全、快捷、大运量、少污染、少占用现有道路资源等特点,是缓解城市交通拥堵的有效手段。

城市轨道交通与城市地面公共交通形式的比较:

(1)客运量

公共汽车的载客量依据车辆的规格大小,一般载客量为40～80人、每小时单向运送乘客的能力约为2 000～5 000人;轨道交通的轻轨,每节车厢约载客量为60～150人,2～6节编组,每小时单向运送乘客的能力约为5 000～40 000人;轨道交通的地铁,每节车厢约载客量为150～200人,4～10节编组,每小时单向运送乘客的能力约为30 000～70 000人,因此城市轨道交通的运送能力是公共汽车的2.5～14倍。

城市轨道交通的巨大载客能力使其成为了城市公共交通系统的主力与骨干。

(2)运行速度

正常情况下,城市公共汽车时速为10～20 km;轻轨时速为20～40 km;地铁为40～50 km,最高可达70～100 km;轨道交通列车的速度是公共汽车的2～5倍。

运行的高速度使城市轨道交通成为市民出行首选的公共交通工具。

(3)能源消耗

城市轨道交通以电能作为动力,因此是一种绿色、清洁的运输方式,基本不产生有害的空气污染。由于以电作为能源,因此能源利用率也较高,城市轨道交通每公里能耗约为地面道路车辆每千米能耗的15%～40%。

少污染、低能耗的特点,使轨道交通成为城市公共交通优先选择的交通工具。

(4)占用地面道路资源

按照每小时运送5万人次所需的道路宽度计算:小轿车约为180m;公共汽车约为9m;轨道交通的综合占地约为道路交通方式的1/3,运行在地下和高架的轨道交通则几乎不占用道路资源。

城市轨道交通所具有的少占地或不占地特点,使其具有"不与现有公共交通争资源"的优点,并可以与现有的公共交通形式互利互补。

城市轨道交通的上述种种优点使其在城市公共交通运营系统中具有了核心和骨干的地位。

3)轨道交通在城市交通中的作用

轨道交通在城市交通中的作用主要表现在以下几个方面:

(1) 城市客流的骨干作用

它是城市综合交通系统的核心,起到客流组织的骨干作用。城市综合交通系统具有多层次结构。第一层次(高架或地下全隔离系统)——轨道交通、快速干道

(汽车交通);第二层次(地面部分隔离)——轨道交通或公交干线、城市干道(汽车交通);第三层次(延伸至居民区及其他功能区)——公交线路、城市道路(汽车交通)。如果将上述结构层次比喻为人体内的血管分布,显然,第一层次是骨架与主干,是城市交通的大动脉,第二层次是辅助与补充,是城市交通中的一般血管,第三层次犹如人的毛细血管,是城市交通的是集疏与延伸。

(2) 城市发展的促进作用

便捷的出行、城市交通的高效是城市发展与演化的必要条件。城市轨道交通系统能够满足大运量、长距离的快速客运要求,因而可解决城市面积拓展与空间合理开发运用的客运通道问题,对城市的拓展和延伸起到了促进作用。

(3) 城市持续发展的保障

城市轨道交通为城市的可持续发展提供了基础与保障作用,因为与城市公共交通的其他形式相比较,在土地占用、能源消耗、空气质量、景观质量、客运质量等主要交通、环境指标方面,轨道交通均达到了最优水平。

1.2.3 城市轨道交通的地位和作用

从一定意义上讲,城市轨道交通行业不仅是一个公共客运系统,而且是一个经济系统、一个社会系统。因而它不仅具有交通特性,而且表现出相应的经济特性和社会特性。

1. 城市轨道交通行业特性

1) 交通特性

城市轨道交通提供高效、优质的出行服务。高效体现在速度快、容量大;优质体现在方便、舒适等。

少污染,主要体现在噪声小、震动轻和对空气的污染低等。由于城市轨道交通系统一般采用电力牵引方式和大运量、集中化运输方式,因此,每运送一位乘客所产生的污染微乎其微,由此城市轨道交通通常也被称为“绿色交通”。

2)经济特性

虽然城市轨道交通前期投入大、建设周期相对较长、后期运营成本也比较大,但在资源节约一方面,如:能耗低、占地少等特点足以抵消决策者对集资难和建设周期长的疑虑。尤其但是城市轨道交通所独具的,对城市稀有的土地空间资源的节约,更是其他城市交通工具无法比拟的。

由于城市轨道交通系统采用的是大运量、集中化运输方式,且采用了一系列高新技术,因此每位轨道交通乘客摊到的能耗数量之低,是其他任何一种城市交通方式所无法与之相比的,同时在占用的城市土地空间资源也是最少的。

可见城市轨道交通的经济性在现有各类城市公共交通工具中是最经济的。

3)社会特性

城市轨道交通具有公用事业的性质和城市基础设施的功能。城市轨道交通运营管理企业的实际财务收益远远低于其社会经济效益。

正是由于城市轨道交通系统具有较强的公用性,因此更需要强调社会经济效益,不能单纯地进行财务经济核算,必须确保社会效益的最大化,这就要求城市轨道交通运营管理企业不能按运营成本制定票价,据对目前国内已经开通轨道交通运营城市的统计,各城市的轨道交通票价都需要由当地政府的财政部门进行核定和审批。城市轨道交通的票价审批往往需要考虑到当地的物价水平、城市财税收入、城市经济总量、居民心理承受能力等要素,一般很难同时顾及运营管理企业的生产成本,即便能保证运营成本的回收,基本也无利润可言,因此许多城市在轨道交通运营初期,尤其在城市轨道交通运营网络形成前,几乎都需要依赖国家、政府、社会提供大量的补贴,即便亏本也要运营更证明了城市轨道交通重要的社会特征。

2. 城市轨道交通行业属性

城市轨道交通行业除了"安全、迅捷、便利、大运量、少污染"等特点,成为城市公共交通的骨干,并对城市的发展起到促进作用外,城市轨道交通因属于交通运输业的范畴,所以同时也具有了第三产业的性质。作为第三产业的行业,除了具有交通运输业的性质外,还兼具服务行业的性质。

1)生产性与服务性的统一

一般认为:交通运输企业首先具有物质生产的性质,同时在一定程度上兼有商业服务的性质,是生产性与服务性的统一。

《质量管理和质量体系要素 第二部分:服务指南》(ISO 9004—2)的标准中提出:生产性与服务性通常共生于一个行业中,只不过不同行业的生产性与服务性各自所占的成分不同而已。因此,作为特定交通运输企业的城市轨道交通系统,必然也具有物质生产的性质,和兼有商业服务的性质。

城市轨道交通系统的产品应包括两类:

一是作为生产性的产品,即:运送乘客,满足乘客对空间位移的需求;

一是在乘客出行过程中为乘客提供所需的各种服务。

二者恰恰反映了系统生产性与服务性的统一。当然,这两类产品不是相互独立的,而是相辅相成的:

没有乘客位移,不能满足乘客出行需要,再好的服务也是枉然;反之,实现了乘客的运送,满足了乘客位移需要,但是缺失良好的服务,也难以使乘客满意。

2)服务的狭义性和广义性

满足乘客出行需求是城市轨道交通的产品,并为乘客出行提供乘客所需的服务,这就是城市轨道交通行业的基本特征。

狭义的城市轨道交通服务是指企业销售位移产品的商业性服务，体现为售票前、出行过程中和抵达车站后的全过程服务等。

广义的城市轨道交通服务还应包括环境服务、信息服务、购物与办事服务等。实际上，当前世界各国的城市轨道交通企业为快速收回巨额投资，尽量减少亏损，提高自己的经济效益，都在推行多种经营的政策，以争取主业和副业的相互促进。正是城市轨道交通产品的性质确定了可以开展上述业务：城市轨道交通运营管理企业属于第三产业，是提供满足乘客出行需求的服务类产品的企业。

服务性行业又具有哪些特点和服务要求呢？

1.3 优 质 服 务

服务业即指生产和销售服务商品的生产部门和企业的集合。服务业是现代经济的一个重要产业。

城市轨道交通也是将产品生产——运送乘客和销售服务——乘客运送过程中的服务结合在一起的运营管理企业，因此必须首先了解服务性行业的特点。

1.3.1 服务的定义

服务是具有无形特征却可给人带来某种利益或满足感的，可供有偿转让的一种或一系列活动。也有人认为：服务是指为他人做事，并使他人从中受益的一种有偿或无偿的活动。

大家一般公认：服务一般不具有实物形式，而是在服务过程中，以耗费服务者的体力和脑力的形式，来满足他人的某种特殊需要。

国际标准化组织(ISO International Organization for Standardization)在《质量管理体系 基础与术语》(ISO 9000—2008)中，将“服务”归在“产品”的条目中，并且明确指出“注1：有下列四种通用的产品类别：——服务(如运输)……”，并进步提出了服务、顾客和顾客满意度的定义：

1. 服务的定义

“服务通常是无形的，并且是在‘供方’和‘顾客’接触面上需要完成至少一项活动的结果。”

2. “过程”、“产品”、“供方”和“顾客”的定义

标准对这些术语也都有明确的定义：

(1)过程

将输入转化为输出的相互关联或相互作用的一组活动。

(2)产品

过程的结果。

(3)供方

提供产品的组织或个人;

(4)顾客

接受产品的组织或个人。

3. 城市轨道交通服务的定义

根据标准对服务的定义,城市轨道交通的服务可以定义为:

城市轨道交通的服务通常是无形的,并且是在城市轨道交通运营管理企业和乘客在接触面上需要完成至少一项活动的结果。

4."顾客满意度"和"要求"的定义

(1)顾客满意度

顾客对其要求已被满足程度的感受。

(2)要求

明示的、通常隐含的或必须履行的需求或期望。其中"通常隐含"是指按照惯例或一般做法,所考虑的需求或期望是不言而喻的。

由于满意度是衡量服务质量的重要依据,因此必须知晓乘客满意度的内涵:

① 满意度是顾客的感受,是对所接受的服务与期望得到的服务要求进行比较后的感受,这种乘客的切身感受是旁人无法左右的;

② 由于顾客的要求"通常隐含",因此往往需要服务提供者找出顾客隐藏的服务要求,这种"不明示"的顾客服务要求直接决定了顾客对满意度的评价。

5. 城市轨道交通乘客满意度的定义

根据标准对顾客满意度的定义,城市轨道交通的乘客满意度可以定义为:

乘客对其明示的、通常隐含的或运营方必须履行的乘客需求或乘客期望已经被满足程度的一种感受。

为提高乘客满意度,城市轨道交通运营组织者必须找出乘客"通常隐含"的服务需求,这就需要观察乘客行为、研究行为动机,从中发现乘客的服务需求,并在服务方面加以改进,才能使乘客获得较高的服务需求得到满足后的感受。

改善服务提高乘客满意度的过程,实际上就是心理学"行为—动机—需求"原理的运用过程,因此城市轨道交通运营服务提供者需要掌握一些心理学的知识。

1.3.2 服务行业的特点

城市轨道交通属于服务行业,那么哪些是服务行业的特点呢?

一般认为服务业具有5大特点:

1. 无形性

服务的定义明确指出服务是无形性的，实际上顾客的“被服务”过程就是服务提供者的产品在被顾客消费的过程，消费过程并不具有实物形态。如：乘客搭乘城市轨道交通完成出行，乘客购买的是空间的位移，地铁提供的是快速的运送，乘客的整个消费过程接受的就是一种无形的服务过程。

服务虽然是“看不见摸不着的”但是服务是可以被消费者感受到的，为了提高服务质量，服务提供者必须使消费者“感受”到。如：车站如果能免费提供运营信息的宣传资料，就能使乘客感受到车站的服务质量有了提高。

2. 不可储存性

服务业提供的无形的产品，是不能被预先生产出来的，也无法用库存来调节顾客随机性的需求。为了达到满意的服务水平，其人员、设施以及各种物质性准备都要在顾客需求到达之前完成，而当实际需求高于这种能力储备时，服务质量立刻就会下降。如：在早高峰客流量增大时，由于乘客需要排队进入车站，等待时间就会延长，造成人群拥挤、不得不采取“限流”等措施，严重时甚至关闭车站取消服务，这些就是由于服务产品的不可储存性导致乘客需求超出服务提供能力时，引起服务提供者的服务质量下降。

3. 多样性

服务的具体提供者是在变化的，因此顾客所接受的服务质量也呈现出多样性。如：借助城市轨道交通出行的乘客，在不同的车站接受着不同的人或设备提供的服务、即使在同一座车站，购票、进站和候车的过程中，引起的服务也不相同，因此在服务过程的各阶段，乘客对要求的服务是不同的，呈现出多样性。

4. 不可分割性

服务是一个连贯的、一气呵成的过程，是不能被割裂或替换的。形象地说服务犹如“泼出去的水，一旦发生就难以收回”如：轨道交通为乘客提供的运送服务，一旦发生就难以取消，除非进行新的服务，否则就难以回到原先的状态。

5. 生产消费同时性

服务的定义指出：服务是发生在提供方和顾客接触面的活动结果。可见，没有顾客也就不需要服务提供。供方也无存在的必要。因此服务提供方的产品生产过程必须与顾客对服务产品的消耗同时发生，供方与顾客共生、服务与消费同步是服务产品的另一特点。例如：没有乘客，仅有城市轨道交通列车的空驶，或反之，空有乘客、没有运载列车，在这二种情况下，都不可能完成“运送乘客”的任务，当然也就没有城市轨道交通的产品。因此，只有当乘客的消费过程与列车运载的生产过程结合在一起，才能形成城市轨道交通“乘客运送”的产品。

服务行业门类众多，但是无论是旅游、餐饮、宾馆还是商店、交通，只要是服务业，所有的服务产品就都具有这些基本特点，当然不同行业提供的服务产品还会具有自身的特点，由于不具有普遍性，就不再赘述。

1.3.3 服务业经营特征

服务行业的产品是提供用户所需的服务，正是由于“服务通常是无形的”是一种“看不见、摸不着但用户能感受到”的特殊产品，且服务产品的生产过程、交换过程和消费过程三者密不可分等特点，因此对服务提供者而言，服务产品的生产过程同时也是生产者与消费者的产品交换过程和消费者的消费过程，这些服务业特有的经济活动使服务业与其他产业部门有着本质上的不同，也由此形成了服务业在产品经营的特点：

1. 范围广泛

由于服务业对社会生产、流通、消费所需要的服务产品都应当经营。因此，在经营品种上没有限制。服务业可以在任何地方开展业务，因而也没有地域上的限制。在社会分工中，是经营路子最宽、活动范围最广的行业。

2. 综合服务

消费者的需要具有连带性。如旅店除住宿外，还需要有通信、交通、饮食、洗衣、理发、购物、医疗等多种服务配合。大型服务企业一般采取综合经营的方式；小型服务企业多采取专业经营的形式，而同一个地区的各专业服务企业必然要相互联系以形成综合服务能力。

3. 业务技术性强

社会化大生产创造的较高的生产率和发达的社会分工，促使生产企业中的某些为生产服务的劳动从生产过程中逐渐分离出来，加入服务业的行列，成为了为生产服务的独立行业。如：工厂在扩大生产的过程中，原有的维修车间逐渐脱离母体，演变成独立的为原工厂产品提供修理服务的企业，这类服务企业必须以高超、精湛的业务技术，才能立足于市场。服务业的发展经历在客观上决定了服务业业务技术强的经营特点。

4. 分散性和地方性较大

服务业多数直接为消费者服务，而消费是分散进行的。因此服务业一般实行分散经营。各地的自然条件和社会条件的不同，经济、文化发展的一定差别，特别使一些为生活服务的行业，地方色彩浓厚，因而服务业又具有较强的地方性。

1.3.4 优质服务

国际上公认的优质服务主要是指提高服务质量。第三产业，即服务性行业是优质服务最主要的践行者。

1. 优质服务的定义

一般认为:优质服务是指在服务内容和时间上满足客户要求讲究服务效果真正解决客户的问题,并能够带给顾客生理上和精神上以美好享受的那种服务。服务质量要高但决不是无偿的服务。既不知道服务的原因、也不知道服务的目标,这样的服务是难以持久的,因此没有原因的服务是不被允许的。

由此可见,服务与社会制度、精神文明、道德水准、文化素质、经营环境等多种因素密切相关。

优质服务需要从消费者的利益诉求出发,完善服务理念、提高服务质量、规范服务操作、科学简化服务流程,力求实现合规、高效、人性化。

2. 城市轨道交通优质服务定义

广大乘客是城市轨道交通的服务对象,车站和列车是允许乘客合法滞留的场所,因此城市轨道交通的优质服务定义是:运营管理部门提供的服务必须符合行业标准或部门制定的规章等通例,并结合当前车站环境,为乘客提供能满足乘客的合理需求及符合乘客正常和适当的期望值的服务,有一定的乘客满意度。

在城市轨道交通行业中,乘客的服务体验、对所提供服务的满意程度是判断服务质量优质与否的主要依据。因此可以通过乘客满意度指数,来衡量乘客对服务的接受程度和对服务需求的满意程度。

城市轨道交通乘客满意度的定义已经明确指出:提高乘客满意度的关键在于找出乘客通常隐含的对服务的要求,而心理学行为一动机一需求的原理正是找出隐藏在乘客心中对服务需求的有效方法,所以城市轨道交通的服务组织和服务提供者们需要学习和掌握心理学常用的基础原理。

1.4 优质服务与运营心理学

城市轨道交通在完成运送乘客任务的同时,还需要为乘客提供一些必要的服务,所以城市轨道交通运营管理企业的产品应包括2大内容:乘客位移和乘客在出行过程中所提供的各种服务,前者是企业的主要产品,属生产性质;后者是企业的附属产品,属服务性质。

1.4.1 生产性与服务性的统一

城市轨道交通产品兼具生产性和服务性的特点,反映了客运企业产品是生产性与服务性的统一体。当然,这二大内容并不是相互独立的,而是相辅相成的。

1. 城市轨道交通产品的生产性

城市轨道交通的产品是安全快捷地运送乘客，现代化的城市轨道交通运营系统是集多专业、多工种于一体的综合体：有用专业技术确保列车运行安全的保障部门，如：线路、隧道、供电、通信、信号、车辆等专业保障系统；有负责列车调配、运营调度、客流组织的运营管理系统，需要整个系统都能协调一致才能确保安全快捷运送乘客生产任务的完成。

运营管理部门需要协调和组织各专业，确保各专业能安全完成企业下达给各专业的生产任务，才能最终完成安全快捷运送乘客的企业产品的生产，因此城市轨道交通运送乘客的产品具有典型的安全生产性。

2. 城市轨道交通产品的服务性

城市轨道交通的产品是乘客的位移，但是乘客位移目标实现前，还有一系列的其他服务措施：例如：乘客购票、检票、验票、问询等等。因此城市轨道交通产品必然包含着乘客在实现位移前、后的服务过程。

对城市轨道交通产品服务性的狭义理解可以是指：企业销售位移产品的商业性服务，体现为售票前、中、后的服务等；城市轨道交通产品服务性广义的含义还应包括：环境服务、信息服务、购物与办事服务等。

事实上，当前世界各国的城市轨道交通企业为快速收回巨额投资，尽量减少亏损，提高自己的经济效益，都在推行多种经营的政策，以争取运送乘客的主业和服务乘客的副业间相互促进，获取最大的经济和社会效益。

当然由于环境、文化、国情等不同，城市轨道交通的乘客对于副业提供的服务有不同的需求。例如：有些车站在早高峰时段为乘客提供出售早餐的服务，颇受上班族白领阶层的欢迎，但是食物发散的气味也同样会引起其他乘客的反感，因此在我国有些城市就硬性规定：地铁车厢禁食，禁止该服务项目。因此究竟乘客需要怎样的服务，是需要考虑当地乘客需要的。同样在上述案例中，如果早餐的出售量很小，不但该服务项目难以长久维持，乘客的行为也表明了车站出售早餐并不是大多数乘客的需要。可见乘客是需要被服务的，但是乘客们要的是乘客们所需的服务，因此识别乘客需要就成为提高服务质量的关键。

在城市轨道交通的客运系统中，唯有车站才是唯一允许乘客进入的场所，并为乘客出行提供的服务。因此发放乘客调查问卷了解乘客需求，从理论上说不失为一种很好的方法，但是乘客们往往并不清楚车站能够提供哪些服务、又有哪些服务项目是车站目前力所不能及的。例如：大多数乘客都会要求运营故障少些、候车时间短些、乘车环境好些、线路换乘方便些、票价便宜些，这些合理的乘客需要往往是目前条件下车站难以实现的，由于这些乘客需要一时不能实现，有些乘客就会在行动上有所表现，尤其在突发运营故障时，乘客行为表现更加明显。例如：客流组织过程中的乘客不配合行为、突发故障时乘客的激愤行为等，往往就是上述心理需要不能满足时的行为表现，因此通过观察乘客出行过程中的行为表现，运用心理学原理找出乘客需求，结合城市轨道交通当前的实际能力，为乘客提供服务才是现实和可行的。

1.4.2 运营心理学是优质服务的基础

城市轨道交通优质服务是从乘客的利益诉求出发，完善服务理念、提高服务质量、规范服务操作、科学简化服务流程，力求实现车站服务的合规、高效和人性化。优质服务不但体现在业务经办的操作上，也体现在与乘客沟通的态度上，车站管理和服务人员必须能设身处地地理解和尊重乘客的主观感受、并充分考虑乘客的个人因素，如：性别性格、社会地位、教育背景、身份职业、文化习俗等，有针对性地提供乘客需要和满意的服务。

1. 城市轨道交通客流量越来越大

随着运营网络的不断拓展和完善，城市轨道交通覆盖区域也越来越大，客流量也必然越来越大。例如：20 世纪 90 年代初上海地铁初开通运营时，只有 1 条 16 余公里的运营线和 13 座车站，日均客流仅区区几千人次，随着城市轨道交通的建设。截至 2010 年上海世博会召开前，已经发展到 11 条 400 余千米的运营线路，拥有车站 280 余座。日均客流达 500 余万人次。我国其他城市的轨道交通也经历了类似的发展经历：北京地铁自 1969 年开通了第一条运营线路，至今已经拥有 14 条 339.5 km 运营线路、拥有车站 191 座，日均客流量 510 万人次。其他如广州、深圳等城市也正在经历着城市轨道交通大发展的历史时期，日均客流量也必将越来越大。

城市轨道交通客流量的增加，从一个侧面说明了轨道交通在解决城市交通拥堵方面的作用越来越大，已有越来越多的市民将地铁作为出行的首先公共交通工具，但是对客运管理企业而言，迅猛增加的客流量也为客运服务增加了难度。

乘客数量的增加意味着乘客服务总量的增加，而乘客个性的不同，则意味着乘客对服务要求的差异性也在增加，要满足不同乘客对服务的要求，就更需要服务提供者了解乘客对服务的需要。客运管理和服务者可以运用运营心理学，研究乘客心理进而掌握乘客对服务的需要，为创造城市轨道交通优质服务提供坚实的基础。

2. 乘客对服务的要求越来越高

广大乘客是城市轨道交通的服务对象，车站和列车是允许乘客合法滞留的场所，因此城市轨道交通的优质服务定义是：运营管理部门提供的服务必须符合行业标准或部门制定的规章等通例，并结合当前车站环境，为乘客提供能满足乘客的合理需求及符合乘客正常和适当的期望值的服务，有一定的乘客满意度。随着城市轨道交通运营网络的发展和不断完善，乘客可以通过换乘到达的区域也在不断扩大，因此乘客的数量在不断地增加；乘客们在城市轨道交通运营范围内停留的时间也越来越长，进而对服务的需求也越来越多。城市轨道交通车站提供的服务也必须持续改进和提高，才能满足乘客们的需求变化要求。

例如：原先由于运营线路短、车站数量少，乘客在车站停留的时间相对较短，因此对车站配置厕所的需要并不十分强烈；但是随着运营网络的发展，乘客在轨道交通范围内滞留的时间越来越长，人们的生理特点决定了乘客对车站配置公共厕所的需求就变得强烈了，老年乘客尤甚。

又如：随着客流量的增大，售票、检票、候车、出站等一系列环节的服务量也就随之增加，如果服务设备设施的数量不足，就会造成需要乘客排队等候的局面，如何满足乘客对服务便捷的需求，又将成为对车站服务的新要求。

城市轨道交通是服务性行业，提倡和追求优质服务。其要求是：在符合行业标准或部门规章等通例的前提下，运营管理部门所提供的服务应能满足乘客的合理需求、满足乘客适当的和正常的期望，并保证有一定的乘客满意度。

优质服务的提供者应该从广大乘客的利益诉求出发，不断完善服务理念和提高服务质量、规范服务操作、科学简化服务流程，力求实现符合规程、简洁高效和人性化的服务氛围，这样的服务氛围是建立在知晓乘客需要的基础上的，而掌握和了解乘客需要就必然需要运用运营心理学的基本原理。

3. 优质服务是长期任务

有位伟人曾经说过，一个人做一件好事并不难，难的是一辈子做好事，不做坏事。此理同样适用于服务性行业。对于城市轨道交通的服务性行业而言，一天、二天的乘客满意并不能说明问题，因为乘客的需要是在不断变化和提高的，乘客们今天的满意并不意味着明天也会满意。例如：当初车站安装的自动扶梯替代了人行楼梯，大大节省了乘客的体力，许多乘客都表示满意；然而随着客流量的增大，使用自动扶梯的人越来越多，甚至到了需要排队乘梯、人满为患的程度，乘客就希望自动扶梯不要这么拥挤，希望车站安装更多的自动扶梯，这充分说明人的需要并不是一成不变的，而是变化着的和不断提高的。

事实上乘客只要受到一次不满意的服务，就会在这位乘客脑海中烙下深刻的印象，而城市轨道交通运营管理企业是需要全天候工作的，要求全体管理和服务人员工作中不出一点差错谈何容易，这也是企业创建优质服务体系的难点所在。

优质服务的实现不可能一蹴而就，是需要持续改进和不断提高服务质量的过程。优质服务需要根据行业标准和规章制度，从满足乘客需要的角度和利益出发，结合车站的实际情况，既要满足乘客对服务的需求，也要能周到细致地考虑到乘客尚未想到的现时需要和将来需要，并能预见性地提供相应的服务。

例如：有的地铁车站安放自动缴费设备，能解决乘客为交付公用事业费用而在银行排队的难题，进一步已能让乘客用乘坐地铁的交通卡直接缴费，那就能给乘客更多的选择，可以作为未来的服务项目。

优质服务的长期性告诫我们：争创客运优质服务不是一朝一夕的权宜之计，而是客运管理部门的长期任务，乘客需要的变化性和持续提高特点以及客流量的增大都要求客运管理和服务人员掌握心理学基本原理，提供分析，找出乘客对服务的需要，并作出相应的改进。

为了实现城市轨道交通的优质服务要求，首先就必须了解乘客有何服务需要，企业不但要了解乘客的现时需要，还要了解对将来的需要，运营心理学就是告诉我们如何认识乘客需要的一门学科，因此心理学是创建优质服务的基础。

综上所述：心理学是一种社会普遍存在的现象，城市轨道交通运营管理者完全可以运用心理学的基本原理，通过对乘客行为的分析、找出乘客需求，对照当前服务水平，持续完善服务、提高服务质量，最终实现城市轨道交通车站的优质服务。

思　考　题

1. 心理学是普遍存在的社会现象，试举例说明。
2. 服务性行业有何特点和经营特征？
3. 为什么公交优先是解决城市交通拥堵的有效手段？
4. 城市轨道交通优质服务的含义是什么？
5. 城市轨道交通运营管理者为何需要学习心理学原理？
6. 为什么观察乘客行为找出行为动机和乘客需求是改进服务的前提？
7. 为什么运营心理学是创建优质服务的基础？
8. 如何理解优质服务是建立在持续改进和找出乘客需求的基础上的？

第 2 章　心理学基础知识

很多人以为心理学就是读心术,学习了心理学就可以窥视他人的内心世界,将心理学想象成一门高深莫测的学问。其实,心理学是为了研究人的内心活动,而源于生活的一门很古老又年轻的学科。说其古老,是因为早在远古时代,人类就已经发现心理现象的存在并在进行探究;说其年轻,是因为直到近代,心理学才真正脱离了哲学的范畴,逐渐被认可为一门独立的科学。

在我们的日常生活中,经常会观察到一些个有趣的现象。例如,一些天真无邪的幼儿会把自己的玩具藏起来,让其他小朋友找不到;会模仿大人对哭闹的小朋友进行安抚;会揣摩母亲的脸部表情,分析她是否在生气,当发现妈妈在生气时,小朋友自己就会乖乖的不再胡闹……这些实际上就是儿童心理现象的表现。

成人的心理活动就更丰富了。以初次约会为例,约会前,人们一般会特别费心地注意自己的外表修饰,见面时往往表现得彬彬有礼为了给人留下最佳的第一印象;当然同时也会仔细地观察对方,除了揣摩自己给对方留下的印象外,也在仔细观察,分析对方的性格个性,并判断决定自己应该采取怎样的态度去对待在研究中还发现,如果交谈中的两个人,一个对另一个有好感,会不自觉地模仿对方的动作、神态、举止,好像"镜子"一样。

上述种种揣度别人心思和模仿他人行为举止并做出反应的现象,都属于心理学的范畴。在实际生活中,人们经常在自觉或不自觉地观察他人的举止行为和语言等外在表现,并据此来判断他们的心理。

城市轨道交通客运服务的对象是广大乘客,他们作为一个群体,有共同的、通用的和基本的要求,但是每个乘客也会有其自身独有、有别于他人的、带有明显特征的个性。作为服务行业的工作人员,我们必须明白,虽然每个乘客的个人性格有所不同,但是他们对客运服务的要求基本是相同的,区别仅在于他们的表达由于各人的个性不同,因此在情绪、语言、人际互动、体态等外在表现上各异。这些不同的外在表现,都是和各自的心理联系在一起的,完全可以从心理学的角度进行分析,进而找出他们对服务的要求。

我们如何在相同的乘车环境中,去认识乘客不同的举止行为表现呢?

心理学告诉我们,人的行为是由动机决定的、人的动机又是由人的需要决定的,正是由于各人的需要存在着差异性,因此产生的行为动机各不相同,由此引发的个人行为也就不同;更何况即使大家的行为动机相同,也会由于每个人的个性不同,导致其外在的行为举止表现有所不同。

例如:当列车误点时,乘客的焦急心理基本是相同的,但是由于各位乘客的个性不同,在行为表现上就有所不同:有大声责问的、有默默等待车站解释的、有干脆一走了之的等等。正是由于每个人的需要和个性存在着差异性,因此造成了即使在相同的环境下,人们的举止行为表现也会存在差别。

作为轨道交通服务人员,在掌握了心理学的一些基本原理后,就可以通过观察分析乘客的外在行为,找出指导乘客行为的动机,再从乘客的动机中,寻找出乘客对服务的预期需要,在条件许可的前提下为其提供能满足其需要的服务;也可以将乘客对服务的预期需要与我们所提供的服务进行比较,找出两者间存在的差距,从而可以有效地改进我们的服务,提高服务质量,赢得乘客的满意。

现实生活中的乘客对服务的需要是在不断变化和提升的,必须不断观察、揣度、分析乘客的需要,持续改进我们的服务,才能不断提高轨道交通客运服务的质量,才能使乘客在乘坐轨道交通的过程中,真正做到身心愉快地出行。

2.1　心　　理

心理学,顾名思义就是研究心理的一门学科。学习心理学虽然可以帮助我们找出乘客对城市轨道交通服务的要求、提高客运服务质量,但是要掌握心理学这一门学科,首先需要我们掌握一些心理学的基础知识。例如:什么是心理?人的心理是如何产生的?什么是心理学的基本原理?如何运用心理学原理提高服务质量等等。

2.1.1　基本的心理概念

心理学之所以使人觉得神秘,是因为人的心理不是看得见摸得着的具体物品,人的心理并不具有严格规范的形态和固定不变的标志,人的心理活动隐藏于每个人的内心,不经仔细观察分析,别人一般很难知晓。虽然可以通过分析人的行为或语言推断其内在的心理活动,但由于每个人都有与其他人不同的个性,因此,即使相同的心理,在行为表现上也各不相同,于是使人的心理活动显得更加扑朔迷离。

在生活中,我们经常可以听到对人心理活动的评论是:某人心理素质高、某人心理脆弱等,尤其是在重大的竞技比赛中,对意外失利的运动员,媒体最常用的评价就是心理失常。究竟什么是人的心理?人的行为举止与心理有何关系?人类的心理应当如何定义、是否具有共性?人的个性对人的心理有何影响等等,这些都是心理学的一些基本概念,应当有所了解。

1. 心理的基本定义

心理是指生物对客观物质世界的主观反应，是有生命的物质发展到一定阶段时产生的、并在生物体同周围环境相互作用的过程中，随着神经系统和大脑的形成和发展而在生物体中产生的主观反应。实际上，凡是有神经系统的生物，都有心理活动存在，因此生物的神经系统是心理产生的客观基础。

本文所指的心理、心理活动、心理现象、心理过程严格局限在人的心理范围。

人的心理是与人的神经系统同时产生的，出生后随着人的神经系统逐渐发育、成长、完善，人的心理活动和心理现象也亦步亦趋的丰富起来，于是作为心理的外观表现，人的行为也日益复杂。

不论处于何种生命阶段的人，包括婴儿、幼儿、儿童、青年、中年或老年，假如抽出或破坏了他的全部神经系统，他的心理也必将消失，甚至即使损坏了部分的神经系统，其心理也必然会出现若干不正常。由此可见，神经系统是人类心理活动形成的前提，人的神经系统与人类心理活动是同生共灭的关系。

心理既然是指生物体对客观物质世界的主观反应，首先需要对人的主观反应进行分析，才能对人类的心理下一个确切的定义。

根据有关分析：主观一般是指人的意识、精神，表现为人的内心思考、人的思想或人类的内在情感，是人类内心的思维活动；有机体受到外界刺激而引起的相应活动则称为反应；据此，人的心理就可以定义为：客观存在的物质世界对人体的刺激所引起的人在意识和精神上的相应活动。因此，人类的心理实际上是人类独有的心思、思想、感情等内心活动的总称。

由于人的心理是人脑对客观现实的能动和主观反映，又由于人的心理是隐藏在人体中的内心活动，是人的头脑中对外界刺激做出反应的一个活动过程，因此，人的心理也常被称为心理活动或心理过程。

人的心理活动或心理过程深藏于人的内心，一般不易被他人直接观察到，但是人在进行心理活动时，总会伴随着产生一些能被观察到或被察觉的心理活动现象，例如：人的行为、语言。实际上，心理现象就是心理活动的表现形式，因此也就成为判断心理状态的重要依据。

例如：在城市轨道交通出入口出现了一个人、目不斜视地匆匆进入车站内，我们并不能据此就推断他的内心想法一定是为了急于乘坐列车，还要进一步观察他的下一步行为表现，如果他从另一个车站出入口出站去了，则可断定他就是个借道的行人，在他的内心并不关心运行列车是否正常；如果他并不登上列车而是就近在车站候车椅上坐下，则他至少并不急于赶乘列车；只有当他快步登上列车时，我们才能说他是个匆忙赶路的乘客，他的内心才是最关心列车运行状态的乘客，一旦发生列车误点的情况，他的不满意情绪将是前述三类人群中最激烈的。

在上述案例中，我们正是根据外在的行为表现来分析各人的内心活动，这就说明人的内在心理确实可以通过外在行为表现出来，因此也是可以被认识的。

心理学研究的重点和核心内容就是人的心理活动、心理过程和心理现象的发生、发展和消亡规律和特征等，这些心理学的基本原理将在下一章专题介绍。

2. 心理存在的物质性

心理存在的物质性包括 2 方面的内容，其一是指心理的形成受到社会发展的制约；其二是指心理的存在具有客观性和物质性。

1）心理形成受社会发展的制约

心理形成和发展是在一定社会历史条件下进行的，因此它具有社会历史性。社会历史性即社会制约性：人在一定社会关系中从事的活动，受着社会条件的制约，并随社会的变化发展而历史性地变化。例如：现在有的人迷恋网络游戏或有手机依赖症，但唐朝的人就不可能有，因为还没有那样的科技。而通过考古和对历史文献的研究，我们也推断出古代人们的生活习俗和思维方法，这恰恰说明心理存在的客观性，即使经历年代久远，我们仍然可以找出古人的心理遗迹。

以前人们说父子两代人有代沟，现在“代沟”的年龄差缩短了。在这个信息快速变化的时代里，甚至有“三岁就是一个代沟”的说法。实际上，所谓代沟的形成，基本上也是因为各自成长的背景不同，造成心理的差距，如果不同年龄段的人能多沟通、多交流，互相体谅与尊敬，所谓的代沟就不会过于明显，甚至不复存在。

心理上的代沟在城市轨道交通服务中也有体现，要注意人们心理上、思考方式上存在的不同。例如：车站稍微年长一些的服务人员对待年轻的乘客往往习惯于采用教训的口吻，实际上车站的年轻乘客在心理上最反感车站年长服务员对自己说：“如果你是我的小辈，我就……”等说教式管理；同理，车站中的年长乘客在心理上最反感的是车站年轻服务员的不尊重或不耐烦的服务态度，上述这些也往往是引起车站乘客纠纷的起因。归根结底，这些纠纷的引起还是因为乘客和车站服务员双方在心理形成上所受的历史限制。这时，换位思考值得提倡。

换位思考就是对他人的一种心理体验过程。换位思考要求站在对方的立场、将心比心、设身处地进行思考，因此是达成双方理解过程中不可缺少的心理机制。它在客观上要求我们将自己的内心世界，如情感体验、思维方式等与对方联系起来，站在对方的立场上体验和思考问题，从而与对方在情感上得到沟通，为增进理解奠定基础，因此它既是一种理解，也是一种关爱。

有人对换位思考作如下注释：你是你，我是我，你不是我，我不是你，但你把我当成你，我把你当成我，这样就换了位，再思考一下……。

例如：有一对夫妇坐车去游山，半途中下车。听说后来车上其余的乘客没有走多远，就遇到了小山崩塌，结果全部丧命。女人说：咱们真幸运，幸亏及时下车，否则也……。男人说：不，可能由于咱们的下车造成车辆停留，耽误了他们的行程，车就恰巧经过山崩的地点……这就是不同的立场得出的不同思维结果。

换位思考的实质就是设身处地为他人着想，即想人所想、理解至上。人与人之间少不了谅解，谅解是理解的一个方面，也是一种宽容。立场不同，思考的结果也不同。我们都有被冒犯、被误解的时候，如果对此耿耿于怀，心中就会有解不开的疙瘩。如果我们能深入体察对方的内心世界，或许能达成谅解。

一般说来，人与人之间只要不涉及原则性问题，都是可以谅解的。谅解是一种爱护、一种体贴、一种宽容、一种理解。

2)心理存在的客观性和物质性

世界上的一切事物有着无限多样的形态，无穷的变化发展，但归根结底都只是客观存在的物质外在表现在发生变化。物质指在人们的意识之外独立存在又能为人的意识所反映的客观实在，是一切表象的载体。存在是物质的唯一特性。客观存在的物质是可以被认识的，人的心理就是一种客观存在的现象，因此是可以被认识的。

人的心理不是一般物质的运动，而是人的机体，首先是人脑这种以特殊方式组织起来的物质的机能、活动过程或运动。人一旦离开脑就不存在心理活动。无脑的或患有脑缺陷的婴儿不能发展或不能健全发展心理。

人的心理具有物质性就是说人的心理是客观存在的、是不依赖于人的主观意识而存在的客观现实。我们每个人都有自己的心理活动，这是客观存在的、任何人也不能否认的事实。人的心理活动过程也是实际存在的客观过程，因此说心理是一种特殊的物质。该物质的表现就是心理现象，其运动就是心理活动、运动的过程就是心理过程。

3. 心理发展的后天性

人类的心理活动并非是与生俱来的，而是后天形成的。刚出生的婴儿并不具有心理活动，只具有动物性的本能反射，也叫非条件反射。

为什么说刚出生的婴儿只有非条件反射而不具有心理现象呢？做一个简单的实验即可证明：当母亲给刚出生的婴儿喂奶时，必须要把奶头放进婴儿嘴里，婴儿才能吸吮奶汁；如果把奶头放在嘴边，婴儿并不会寻找奶头。这时母亲便有意无意地把奶头放在婴儿的嘴边移动，最后放进婴儿的嘴里，这样做，母亲实际上是自觉不自觉地担任了新生儿的第一个启蒙老师。母亲不断地给予婴儿的这种最简单的反复刺激与行为训练，婴儿随着神经系统和大脑的发育，等到出生后大约 2 周的时候，就开始主动寻找奶头。这表明婴儿已具有了最初的调节自身的活动以适应环境的能力，这是新生儿最初的最简单的心理现象。可见，新生儿的心理现象的发生，是通过出生后的后天培养训练出来的。

人类心理发展的后天性还与成长过程中所处的社会环境有关。例如:改革开放后有些孤儿被非中国公民家庭收养,他们在国外长大,他们成人后的思维方式、生活习惯、心理活动就一定会有别于在国内长大的兄弟姐妹,这就是心理后天形成的典型案例。必须指出,换位思考者必须熟悉或至少是了解对方的心理体验过程,否则就没有办法进行换位思考。在上例中,很难要求一位从未跨出过国门、在山区长大的人与具有外国人思维方法和心理特征的人进行换位思考。因此换位思考要求践行者有丰富的生活阅历或社会知识。

4. 心理探究的历史性

无论在我国还是在外国,人们很早就开始研究心理现象,力图揭示心理活动的奥秘。

例如,我国古书《黄帝内经》中提出:"天之在我者德也,地之在我者气也。德流气薄而生者也。故生之来谓之精;两精相搏谓之神;随神往来者谓之魂;并精而出入者谓之魄;所以任物者谓之心;心有所忆谓之意;意之所存谓之志;因志而存变谓之思;因思而远慕谓之虑;因虑而处物谓之智。"

这段话用现在的文字可以描述为:天赋予的是德、地赋予的是气,由于天德下流、地气上进、阴阳结合,而使万物化生。生命的来源叫做精、男女两精交媾而产生命,生命产生精神;跟随神气而来的叫做是魂、随从精气出入的是魄;担任生命活动的叫做心、心中怀念叫做意、意念的所存叫志;根据志而随心衡量变化叫做思、思考由近至远叫做虑、认真考虑而后毅然处理事务叫做智。

上述这段话是我们的祖先对精、气、神、魂魄、心智、意志、思虑等概念所做的思考和推断。至少说明早在2000年前的秦汉时期,我们的祖先就已经在进行心理现象的探索。

在古希腊,哲学家柏拉图(Plato,公元前427~347)指出:人的灵魂具有理智、意志和情欲3个部分,其中理智是智慧的,起着指导作用;激情服从它,是它的助手;欲望占据最大部分,它贪得无厌,必须受到理智和激情的控制。这说明国外的学者同样也很早就在探究人的心理现象。

虽然古今中外的学者早就开始对人类的内心思想活动进行探索,但是心理学真正成为一门独立的学科还只有100多年的历史,因此心理学家们还在不断努力地深入探索和研究心理活动的规律与本质,然而对于大多数人而言,并不是将心理学作为终身研究的专业,只是希望将心理学的研究成果用于现实的生产、生活,因此他们只需要掌握心理学的基本原理,本书所介绍的心理学基本原理也仅局限在满足城市轨道交通客运服务需要的范围内。

总之:心理是指人类对客观物质世界的主观反应。人类的心理是后天发展起来的,是一种客观存在的现象,因此是可以被认识的。人类很早就开始探索自身的心理现象,人的任何心理活动都有一个发生,发展,消失的过程。

2.2 心 理 学

心理学是研究人类心理的一门学科,因为人的心理活动是一个发生,发展,消失的过程,所以心理学的研究就要围绕着人类心理产生的过程而展开。

心理学的形成和发展既是社会发展的必然和需要,也是为生产生活服务的。

2.2.1 心理学的名称来源

早在战国时期,我国伟大的思想家荀子(荀况 公元前 313~238)在《荀子·天论》中就有"形具面神生,好恶,喜怒,哀乐臧焉"之说,阐明了先有身体而后有心理、心理依附于身体的身心观。

古人并没有采用心理学这一词,而是用精气神、智虑思、魂魄、意志等概念对人的内心活动进行描述。汉语的心理学一词究竟从何而来呢?

1. 心理学一词的由来

心理学(Psychology)这一词,源于古希腊语,是由希腊文中 Psyche 与 logos 两字演变而成,前者意指灵魂,后者意指讲述,因此,心理学亦被解释为"阐释灵魂之学",即灵魂之科学。

为何汉语将其翻译为心理呢?因为国人习惯性地认为思想和感情来源于心、在汉语中又往往把条理和规则称作理,所以就将关于心思、思想、感情的条理性思考和思考规则等内心活动用心理来总称。

因此,心理学是关于人类内心的心思、思想、感情等规律研究的学问,是研究人的心理或精神以及心理活动及其发生、发展规律的科学。

2. 心理的外在表现

人的心理活动是在人体内进行的,一般不易为他人所察觉。例如:在审讯罪犯时,即使犯人的内心在进行激烈的思想斗争,他也可以在表面上装得若无其事,使别人摸不清他的心理。但是人的任何活动都必定会伴有相应的心理现象。我们通常说的感觉、知觉、记忆、思维、想象、情感、意志以及个性等都是心理的表现现象,由于这些现象都是伴随着人的活动而发生的,因此也可称为心理活动。仍以上例中的罪犯为例:他尽管可以伪装,但是他的血压、心跳、脉搏等生理指标会伴随他的心理活动过程而发生变化,甚至脸部肌肉也会不由自、不受控制地抽动,这些现象就是伴随这位罪犯的心理活动而产生的心理现象,有经验的侦讯专家就可以据此推断出罪犯的心理活动。现代的警用测谎仪就是根据这一心理原理研制出来的。上述心理学关于罪犯心理活动和心理现象的关系,在经历了长期的反复实践、归纳、分析和总结,逐步形成了心理学的一门分支——司法心理学。

实际上,现代的司法心理学已形成为一门独立完整的学科、成为研究司法实践中心理活动规律的学科,也是所有准备从事司法工作人员的必修课。

正是因为人的心理现象是伴随着人的心理活动而发生的,因此可以通过对心理现象的观察和研究,找出隐藏在人内心的心理活动,所以说心理现象是心理活动的外在表现。

城市轨道交通的客运管理人员不可能知道每一位乘客的内心都在想些什么,但是完全可以通过对乘客外在行为和语言的表达探知乘客内心的想法,就是基于这一基本的心理学概念。

3. 心理学研究的内容

心理学是研究心理现象和心理规律的一门科学。一般认为,是用科学的方法,观察、研究和思考人的心理活动过程;研究人与人之间的不同及造成这种不同的原因;往往从人的需要与动机、能力、气质、性格和自我意识等方面入手研究,并且找出适用人类的、一般性的规律,继而运用这些规律,更好的服务于人类的生产和实践。

人的心理活动发生、发展是一个过程,是人脑对现实世界的反映过程。在整个心理活动过程中,会有许多不同的心理现象发生,这些心理现象的总和构成了一个完整的心理活动过程,因此人的心理活动过程也是心理学研究的重要内容之一。

例如:城市轨道交通某乘客内心的心理活动是希望能搭乘地铁列车实现准时上班的目的,由此引发的乘客行为表现是:行走匆忙、当列车进站后匆忙地进入车厢、到站后又匆匆离开车站,甚至可能询问列车运行是否准点等等,这些行为表现本质上就是该乘客表露在外的心理现象,这些心理现象的表现随着乘车进程的发展而有所不同。

2.2.2 心理学研究的对象

既然深藏在人内心的心理活动是通过外在心理现象表现出来的,心理现象自然就成为心理学的重点研究对象。我们非常熟悉,并随时会接触到、感受到的人的外在行为表现就是心理现象的一种。心理学正是通过对正常成人的心理活动的研究来揭示心理现象的一般规律,通过观察人的身体形态——行为,研究人类心理的产生和发展规律,并将这些规律运用于现实生活的一门学科。

心理学经常研究正常成人的心理活动是因为正常成人能够积极地参与社会生活,进行各种创造性活动。从整体上看,正常成人的心理活动达到了心理发展的高级水平,体现出人类心理活动的特征,具有典型性。

心理学往往研究心理现象的一般规律,例如:任何一个正常的人对烫都有感知，这就是一般的规律，实际上不同的人对烫的感知度或说耐受度是有差别的，心理学研究的是有关感受性的测量和各种感知感觉的机制，并不研究某个人的具体耐受度；同样地，心理学研究的是：人的学习与记忆的形式和过程，思维的各种操作，言语的知觉和理解以及能力的测量、人格的结构等等。这些研究所得到的结果具有一定的普遍意义，在一定程度上能适用于人的不同年龄和不同的活动领域。可以说，普通人的心理不只是生物发展的产物，而且还是社会历史发展的产物。人所特有的社会劳动在人的高级心理形式——意识的产生和发展中起着决定性作用。借助于言语而实现的多种多样的社会交往，是这种高级心理发展的实际条件。

心理学正是通过对人们外在的形态、神态、行为举止等表现的研究，推断其内心的真实想法，归纳出人的心理活动发生、发展及其规律，为社会发展服务，因此心理学可以归纳为：研究人类心理活动和行为表现的一门科学。

2.2.3 心理学是古老的年轻学科

由于心理学所研究的对象是心理、意识，而哲学研究的基本问题是：物质和意识、存在和思维的关系，两门学科在研究对象方面有着不可分割的联系，因而心理学与哲学形成了十分密切的关系，事实上，心理学的研究在历史上也一直脱不开哲学研究的范畴。

从发展过程看，心理学很古老，已经有几千年的历史，因为从有哲学那个时代起，心理学的基本问题就成为哲学所注意、所研究的内容了。但是心理学又是一门很年轻的科学，因为与其他学科的发展史相比，心理学的发展历史十分短暂。

19 世纪中叶以后，自然科学的迅猛发展为心理学成为独立的科学创造了条件，尤其是德国感官神经生理学的发展，为心理学成为独立的科学起了较为直接的促进作用。直到 19 世纪后半叶起，心理学才从哲学中分化出来而成为独立的学科，并开始了蓬勃发展的历程，至今才不过 100 多年。

心理学从哲学母体中分化出来而成为一门独立学科，并不意味着心理学与哲学相互割裂、彼此对立。从在整个科学系统中的地位和作用来讲，心理学是一门具有特殊性的基础科学，它同时具有自然科学和社会科学的特点，具有联系自然科学和社会科学的中介作用，但从整体上讲，它更侧重于社会科学，因此心理学是在哲学、自然科学、社会科学交合点上形成的一门具有综合性的边缘学科。随着人们对心理问题的逐渐重视，心理学这门学科在科学领域的地位也日益提升。

总之，心理学是研究心理活动及其发生、发展规律的科学。由于人的任何行为都离不开心理活动，而心理现象又是伴随人的心理活动而发生的，因此可以通过对心理现象的研究掌握人的心理活动；由于人的心理产生是对客观存在的物质世界的主观反应，因此心理学与我们的日常生活密切相关。

2.3　学习心理学目的

心理学能够帮助我们认识内外世界、调控行为、预测未来、改善和提升生活质量。了解心理学的这些功能，会对我们的生活、学习与工作具有积极作用。

心理学是一门兼具研究性和应用性的学科，前者是专家、学者学习研究心理学的目的，对大多数人而言，心理学的学习目的在于对心理学的实际应用。而学习目的在很大程度上取决于学习的用途和研究的对象。例如：城市轨道交通客运管理人员学习心理学的目的是为了掌握“根据乘客的行为推断乘客需要”的方法，研究的对象是乘客和乘客的心理，就需要通过心理学基本原理的学习，掌握运用心理学的原理探究存在于乘客行为背后的行为动机和乘客需要，并据此找出服务提供的不足，进而提高和改善服务质量。

城市的交通客运人员为了掌握观察乘客行为、学会分析乘客的行为动机和找出隐藏的乘客需要的技能，首先需要了解行为、动机、需要等重要的心理学概念。

2.3.1　行为

城市轨道交通的服务人员不可能直接深入到每一位乘客的内心，观察到乘客的心理活动，他们最经常、最直观感受到的实际上是乘客外在的行为表现，其中接触最多，又最为常见的是乘客的举止行为和语言。

人的语言和举止行为是受神经系统控制的，从心理学角度看，这实际上就是乘客心理的一种外在表现，所以需要对语言和举止行为有一个初步的了解。

人的心理通过神经系统调控人的外在肌肉就形成了不同的反应姿态，这种可以被其他人感觉到的姿态反应往往是以举止行为或语言的形式呈现在人们的面前。

1. 语言

有人说，人类最伟大的发明就是语言。人类的语言又可以分为口头语言和文字语言两种。

口头语言是通过人的声带和口舌等相关肌肉的高度组织化，发出有规则的声波，不同的声波被赋予不同含义，就构成了口头语言；书面语言则是把不同含义的声波用符号记录下来，这个符号就是书面语言。

在城市轨道交通的客运服务过程中，服务人员与乘客的交流主要是通过口头语言进行的，当有关信息涉及大多数或全体乘客，并需要传达到广大乘客，往往采用书面语言以公告形式进行告知或用广播形式进行宣读。

无论是口头语言还是书面语言都是人们进行信息传递的手段、情感沟通交流的表达符号，也往往是和他人构成联系最重要的纽带。“一言不和”，可以“大打出手”；而“笑语常开”，还会“好事自来”。

2. 举止

举止是指人的动作和表情。日常生活中人的一抬手一投足，一颦一笑，都可概括为举止。

图 2.1　蒙娜丽莎神秘的微笑

举止是一种不说话的语言，能在很大程度上反映一个人的素质、受教育的程度及能够被别人信任的程度。在社会交往中，一个人的行为既体现他的道德修养、文化水平，又能表现出他与别人交往是否有诚意，更关系到一个人形象的塑造，甚至会影响国家民族的形象。冰冷生硬，懒散懈怠，矫揉造作的行为，无疑有损于良好的形象。相反，从容潇洒的动作，给人以清新明快的感觉；端庄含蓄的行为，给人以深沉稳健的印象；坦率的微笑，则使人赏心悦目。因此，我们在交往中应该使自己成为举止优美的人。

人的举止是在心理支配下产生的各种动作，这些举止具有一定的含义并发挥一定的作用。有时候仅仅改变一下身体的状态，就能反映出人的心理。一个人身体的姿势、形态称为人的体态，体态除了语言和举止动作之外还可以有非常丰富的内容，最明显的是人的心灵窗户——眼神。例如：人的身体姿势和面部肌肉可以保持不变，就有傲慢的眼神、轻蔑的眼神、亲切的眼神等。意大利文艺复兴时期的著名画家列奥纳多·达·芬奇（1452～1519 年）的名著“蒙娜丽莎”，就是一幅享有盛誉的肖像画杰作。图 2.1 画中人物坐姿优雅，笑容微妙，背景山水幽深茫茫。作品使人物的丰富内心感情和美丽的外形达到巧妙的结合，对于人像面容中眼角唇边等表露感情的关键部位，也特别着重掌握精确与含蓄的辩证关系，达到神韵之境，从而使蒙娜丽莎的微笑具有一种神秘莫测的千古奇韵，那如梦似的妩媚微笑，被称为神秘的微笑。

正因为体态的变化常常是对方不自觉流露的心理活动的外在表现，因此也多地被用来推测和探知他人的心理变化和作用。

城市轨道交通服务人员也可以从乘客的举止或体态变化来分析乘客的心理活动。这些分析实际上就是心理学在客运服务方面的运用。

3. 行为

行为是人类用以适应环境变化而发生的身体各种反应的组合，是人类所特有的，是由一定原因引起，并为了实现一定目的所进行的活动。

人的行为有的表现在身体外部，易于观察、有的隐藏在身体内部，不易察觉，行为的强度也有大有小，各不相同。不同的角度对行为又有不同的侧重，如：在某个场合跳舞、深呼吸等。

(1)行为的社会学解释

在一定的社会环境中，在人的意识支配下，按照一定的规范进行并取得一定结果的活动即为行为。

(2)行为的心理学解释

内在生理、心态和心理变化的外在反应即为行为，这些反应不外乎是肌肉收缩和腺体分泌的结果。

研究角度的不同造成对行为的解释也不同，但无论是意识支配还是心理变化的结果，行为是人内心活动的外在表现，这一点是相同的。

(3)行为构成的基本要素

行为是由满足某种需要的动机引起的，又是达到一定目标使需要得到满足的手段和过程。行为既是某种需要和动机的结果，又是这种需要和动机的反映，因此行为构成有4要素：

① 行为的主体是人；

② 行为有一定的目的性、方向性和预见性；

③ 行为作用于一定的对象(人或物)；

④ 行为总要产生一定的结果。

4. 行为的特性

人的行为千差万别，每个人都有不同于他人的行为特征，但是所有行为的基本特性还是相同的：

(1)自觉性

人的行为是由行为人的自我意识支配而自觉启动和进行的，外力可以影响甚至改变某个人的行为，但所影响和改变的只能是人的认识，态度和情感等心理因素，进而改变人的动机，并不能直接支配人的行为。例如，当人受到威胁时，出于畏惧心理，产生自我保护的动机，可能在外力的胁迫下做出某种非本人意愿的行为，但这并不是说外力可以直接支配人的行为，对于无所畏惧的人，威胁只能激起进行较量的决心，并不能改变其行为。

(2)因果性

任何行为的产生都有一定的原因，都是某种原因的结果。行为构成的第4要素也指出了行为的因果性。未遂行为也有因果性,其行为结果就是行为的未遂。例如:某恐怖分子劫机未遂的行为发生过程中,劫机就是该恐怖分子的行为,劫机未遂就是行为的结果,并不因为劫机未遂他就不存在劫机的行为。

(3)目的性

人的行为不是盲目的,总是指向一定目标,为了一定目的而进行的,区别仅在于这种目的性的表现有时直接而明显,有时间接而隐讳。例如:城市轨道交通乘客进入车站的目的就是搭乘地铁出行、若遇到列车故障就退票离站是为了尽可能地抓紧时间,以免耽误日程安排等等。也正因为行为具有目的性的特性,因此我们可以分析乘客行为目的,找到乘客行为的意图。

(4)持续性

人的行为是在动机支配下实现目标的过程,如果动机和目标没有改变,人的行为从本质上就不会改变,在目标实现以前亦不会终止,如遇阻碍,可能会变换方式和手段,但还是指向既定目标。例如:城市轨道交通故障列车正在抢修,部分乘客就会继续耐心等待,因为这些乘客搭乘列车出行的动机和目标都没有改变,即使遇到列车故障的阻碍,只要时间允许,一般都会采取等待的行为。

(5)可塑性

人的行为虽然具有持续性的特点,但并不是不可改变的。人的行为受主客观多种因素的影响,这些因素的变化足以改变人的需要内容,进而改变人的动机以及追求的目标。既然动机和目标可以改变,自然行为也可以改变,这种改变是通过影响行为的各种因素的间接作用实现的。例如:在上例中,列车抢修耗时过长,乘客为了抓紧时间,只能改乘其他公共交通工具,这是因为客观条件的变化,促使乘客出行的行为也发生变化。

5. 影响行为的因素

人类的行为由内因和外因共同决定,即受到遗传、环境及学习因素的影响。

(1)内因

个人的遗传基因、生理、心理、情绪、意志、人生观、价值观等都是可以影响人的行为的内因。

(2)外因

人所处的社会环境、社会地位、社会角色等都是影响人的行为的外因。

2.3.2 动机

动机作为名词是指心理指引行为要达到的目标。在心理学上,动机一般被认为是激励和维持人的行动,并将使行动导向某一目标,以满足个体某种需要的内部动因。

动机在作为动词时则多称作“激励”。在组织行为学中,激励主要是指激发人的动机的心理过程。通过激发和鼓励,是人们产生一种内在驱动力,使之朝着所期望的目标前进的过程。

现代心理学将动机定义为:

推动个体从事某种活动的内在原因。具体说,动机是引起、维持个体活动并使活动朝某一目标进行的内在动力。

特别需要指出的是:动机本身不属于行为活动,它仅是行为的原因,而不是行为的结果。

公安机关在破案时,经常需要思考罪犯的作案动机,探究和找出罪犯的作案动机往往是案件得以侦破的关键。

国外的侦探工作同样注意探究罪犯的作案动机。例如:19世纪末的英国侦探小说家阿瑟·柯南·道尔所塑造的一个虚构的、才华横溢的侦探形象——福尔摩斯,就是研究罪犯作案动机的高手。

又如:电影《东方快车谋杀案》描述了比利时大侦探——赫丘里·波洛侦破火车上的一宗离奇凶杀案,虽然这是一部故事构想奇特的影片,但是影片运用分析罪犯作案动机入手,通过心理分析、丝丝入扣,征服了广大电影观众。

由此可见:动机是人们为实现一定目的而行动的原因。动机是个体的内在过程,行为则是这种内在过程的外在表现。

1. 动机的功能

人的动机对个人的行为具有引发、指引和激励的功能。

(1)引发功能

动机是在目标或对象的引导下,激发和维持个体活动的内在心理过程或内部动力。动机是一种内部心理过程,不能直接观察,但是可以通过任务选择、努力程度、活动的坚持性和言语表示等行为进行推断。

例如:当城市轨道交通发生列车贻误时,乘客可能抱怨道:“总以为地铁安全又快捷,没想到还会误点,早知道就坐公交车了。”从这段话就可以推断出乘客内心的乘车动机:相信地铁的安全快捷、对当前列车贻误的不满、乘客在时间方面有紧迫性要求、希望能尽快恢复正常的列车运行等。

(2)指引功能

动机必须有目标,目标引导个体行为的方向,并且提供原动力。动机要求行动,行动促使个体达到他们的目标。在上例中:安全、快捷、省时是促使乘客搭乘地铁出行的动机,在这个动机的指引下,乘客才有进入车站候车的行为发生。

(3)激励功能

动机具有激活、指向、维持和调整功能。动机是个体能动性的一个主要方面,它具有发动行为的作用，能推动个体产生某种活动，使个体从静止状态转向活动状态。同时它还能将行为指向一定的对象或目标。当个体活动由于动机激发而产生后，能否坚持活动同样受到动机的调节和支配。依然在上例中，当列车故障耗时过长时，眼看省时的目标难以实现时，动机将调整乘客的行为，退票离站换乘公交车的行为就是动机调整后的新行为。

2. 动机的形成条件

动机的形成需要有 2 个条件：需要和诱因。

(1)需要——内在条件

需要是当人感到某种缺乏而力求获得满足时所产生的心理倾向，它是自身和外部生活条件的要求在人的头脑中反映。

有关需要的概念与特点将在下文详述。

(2)诱因——外在条件

仅有人的内心需要并不能直接引发人的行为动机，人的行为动机形成还要有另一个外部要素——诱因。诱因是一种外部因素，能驱使人体产生一定行为。

诱因是指：能激起人的定向行为，并能满足其某种需要的外部条件或刺激物。诱因有正、负诱因之分。凡是个体趋向或接受它而得到满足时，这种诱因称为正诱因；反之，凡是个体因逃离或躲避它而得到满足时，这种诱因称为负诱因。

只有当一个人有了需要的内因，并有适当的外部诱因，才会产生行为的动机，进而才会有人的外在表现的行为。

例如：当某人饥饿难耐，需要吃东西时，这只是一种内在的需要，并不会直接产生购买商品的动机，外界必须要存在能提供食品的商店、饭馆或食堂等条件，他才会形成购买食品的动机，并进而发生“购买食品”这一行为。

3. 动机的强度

动机的形成是由需要与诱因共同激发的。因此，动机的强度或力量既取决于需要的性质，也取决于诱因力量的大小。

在上述例子中，某人越饿，购买商品的需要就越强烈，但是如果他处在沙漠中，目及范围内，无处出售食品，就难以形成“购买食物”的动机，反之，他身处闹市，食品随时随处可以购买，但是他并不饿，生理上不需要吃东西，随身带着还嫌累赘，也难以形成“购买食物”的动机。

实验也表明：诱因引起的动机的力量依赖于个体达到目标的距离。距离太大，动机对活动的激发作用就很小了。

当一个人有理想、有抱负，他的动机将不仅支配行为指向近期的目标，而且能指向远期的目标。

此外，除了目标的价值以外，个体对实现目标的概率的估计或期待也有重要的意义。一般而言,如果行为成功的可能性很低,也较难激发人的行为动机。

2.3.3 需要

我们已经知道需要是引起动机的内在条件。内外环境的客观需求在人脑中的反映,因此人对需要的体验是:有一种“缺乏”的感觉。需要常常以意向、愿望的形式表现出来,并可能最终导致为推动人进行活动的“动机”的形成。

由于需要是人内心的一种心理活动、是人的一种主观状态,因此需要实际上是:个体在生存过程中对既缺乏又渴望得到的事物的一种心理反应活动。

需要是有具体对象的、总是指向某种东西、条件或活动结果的,需要具有周期性,并随着满足需要的具体内容和方式的改变而不断变化和发展。通俗地讲:需要是指人们因缺乏某东西而产生的一种“想得到”的心理状态,人的欲望、意愿、兴趣等仅仅是人的需要的表现形式。

需要既然是行为的动机产生的内部因素,就不容易被察觉,因此更要对需要的产生进行探索。

人为了求得生存和发展,必然有某些最基本的要求。人们将赖以生存的食物、衣服、睡眠、劳动、交往等归纳为“衣食住行”,就是人类生存的最基本要求。这些需求反映在他的头脑中,就形成了他的需要。因此需要被认为是个体的一种内部状态,或者说是一种倾向,它反映个体对内在环境和外部生活条件的较为稳定的要求。

1. 需要的特征

需要既然是人内心的心理活动,就具有外在的心理表现现象和行为特征。

(1)对象性

人的任何需要都是有明确目的和具体对象的、而不是空洞的,并可以随着需要对象的扩大而发展。需要可以表现为追求某一种东西的意念,或者表现为避开某一事物、停止某一活动的意念。

人的需要的对象既包括物质的东西,如衣、食、住、行,也包括精神的东西,如信仰、文化、艺术、体育;既包括个人日常的物质和精神方面的活动,也包括参与社会生活和活动,通过相互协作,带来物质成果,通过人际交往,沟通感情,带来愉悦和充实以及这些活动的结果;既包括想要追求某一事物或开始某一活动的意念,也表现为想要避开某一事物或停止某一活动的意念,这些意念的产生都是根据个人需要及其变化决定的。

每个人的各种需要彼此之间的区别,就在于需要对象的不同。但无论是物质需要、还是精神需要,都必须有一定的外部物质条件才能满足。例如,居住需要房子,只是各人对住房的要求不尽相同;人们出门要有交通工具,也只是交通工具的种类不同而已；人们娱乐要有场所，有人看电影、有人听戏、也有人唱歌跳舞等等，这些都说明需要是有具体对象的。

(2)阶段性

人的需要是随着年龄、时期的不同而发展变化的。也就是说个体在发展的不同时期，需要的特点也不同。例如，婴幼儿主要是生理需要，即需要吃、喝、睡；少年时代开始发展到对知识、安全的需要；到青年时期又发展到对恋爱、婚姻的需要；到成年时，又发展到对名誉、地位、尊重的需要等。

(3)社会制约性

人不仅有先天的生理需要，而且在社会实践中，在接受人类文化教育过程中，发展出许多社会性需要。

人的社会需要不仅受到时代、历史的影响，还要受社会地位的影响。在经济落后、生活水平低下时期，人们需要的是温饱；在经济发展、生活水平提高的时期，人们需要的不仅是丰裕的物质生活，同时也开始需要高雅的精神生活。处于不同社会地位的人群的需要也是不一样的。例如：知识分子和进城务工的 2 个人群的社会需要就是完全不同的，前者需要有事业发展的机遇、后者对物资的需要可能更强烈些。可见，人的需要具有社会性和受到社会地位的制约。

(4)独特性

人与人之间的需要既有共同性，又有独特性。由于生理、遗传因素、环境因素、条件因素不同，每个人的需要都有自己的独特性。年龄不同的人、身体条件不同的人、社会地位不同的人、经济条件不同的人，都会在物质和精神方面有不同的需要。在前面的事例中曾经提到：居住需要房子，但是各人对住房的要求是不同的；人们出门要有交通工具，但具体使用的交通工具各不相同；人们娱乐要有场所，但是看电影、听戏、唱歌跳舞等各人的娱乐方式也不同。这就是需要的独特性。

2. 需要的分类

不同的角度对需要有不同的分类，通常都是从需要的起源和需要的对象两个角度进行分类。

(1)需要的起源分类

从需要的起源划分，可以分为生理需要和社会需要。

① 生理需要

生理需要是为保存和维持有机体生命和种族延续所必需的。生理需要包括：维持有机体内平衡的需要，如对饮食、运动、睡眠、排泄等需要；回避伤害的需要，如对有害或危险的情景的回避等；性的需要，如配偶、嗣后的需要。生理需要是生而有之的。生理需要也称为自然性需要。

② 社会需要

社会需要是人们为了提高自己的物质和文化生活水平而产生的社会性需要，包括对知识、劳动、艺术创作的需要，对人际交往、尊重、道德、名誉地位、友谊和爱情的需要，对娱乐消遣、享受的需要等。

社会需要是人特有的在社会生活实践中产生和发展起来的高级需要。人的社会需要因受社会的背景和文化意识形态的影响而有显著的个别差异。

(2)需要的对象分类

按需要的对象划分，需要又可以划分为物质需要和精神需要。

① 物质需要

物质需要是指人对物质对象的需求，包括对衣、食、住有关物品的需要，对工具和日常生活用品的需要。物质需要是一种反映人的活动对于物质文明产品的依赖性的心理状态，因此，物质需要既包括生理需要又包括社会需要。

② 精神需要

精神需要是指人对社会精神生活及其产品的需求，包括对知识的需要、对文化艺术的需要、对审美与道德的需要等。这些需要既是精神需要又是社会需要。

对需要的分类，只具有相对的意义。如为了满足求知的精神需要就离不开对书、笔等学习工具的物质需要；对食物的需要虽然是生理需要，但食品的性质又是物质的。因此不同种类的需要之间是既有区别又密切联系的。

3. 需要与需求

特别要指出：需求和需要虽然都是个体在生活中缺乏某种东西在人脑中的反映。但需求与需要是有区别的，需求不等于需要。需求比需要的层次更高，

“需要”是一种客观上的要求。如：人需要空气，没空气会死，，这是不为人的主观意志所改变的。

“需求”是指人们在欲望驱动下的一种有条件的、可行的，又是最优的选择，这种选择使欲望达到有限的最大满足，即人们总是选择能负担的最佳物品。因此也可以说需求就是价值与代价的平衡。

需求是人类自身的不断发展和完善在心理上反映的结果。动物总是趋向于保存和完善自我，现实一旦不能立即提供保存和完善自我的条件，心理就会产生要满足这个条件的要求，需求就这样产生了。需求的产生是生物自我生存和发展的需要。因此需要是一种内驱力，有机体在需要的基础上会产生一种内部推动力，在这种内部因素刺激下是需求状态存在的结果。

需求既包括生理的、也包括社会的方面。换言之，需求是站在需和求两个角度看问题的，即需要、并追求满足，强调的是需的实现，甚至为了求得需的实现，愿意付出某些必要的代价，这是需求的最大特点，也正因为付出了代价，因此对需要的实现程度往往有基本要求。

例如:安全快捷地出行这是乘客的需要,是一种客观的存在。但乘客为安全出行付出代价后是否就能获得需要的实现、乘客出行需要的实现过程是否最经济合理,每一位乘客都有一个愿意付出的代价的心理价位,即乘客需求的实现是有代价的,并要追求需要实现的最佳值的,因此需求是客观的存在。

2.3.4 需要、动机与行为三者间的关系

需要、动机、行为三者之间具有密切的关系。当人产生需要而未得到满足时,会产生一种紧张不安的心理状态,在遇到能够满足需要的目标时,这种紧张的心理状态就会转化为动机,推动人们去从事某种活动,去实现目标。目标得以实现就获得生理或心理的满足,紧张的心理状态就会消除。这时又会产生新的需要,引起新的动机,指向新的目标。这是一个循环往复、连续不断的过程。由此,需要是动机和行为的基础,人们产生某种需要后,只有当这种需要具有某种特定的目标时,需要才会产生动机,从而成为引起人们行为的直接原因。每个动机都可以引起行为。但是,在多种动机下,只有起主导作用的动机才会引起人的行为。

2.4 心理学的学习方法

学习方法是由学习目的和服务对象决定的。城市轨道交通的客运管理人员学习心理学的目的是提高管理和服务质量,服务对象则是广大乘客群,因此理论联系实际,在服务过程中不断运用理论知识,不断总结提高是最有效的学习方法。

任何管理在本质上就是管理者运用规定的职能和手段,对他人的活动进行协调,使他人同自己一起高效率地实现既定目标的活动过程。管理者在对他人的活动进行协调时,首先必须考虑被管理者的心理活动,因为只有最大限度的调动起人们的积极性,管理才能取得最大的效果,因此尽管管理活动自古就有,但形成一门独立的学科是在19世纪末至20世纪初,经过多年的探索和研究,人们发现在管理学的诸多项管理要素中,首要的是对人员的管理,对人员的管理实际上就是对被管理者的行为进行约束和规范。由于人的心理活动是行为的内在动因,任何人的行为都只是内在心理活动的外在表现,因此人的行为都是在一定心理活动指导下进行的,管理者要对人员进行管理就不得不对人的心理进行探索。

城市轨道交通的客运管理和服务人员可以通过观察乘客的行为表现来探究乘客心理活动。在实际的服务过程中对乘客行为关注的重点应放在以下几方面;

① 乘客的行为、引发行为的动机与隐藏在动机后的乘客需要;

② 当前的实际服务提供水平与乘客需求的匹配程度;

③ 乘客对当前服务质量不满意的行为表现。

例如：当乘客频频投诉地铁列车运行误点时，实际上表达了乘客内心对轨道交通准点运营的需要；当乘客投诉车站服务人员工作态度不能令人满意时，可能表达了乘客需要获得社会尊重的心理情结。

以心理学的基本原理为基础，以轨道交通乘客群为对象，研究他们的共性行为表现和规律性的心理现象，采用"观察乘客行为、分析乘客心理、找出行为动机、发现乘客需求、提高服务质量"的方法，观察乘客的外在行为表现、分析、研究引起此种行为的心理及动机，并推断出乘客需求，反思服务工作的不足，持续改进我们的服务，进而提高服务人员能力和技巧，最终实现轨道交通服务质量整体提高的目的，是在工作实践中学习心理学、掌握心理学的有限方法。

思　考　题

1. 作为一门科学，心理学研究的是哪些内容？
2. 本教材以谁为研究对象？通过学习要达到哪些目的？
3. 本教材将通过何种学习方法，实现持续改进和整体提高服务质量的目的？

第3章 心理学基本原理

城市轨道交通管理和服务人员学习心理学分别是为了提高管理和服务的质量,前者以创建企业文化为追求目标;后者则以乘客满意度为衡量指标,虽然目标有些细微的不同,在为全体乘客提供优质服务的目标方面应当是一致的。

由于受到设计原则、建设资金、地域环境等先天的条件限制,城市轨道交通目前还只能满足绝大多数乘客的出行基本要求,不可能满足乘客们的所有要求。例如:乘客希望进入车站后立即就能登上列车,类似乘坐出租车一样随到随走,这恰恰是城市轨道交通难以做到的。通过对运能、运量、线路条件、信号设备等因素的综合考虑,合理编制运行图尽量缩短在车站的等候时间,这就是目前城市轨道交通在列车运行间隔方面能提供的服务极限。为了最大限度地使乘客满意,管理者至少需要了解乘客愿意花费多长时间等候列车、如何才能将当前运能不足的情况向乘客解释、获得乘客的谅解,这些都需要管理者和服务人员了解乘客对服务的要求、了解乘客内心深处的真实想法。心理学就是研究人的心理活动的科学,这也正是我们需要学习心理学的原因。

通过对人类心理现象和心理活动规律的研究,用科学的方法,观察、研究和思考人的心理过程,例如:感觉、知觉、注意、记忆、思维、想象和言语等心理活动过程;找出人与人心理表现的不同及造成不同的原因;从人的需要与动机、能力、气质、性格和自我意识等方面入手研究各种人格和个性的形成,从而发现适用人类的、一般性的规律,继而运用这些规律,更好的服务于人类的生产和实践,这些都是心理学的研究内容。

3.1 心理活动

人的心理是宇宙间最复杂、最奥妙的现象之一,这种复杂的心理所进行的一系列的有规律的活动,就称为心理活动。

我们已经掌握了行为、动机、需要等概念,并且知道了人的心理活动不易被察觉,前文也已经介绍了人的心理是人脑对客观现实的能动的主观反映。在日常生活中,每时每刻每个人都在通过切身感受着缤纷的、变化中的世界,必然也在头脑中形成对外部世界的主观认识和反应,形成各种内容的心理活动,因此心理活动实际上是人们在进行语言、行为、表情等活动前所进行的思维活动。

3.1.1 心理活动的特点

我们已经知道人的心理是人对客观物质世界的主观反应，由于人们对客观物质世界的认识是一个动态的认知过程，因此人的心理产生也必然是活动的、过程性的，人类所有的认识活动过程都可以被称为人的心理活动。

1. 心理活动的过程性

人的心理活动都有一个发生、发展、消失的过程。例如：运动员都有成为世界冠军的心理渴求，刻苦训练往往就是在这种心理驱动下所产生的动力，获得世界冠军后，内心的心理活动就变成要保持冠军的荣誉，原先争取世界冠军的心理已经被保持世界冠军的心理所取代，于是争取世界冠军的心理活动经历了发生、发展的过程后趋于消失，由新的保持世界冠军的心理所取代。随着运动员年龄的增长，总会有退役的一天，到那时保持世界冠军的心理又会被新的心理活动所取代。因此说每个人的心理活动都有一个发生、发展和消失的过程。

2. 心理活动的后天性

人的心理是后天形成的，婴儿初生时基本上只是一个不具备知识的自然的机体。婴儿出生后，在社会条件下成长，开始了漫长的社会化过程。从有生命起，先是对人的声音有反应，能接受人的触抚，逐渐表现为与成人眼对眼的活动，在语言期前，婴儿渐次以各种声音、表情、姿势和动作与他人进行交往，既反应来自他人的影响，也表示自己的意向。开始学会了语言以后，特别是能独立行走以后，他们认识和活动的范围迅速扩大，积极参与了社会的活动，以更多的手段从更多的渠道接受人类的文化遗产，他们的心理也加速发展直至成熟。如果没有社会环境的影响，儿童的心理发展是不可想象的。

3. 心理活动的内藏性

那么心理活动究竟包括哪些内容呢？总体来说只要是在人们意识之中的一切事物，无论是现实或虚拟的，都会成为心理活动的内容。

感觉、知觉、思维、记忆、想象等，都是人们认识事物过程中所产生的心理活动，也称为认识活动或认识过程，其中感知和感觉是简单的初级认识过程；思维、想象则是人的复杂的高级认识过程。

人的心理活动深藏在每个人的思想深处，不但具有复杂性和多样性，而且不易为他人所察觉。由于人在进行心理活动时，必然伴有各种反映内心心理活动的心理现象发生，因此心理现象就被看成是心理活动的表现形式。

在心理研究上，心理现象是心理学研究的重要对象之一，研究人员正是通过研究心理现象来了解人的心理活动，因此有时就干脆将心理现象简称为心理或心理活动。

心理学将人的心理活动分为相互紧密联系的两个方面：心理过程和个性心理，个性心理也称为个性心理特征，也是采用了心理现象的分类方法，有关心理过程和个性心理的内容将在有关心理现象的章节中介绍。

3.1.2 心理活动的属性

人的心理活动归根到底只是属于个体的人一种活动，是人的机体的一种机能，由于每个人的机体都与他人不同，因此每个人的心理活动都只属于自己，不可能与他人完全相同，这就是心理活动的个体化属性。

人的心理活动具有多样性，在不同的环境下每个人各自的心理活动是不同的、即使在相同的环境下，不同人的心理活动也不一样。实际上任何 2 个不同的人都不可能具有完全相同的心理活动，至多是相似，或是具有共同的出发点。因为世界上不可能有完全相同情感体验的 2 个人，这也就意味着每个人的心理活动，绝对没有共同的心理演化史，所以只会有一定的时空差异，但绝对不会有心理参数完全雷同的 2 个人。

心理活动的个人化属性源于心理现象的个性特征。

3.1.3 心理活动强度

人在社会中生活和活动，不可避免地会遇到一些意外事件，在突发事件面前人们心理的变化可以用心理强度进行衡量。心理活动强度是指：人对于突然出现的精神刺激的抵抗能力。

心理活动的强度，主要表现在个人在遭遇突发的精神刺激后的心理活动变化，具体体现在个人的情绪感受、行为表现的强弱和意志努力的程度。例如：城市轨道交通在日常的运用管理中，有时会遇到列车或运营设备发生故障的突发事件，有的乘客比较冷静，有的就可能质问工作人员，甚至抱怨谩骂。工作人员如果没有经过一定的培训，面对这种态度恶劣的乘客，表现出的态度也会各异，有的工作人员也许就会同样怒目相向，甚至大动干戈。

在遭遇精神打击的时候，不同的人对于同一类精神刺激的反应是各不相同的，在遭受精神打击后，人的思想不能集中程度越高，其心理健康水平就越低，由此造成的其他后果，如：记忆水平下降、行为异常等等也越严重。

心理活动强度越大的人，在遇到突发事件时，心理活动的波动越小，通常也被称为心理素质高或心理稳定。在国际大赛的决赛中，往往比的已经不是技艺而是双方的心理素质，此时赢得比赛的一方往往就是心理活动强度大的一方。

认知水平、实践经验和性格特征是影响人们心理活动强度的 3 大因素。

认知水平是指个体对外界事物认识、判断、评价的能力。认知水平的高低与个人的实践经验、知识水平、思维能力，信息储量等因素有关，是影响人们思想形成的主观因素之一、也是影响人们心理活动强度的要素。

3.1.4　心理活动与心理现象

人们在进行语言、行为、举止表情等活动前所进行的思维就是一种心理活动，而人们的语言、行为和举止表情是现实生活中最常见的心理现象。人的思维还可以对虚拟世界产生想象，科幻电影、动漫世界等往往就是对虚拟世界的思维和想象结果。因此只要是在人们意识之中的一切事物，包括现实生活中的与虚拟世界的，都可以成为心理活动的内容。

心理活动最大的特点是心理活动发生在每个人的内心深处，并不易被其他人所轻易察觉。幸而人的心理现象总是伴随在整个心理活动的全过程，因此可以通过研究人的外在心理现象，进而探究人的内心心理活动，所以我们必须对人的心理现象有所了解。

我们已经学习过人的行为、动机和需要，从心理活动和心理现象的角度来分析：人的动机和需要就是深藏在人内心的心理活动，因此也常被称为内心动机、内心需要或心理动机、心理需要。而人的举止行为和语言则是这些心理活动的外在表现，因此是属于心理现象的范畴。

3.2　心 理 现 象

心理现象是人心理活动的表现，但是由于每个人都有自己独特的个性，且人与人的性格差异很大，因此各人表现出来的心理现象都必然带有其个人的特点。

心理活动产生于人们对客观存在的物质世界的认识过程，是人们通过感觉器官认识世界并在人脑中形成的对客观世界的主观反映。人们的感觉器官对物质世界的感受或说外部世界对人脑的刺激，基本上总是相同的，但是相同的刺激是否就必然产生相同的感受？相同的感受是否就必然产生相同的心理表现？例如：冷的物体对所有的人都是冷的刺激，但是不同的人对冷的耐受度是不同的，耐冷度大者的体态表现必定比怕冷者表现得更从容些。

人们在与外界接触时，通常用各种感官认识外部世界的事物，并通过头脑的活动，伴随着喜、怒、哀、乐等情感体验，思考着事物的因果关系。这一系列心理现象的整个认知过程就是心理过程。心理过程必然有各种心理现象发生，因为人的心理现象就是人的心理活动的表现形式。

为什么人们对相同的外部刺激会产生不同的心理现象？为什么在面临同样的城市轨道交通突发事件时，乘客的行为表现各不相同？心理现象与人的心理活动有着怎样的必然联系？这就要求我们对心理现象有进一步的了解。

3.2.1 心理现象及特点

我们已经知道心理就是人对客观现实的主观能动反映或反应。人们对客观现实的认识有赖于内外感受器官与外部世界的接触，人们在进行接触活动时，各种人体感官将对外部世界事物的感受集中反馈给大脑，通过头脑的分析思考活动，获得对外部世界的印象，同时个人的喜、怒、哀、乐等情感体验也伴随在这一与外部世界接触的全过程中。这一系列个人情感体验的表露就称为心理现象。

由此可见人的心理现象有以下几个特点：

1. 心理现象的可感知性

心理是人们在探索世界、认识社会的过程中，受到外界的刺激而在人的心灵深处对外界形成的个人主观上的认识。照理说，人们心灵深处的心理活动是不会被除自己以外的其他人所探知，然而人们的探索不外乎采用感官、语言、行为等方法，这些方法有都属于心理现象的范畴，因此说人们的心理现象是心理活动的外在表现，而心理现象是可以被他人所察觉的，因此心理现象具有可感知性。例如：当街上某行人在询问地铁车站的位置或某乘客在购票，就可以判断出该行人或乘客当前的心理活动有可能是寻找或搭乘地铁。心理现象的可感知性使心理活动的研究成为可能。

2. 心理现象的个人特性

同样的心理现象是否就必然有相同的心理活动呢？答案显然是否定的。在上述案例中，行人询问地铁车站的位置或某乘客在购票的心理现象也可能导致不同的心理活动：例如：行人的出行目的地正好位于地铁车站旁，行人询问地铁车站实际上是为了便于找到目的地；购票乘客并不是为了乘坐地铁，购票仅是为了收集不同城市的地铁车票以作纪念。由此可见具有相同心理现象的人完全可能有不同的心理活动。

那么具有相同心理活动的人们是不是也必然有相同的心理现象呢？答案同样是否定的。例如：同样的购票进站过程，性急的乘客往往是目不斜视、直奔主题、而有些乘客是先查看票价表，再购票；更有少数乘客还要向车站服务员询问，再次进行确认后才去购票。由此可见具有相同心理活动的人完全可能有不同的心理现象。这些心理现象的不同完全是由个人的脾气、个性、性格决定的，所以心理现象带有明显的个人的心理特征。

3. 心理现象是思维结果

人的举止行为或说话、行动前都会有一个思维的过程。人的思维实际上就是人的心理活动。我们已经知道：动机是行为的驱动力、而需要又是动机产生的源头，从心理需要到行为的发生所经历的过程，就是人在进行思维的过程。并不是所有的心理需要最终都会变成行为的。例如：居有屋、行有车是许多人的追求，也是他们内心的心理需要，但是对于许多刚踏上社会参加工作的人，如果没有外界资助，这个心理需要是难以在短时期内实现的，于是他们转而寻找一个较稳定的工作、通过一段时间的节衣缩食和经济积累，希望最终能实现自己的心理愿望。

这种经过努力现实需要的心理表现正是他们思维的结果；社会上也有些人，不愿经过辛苦的劳动，采用非法的、掠夺他人财产的方法去满足自己的需要，最终一定会受到法律的制裁，这些人所表现出来的违法行为同样也是他们思维的结果，只是这个错误的思维最终导致他的错误的行为表现。因此思维正常的人，其心理现象和行为表现一定是自己思维的结果，也要由自己承担最终的行为结果。

4. 心理现象的后天形成

初生婴儿并不知道水会淹死人、火能烧灼人、电会击伤人，在他们成长过程中，通过大人的告诫或是目睹他人的受害或是在亲身的体验中，获得了水、火、电会伤人的经验或感知和记忆后，就会在日常生活中形成主动躲避水、火、电的行为，这行为表现就是由他的感觉、知觉、记忆、思维等心理现象形成的心理活动，这都说明人的心理现象是后天养成的。

人的心理形成实际上是一个人出生后所表现出来的大脑的生理活动功能，这些生理活动功能所表现出来的现象就称为心理现象，所以说心理现象是心理活动的表现形式，是在人出生后的生活实践中形成的。

上述心理现象所具有的特点，才使心理现象成为人的心理活动的表现形式。

3.2.2 心理现象的常见表现

我们已经知道人的行为源于动机和人的需要，而动机与需要是人的心理活动，深藏在各人的内心深处，不易为外人所轻易察觉，但是如果只有动机和需要而没有行动，人的任何目标都不可能实现，因此心理活动需要依靠人的行为才能实现。由于人的举止和语言也属于人的行为范畴，因此人的行为、举止和语言是人的心理活动的外在表现，也是最常见、最基本的心理现象。

在汉语中，人的心理活动也常被称为精神，从汉语的字面上解释，精神就是心思、思想、感情等内心活动的总称。

现代心理学认为：人的心理是人脑的机能，是人对客观现实的反映，是感觉、知觉、记忆、思维、想象、注意、情感、意志、动机、兴趣、能力、气质、性格等心理现象的总称。其中又以人的感觉、知觉、思维、记忆、想象、情感、意志等心理现象最为常见。通过对城市轨道交通车站的观察也可以发现，上述这些常见的心理现象在乘客中是大量和客观存在的。

例如:乘客通过切实的乘车感觉,可以感知不同城市的轨道交通在客运管理方面的差异性;在对待城市轨道交通运营突发事件时,就会勾起对以往自己亲身经历过的事件处理过程的回忆,结合当前的情况,经过思维,想象出这次事件可能对自己目前出行的影响,由于各人的性格不同,在意志和情感表达上就会各不相同,这就可以解释为什么在突发事件中乘客的行为表现各不相同的原因。

车站的管理和服务人员应当了解这些基本的乘客心理表现现象,才能有效地缓解乘客因突发事件引起的不满,才能尽快地恢复车站的正常运营秩序。

1. 感觉

感觉是人脑对直接作用于感觉器官的客观事物个别属性的直接反映,也可以说是:客观事物的个别特性在人脑中引起的反应。

人的感觉包括视觉、听觉、嗅觉、味觉、皮肤觉、运动觉、平衡觉和内脏觉等多种现象。例如:当一个苹果放在我们的面前,我们可以通过感官感受到它的存在:通过视觉可以看到它的颜色,通过味觉可以品出它的味道。因此感觉是最简单的心理过程,是形成其他各种复杂心理过程的基础。

如前所述,人类心理活动并非是与生俱来的,而是后天形成的。人的心理既然是后天培养的,在诸如感觉、知觉、表象、记忆、思维、想象、情感和意志等多种多样的心理现象中,究竟哪种心理现象的出现才标志着人类心理的诞生?即:人类心理产生的标志是什么?究竟是何种心理现象的产生才宣告了人类心理的产生?就是感觉。

例如:人们见到颜色,听到声音,闻到气味,用手触摸物体时,感觉到是冷的、热的、硬的、软的等,这都是感觉现象,又如:当某人在发高烧时,其他人摸到病人的额头说"他额头很烫!",这就是感觉,是人体感觉器官可以直接感受到的一种物理现象。

在所有的心理现象中,感觉是最早产生的、也是最直接和最简单的认识外部世界的手段,并可在感觉的基础上发展出其他心理现象,因此感觉既是最简单的心理现象,也是人们认识活动的开端,也正是由于感觉能发展和引出其他心理现象,因此感觉是心理诞生的标志。

2. 知觉

知觉是各种感觉的结合,知觉来自于感觉,但已不同于感觉。感觉只反映事物的个别属性,知觉却认识了事物的整体;感觉是单一感觉器官的活动的结果,知觉却是各种感觉协同活动的结果;感觉不依赖于个人的知识和经验,知觉却受个人知识经验的影响。同一物体,不同的人对它的感觉是相同的,但对它的知觉就会有差别,所以知觉被定义为:一系列组织并解释外界客体和事件的产生的感觉信息加工过程。比如盲人摸象,用触觉只是感受到大象的一部分,产生的认知是不完整的。

客观事物总是首先被感觉，然后才能进一步被感知。例如：首次进入地铁车站的乘客大多需要依靠视觉寻找导向标志，这就是感觉，而乘坐过地铁的老乘客不但不需要依赖导向标志，而且可以根据车站的秩序和以往乘车的经验，感知列车运行是否正常，这就是知觉。

3. 感觉与知觉的区别

感觉：脑对直接作用于感觉器官的客观事物个别属性的反映，

知觉：脑对直接作用于感觉器官的客观事物整体属性的反映。

客观事物的各种属性分别作用于人的不同感觉器官，引起人的各种不同感觉，人脑对来自不同感觉器官的信息进行综合加工，形成对外界客观事物综合的、整体的反映。

例如：城市轨道交通的乘客正是通过每一次乘坐地铁的感觉，才感知到地铁具有的安全、快捷、准点、方便的运营特点。

4. 思维

思维是人脑对客观事物本质属性与规律的概括、间接的反映，是认识的高级阶段、是高级的心理活动形式。

人脑对信息的处理包括分析、抽象、综合、概括，进行系统的和具体的对比过程。这些是思维最基本的过程，因此，思维是以概念的形式反映外部事物的内在的、本质的联系，揭示它们运动、发展的规律性。

(1)分析：分析是把一个事件的整体分解为各个部分，并把这个整体事件的各个属性都单独的分离开的过程。

(2)综合：综合就是分析的逆向过程，它是把事件里的各个部分、各个属性都结合起来，形成一个整体的事件。

(3)抽象：抽象是把事件的共有的特征，共有的属性都抽取出来，并对与其不同的，不能反映其本质的内容进行舍弃。

(4)概括：概括是以比较作为其前提条件的，比较各种事件的共同之处以及不同之处，并对其进行同一归纳。

例如：当城市轨道交通的乘客被告知，列车发生故障，短时间内难以恢复正常运行时，乘客往往就开始进行思维：分析列车恢复正常运行，估计需要的时间、综合考虑自己的出行计划、比较换乘其他交通工具的得失，然后决定自己是等待列车修复还是换乘其他公共交通工具。

5. 记忆

记忆是在头脑中积累和保存个体经验的心理过程，是在人脑中保持印象的心理形式，是人类心智活动的一种，因此属于心理学研究的范畴。

记忆代表着一个人对过去活动、感受、经验的印象累积，因此记忆是经验的印留、保持和再作用的过程。例如：由于小时候与母亲在一起，因此还能记得自己小时候的母亲的模样。

同样地，当乘客遇到突发事件时，他们往往就会从记忆中寻找城市轨道交通对类似事件的处理过程，对城市轨道交通的管理和服务有良好记忆的乘客，往往就比较乐意接受和服从车站的管理。

6. 想象

想象是一种特殊的思维形式，是人在脑子中凭借记忆所提供的材料、对已储存的表象进行加工，从而产生新形象的心理过程，它能突破时间和空间的束缚。想象能起到对机体的调节作用，还能起到预见未来的作用。

想象与思维有着密切的联系，都属于高级的认知过程，它们都产生于问题的情景，由个体的需要所推动，并能预见未来。想象也可理解为对于不在眼前的事物想出它的具体形象。想象也是人们将过去经验中已形成的一些暂时联系进行新的结合。它是人类特有的对客观世界的一种反映形式，如图 3.1 所示。

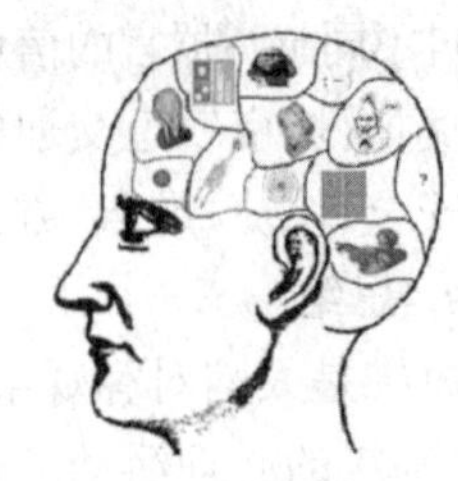

图 3.1　人脑中不同部位的记忆储存

想象可以使人依据过去的经验创造自己从未直接感知过的事物的新映象，是创造新鲜事物和预测未来的心理要素；想象是人脑对已经储存的表象加工改造形成新形象的过程。例如：虽然好多年没见到母亲，但是可以根据记忆中母亲的样子，想象现在母亲会是什么样。同样，很多乘客都对城市轨道交通的管理和服务有自己的想象，这也往往是乘客满意度指数优劣的决定因素之一。

7. 情感

情感也称为感情，反映着人对外部世界的对象和现象的态度，是人对客观事物是否满足自己的需要而产生的态度体验。如爱、恨、好、恶等。

情感是人的态度这一整体中的一部分，它与态度中的内在感受、意向具有协调一致性，是态度在生理上一种较复杂而又稳定的生理评价和体验。情感包括道德感和价值感两个方面，具体可以表现为爱情、幸福、仇恨、厌恶、美感等等。

城市轨道交通提倡优质服务的目的之一就是要培养广大乘客对地铁的良好情感，在管理和服务方面得到广大乘客的配合和谅解。

8. 意志

意志，是人自觉地确定目的，并根据目的调节支配自身的行动，克服困难，实现预定目标的心理过程。

意志是人的意识能动性的集中表现，是人类特有的心理现象。它在人主动地变革现实的行动中表现出来、意志对表露在外的行为动作和隐藏在内部的心理状态都有发动、坚持和制止、改变等方面的控制调节作用。

意志、动机对人的活动和行为起着控制和调节的作用。

当城市轨道交通车站有突发事件时,有的服务员能挺身而出大胆地进行客流组织,除了业务、体力等因素外,车站服务员的工作责任心和个人的意志力也是十分重要的因素。

3.2.3 心理现象的两大分类

心理学将人的心理现象分为心理过程和个性心理两类,前者是人类基本的、对客观世界的认知过程,也是人类所具有的共性心理过程;后者是每个人有别于其他人的,具有独特心理特征的个性心理。人的个性心理表现贯穿在整个共性心理过程中,因此心理现象包括人所共有的对客观世界的心理认知过程和每个人独有的个性特征两大类。

例如,一个从来没有接触过城市轨道交通的乘客,准备搭乘地铁列车出行,他首先需要确定:他是否可以利用地铁代步,实现出行目的、然后再决定是否乘坐地铁。在这个事例中没有接触过城市轨道交通,需要乘客去接触、感知、了解和思维、判断,是这一类乘客的共性部分;而不同的生活背景、文化程度、社会阅历造成了乘客间性格的不同,这是个性部分,由此可见即使共性相同,由于个性的不同,乘客的行为表现也不同:有的利用电脑查询、有的向民警求助、有的拨打问询电话、也有的干脆就闯到地铁车站向车站服务人员求助,这就说明不同个性的人有不同的心理过程和心理表现。我们正是通过对不同个性乘客的外在表现的观察,去发现他们内在心理需求的。

上述事例说明:即使是不同个性心理的人,在对客观世界的认知方面是相同的,有着共同的心理需要,但正因为各人的个性不同,因此个人外在的表现也就不同,前者称为共性心理或心理过程;后者称为个性心理或心理特征。正是由于个性心理的存在,才使共性心理过程各具特色。

城市轨道交通管理和服务人员应透过表象认识乘客内心的需要,即:透过乘客的个性心理,认识到乘客们的共性心理及其心理需要。

心理过程和个性心理是构成人们心理现象的两个主要方面。

3.3 心理过程

人们在进行社会活动时,总是通过自身各种感官认识外部世界事物,形成人脑对客观现实的反映过程,人们通过自己头脑的活动,思考着客观事物的因果关系,并伴随着喜、怒、哀、乐等情感体验。这一系列折射着一连串心理现象的整个过程就是心理过程,因此心理过程是心理活动的重要方面,既是心理活动发生、发展的过程,也是人脑对现实的反映过程,因此心理过程实际上是指心理现象发生、发展和消失的过程。

由于人类的心理过程是对外部世界的探索，而这种探索的途径基本上都是相同的，因此对外部世界的认知过程是人类共有的，所以也被称为共性心理过程。

心理过程具有时间上的延续性。以物体辨识为例：当我们看到一个物体，总是先要用眼睛来接受来自物体的光刺激，然后经过神经系统的加工，把光刺激转化为神经冲动，从而察觉到物体；接着要将看到的物体从它的环境或背景中区分开来，最后还要确认这个物体，与记忆中已经认知的物体进行比较，并最终叫出它的名称，辨识过程才告结束。这整个过程在非常短的时间内就完成了。

心理过程着重探讨的是人类心理发生发展过程中的共同性，在研究过程中一般将心理过程按其性质分为 1)认知过程也可称为认识过程、2)情感过程也可称为情绪或情感过程、3)意志过程 3 部分，即：常说的知、情、意。虽然三者彼此间有区别，但它们是统一的心理活动的 3 个不同方面。

1. 认识过程——知

人在认识客观世界的活动中，通过感觉、知觉、记忆、思维和想象等形式反映客观事物的特征、联系或关系，过程中所表现的各种心理现象、是人脑接受外界输入的信息，经过头脑的加工处理转换成内在的心理活动，进而支配人的行为过程。这些心理活动过程，统称认识活动或认识过程。

实际上人的认知过程就是人们获得知识或者运用知识或信息加工的过程。这是人最基本的心理现象。感觉、知觉、记忆、想象、思维均属于认识过程的具体心理表现。

认识过程是人接受、储存、加工和理解各种信息的过程，即人脑对客观事物的现象和本质的反映过程。

感觉是简单的初级认识过程；思维、想象则是人的复杂的高级认识过程。

感觉、知觉、记忆、思维、想象、情感和意志等心理现象都是心理活动过程的重要心理特征。

2. 情感过程——情

情感过程是指人在认识客观事物过程中，对所认识的客观事物所持有的态度及产生的各种心理体验过程。人认识事物时也是人在认知信息输入的基础上所产生的满意、不满意、喜爱、厌恶、憎恨等主观体验。

快乐、悲哀、愤怒、恐惧等人类的原始情绪和心境、激情、应激情绪和道德感、美感、理智等社会情绪属于情绪过程。

例如：某个参加高考的学生，在收到某大学的录取通知书时，表现出来的高兴，就是一个心理现象过程，其中：收到通知书前的过程属于认识过程、表现出来的高兴则属于情绪过程。

因此人的喜、怒、哀、惧,人的道德感、理智感、美感等都是人的情感过程的具体表现。

3. 意志过程——意

意志过程是指人自觉地确立目的,根据目的调节和支配自己行动,克服困难以实现预定目的的心理过程。意志是人的主观能动性的充分体现。

人们为实现奋斗目标,努力克服困难,完成任务的过程,是推动人为实现目标而行动并维持这些行为的内部动力。包括自觉确定目的并做出决定的行动计划阶段和克服困难以实现预定目的的执行计划阶段都属于意志过程。

例如:"某个学生为了考大学,克服种种困难坚持努力学习"这一心理现象中,当该学生明白:"为了考大学就必须努力学习"这一道理的过程,就已经完成了认识过程;努力学习既是该学生自觉地确定目标并做出决定的行动计划阶段;也是他克服困难以实现预定目的的执行计划阶段。因此整个心理表现过程就是在认识过程的基础上的意志过程。在意志过程中产生的行为就是意志行为。

4. 知、情、意三者间的关系

人的完整的心理活动的形成,需要从出生后的婴儿期开始进行培养和训练,只有自幼得到良好的心理发展,才能形成健康的心理活动。

认识过程、情感过程与意志过程之间的关系并不是孤立的,而是一个统一的总体,他们相互联系、相互制约、相互渗透。

(1)认识过程与情感过程之间的关系是:

① 认识过程是情感产生的基础。世上没有无缘无故的爱,也没有无缘无故的恨,人们所有的情感产生都是基于相知相识,一个正常的人不可能对毫不相干的陌生人产生爱或恨的情感。

② 情感过程能反作用于认识过程,这种反作用既有积极的,也有消极的。人们常说患难见真情,就是用亲身的感受加深了对他人的认知,当然也有因为爱之深所以恨之切,这就是一种消极的反作用了。

(2)认识过程与意志过程的关系是:

① 认识过程是意志过程的前提。只有通过认识过程对事物规律有所了解,才能确定意志过程的目的,选择实现目的的途径、方式、方法等等。例如:企业家在决定重大投资项目前,必然会对项目进行深入的了解、进行反复的比较,这就是对投资项目的深入认识过程;最后才会做出决定:或放弃项目投资,或确定参与投资的途径、步骤、方法等,这就是意志过程,取决于认识过程的深度。

② 意志可以影响人的认识过程,使人在认识过程中更有目的性和方向性。同样在企业家的投资决策事例中,企业家只对项目的发展前景和投资的盈利感兴趣,

这就决定了企业家对投资项目的再认识更具有方向性和目的性。

(3)意志过程和情感过程的关系是

① 情感对意志有一定的影响。积极愉快的情感可以提高人活动的积极性，成为意志的动力。消极不愉快的情感会降低人活动积极性，妨碍意志活动的进行。

例如：在城市轨道交通车站客流组织时，服务人员正常的微笑、热情的服务能给乘客带来愉悦的心情，乘客也就更愿意配合服务人员的管理。

② 意志可以调节人的情感。意志坚强的人可以控制消极的情感，而意志薄弱的人会被消极的情感所左右。

例如：在城市轨道交通突发运营事件时，意志坚强的乘客所表现出来的镇定态度在很大程度上可以影响到他周围的乘客，同样，乘客中的惊慌失措情绪也往往会造成车站客流秩序的混乱，因此在遇到突发事件时，车站管理和服务人员必须以身作则，用自己镇定的情绪，影响乘客，保持车站正常的客流秩序。

总之：知、情、意不是孤立的，而是互相关连的一个统一整体，它们相互联系、相互制约、相互渗透。其中：认识过程是情绪过程和意志过程产生的基础，没有认识活动，人既不会产生情绪情感，也不可能有自觉的坚强的意志。同时，情绪过程和意志过程又反作用于认识过程，没有人的情绪情感的推动或缺乏坚强的意志，认识活动就不可能发展和深入。

3.4 个性心理

在这大千世界中，我们一般都不会将相识的 2 个人混淆，因为我们可以根据各人的个性去进行判断、区分。在生活中无论是模仿他人还是对他人进行描述，尤其在进行漫画创作时，往往都需要将这个人特有的、显著的、带有其个人特点的外在行为，进行高度概括和提炼，才能获得其他人的认同。

正是由于任何人都有自己的个性、而且每个人都只能以一种有别于他人的个性化存在，因此个性化是人存在的基本方式。世界上找不出完全相同的 2 个人，即使是孪生子，其母亲或亲人也可以将他们予以区别，绝不会搞错，也是因为他们各自都具有自己独立个性特征的缘故。

个性理论是关于人和人生的理论。世上人人都有个性、人人的个性又都各不相同。正是这些具有千差万别个性的人，组成了我们这个生动活泼、丰富多彩的大千世界和各种各样、既相互联系又相互制约的人类群体，并推动着历史的前进和时代的变迁。

既然人是因为个性的不同而有别于他人的，那么什么是人的个性呢？

3.4.1 个性的定义

个性一词最初来源于拉丁语 Personal,开始是指演员所戴的面具,后来指演员所扮演的具有特殊性格的人,进而逐步将个性泛指为人的整个心理面貌。

个性从字面上解释就是个别性、个人性,在西方,个性又被称人格。

个性是一个人在其先天生理素质的基础上,在长期的生活实践中形成的、具有一定意识倾向性的、稳定的、心理特征的总和。

心理学对个性的定义是:个体在物质活动和交往活动中形成的具有社会意义的稳定的心理特征系统。

人的个性贯穿于人的一生，并影响着人的一生。例如:人的个性倾向性中所包含的需要、动机和理想、信念、世界观等等指引着人生的方向、人生的目标和人生的道路;正是人的个性特征中所包含的气质、性格、兴趣和能力,影响着和决定着人生的风貌、人生的事业和人生的命运。

3.4.2 个性的构成

个性其实是一个结构或者说是一个系统。探讨个性的组成,目的在于找出个性的各种特征和表现,揭示出个性的本质特点。

从构成方式上讲,个性倾向性、个性心理特征和自我意识等3个子系统组成了人的个性系统。

1. 个性倾向性

倾向性是指人们在对待某一事物的态度中所表现出来的爱与憎、褒与贬等情感的趋向。个性倾向性则是人们对社会环境的态度和行为的积极特征,包括需要、动机、兴趣、态度、理想、信念、世界观等,其中世界观在个性倾向性诸多成分中居于最高层次,决定了人的意识倾向,或者说决定着人对现实的态度和行为方向。

个性倾向性是人的个性结构中最活跃的因素,它是一个人进行活动的基本动力,决定着人对现实的态度,决定着人对认识活动的对象的趋向和选择。个性倾向性是个性系统的动力结构。它较少受生理、遗传等先天因素的影响,主要是在后天的培养和社会化过程中形成的。个性倾向性中的各个成分并非孤立存在的,而是互相联系、互相影响和互相制约的。其中,需要又是个性倾向性乃至整个个性积极性的源泉,只有在需要的推动下,个性才能形成和发展。动机、兴趣和信念等都是需要的表现形式。而世界观属于最高指导地位,它指引着和制约着人的思想倾向和整个心理面貌,它是人的言行的总动力和总动机。由此可见,个性倾向性是以人的需要为基础、以世界观为指导的动力系统。

2. 个性心理特征

个性心理特征是人的个性系统的特征结构，是指人的多种心理特点的一种独特结合，是一个人身上表现出来的本质的、稳定的心理特征，具有稳定的心理特点，因此我们可以根据一个人的个性心理特征来描述这个人，对他人的模仿主要也是将被模仿者的个性心理特征表现出来。

个性心理特征是多层次、多侧面的，由复杂的心理特征的独特结合构成的整体，包括：能力——完成某种活动的潜在可能性的特征；气质——心理活动的动力特征；性格——对现实环境和完成活动的态度上的特征，以及活动倾向方面的特征，如动机、兴趣、理想、信念等。

能力、气质和性格等是构成个人心理特征的重要元素，也是集中体现出有别于其他人的心理特征，因此将重点进行阐述。

3. 自我意识

自我意识是指自己对所有属于自己身心状况的意识，包括自我认识、自我体验、自我监控，如自尊心、自信心等。自我意识是个性系统的自动调节结构。个性结构的这些成分或要素，又因人、时间、地点、环境的不同而有各种排列组合，结果就产生了在个性特征上千差万别的人和一个人在不同的时间、地点环境中的个性特征的变化。

3.4.3 日常的个性表现

在日常的人际交往中，我们会发现，有的人行为举止、音容笑貌令人难以忘怀；而有的人则很难给别人留下什么印象。有的人虽曾见过一面，却给别人留下长久的回忆；而有的人尽管长期与别人相处，却从未在人们的心目中掀起波澜。出现这种现象的原因就是个性在起作用。一般来说，鲜明的、独特的个性容易给人以深刻的印象，而平淡的个性则很难给人留下什么印象。

在城市轨道交通车站中，语言、行为或举止表现夸张的乘客容易引起管理和服务人员的注意，也是由于这些乘客往往具有不同于他人的个性。

如果认为一个具有倔强、要强、坦率、固执秉性的人是有个性的；而文雅、平和、斯文、柔弱的人是没有个性的，这种看法是片面的。前者由于个性特征比较鲜明、独特，往往容易给人留下深刻的印象，成为带有一定倾向性的个体心理特征和区别于其他人的精神面貌或心理特征；然而后者也同样是一种带有倾向性的个体心理特征和区别于其他人的精神面貌或心理特征。只不过这种倾向性的个性特征比较平淡而不鲜明，不易给人留下深刻的印象罢了。

由此可见，不管是哪一种倾向性的个性特征，也不管这种特征是鲜明的还是平淡的，它都表明了一种个性。

心理特征是人人都具有的,精神面貌也是人人不可缺少的,从这种意义上来说,世界上不存在没有个性的人。个性对于一个人的活动、生活具有直接的影响;对于一个人的命运、前途也有着直接的作用。

上述的要强、固执、坦率或文雅、平和、柔弱等,也称为人的性格。性格仅是个性心理的重要特征之一,而不是个性心理特征的全部内容。

人与人之间的差异主要由个性心理特征表现出来,在所有的个性心理特征表现中,性格具有核心的意义,是最能表现出一个人与其他人的个性差别的。

3.4.4　个性的特性

个性一般具有下列特性:

1. 倾向性

个体在形成个性的过程中,时时处处都表现出每个人对外界事物特有的动机、愿望、定势和亲合力,从而发展为各自的态度体系和内心环境,形成了个人对人、对事、对自己的独特的行为方式和个性倾向。

2. 复杂性

个性是由多种心理现象构成的,这些心理现象有些是显而易见的,别人看得清楚,自己也觉察得很明显,如热情、健谈、直爽、脾气急躁等;有些非但别人看不清楚,就连自己也感到模模糊糊。

3. 独特性

每个人的个性都具有自己的独特性,即使是同卵双生子甚至连体婴儿长大成人,也同样具有自己个性的独特性。

4. 积极性

个性是个动力倾向系统的结构,不是被客观环境任意摆布的消极个体。个性具有积极性、能动性,并统帅全部心理活动去改造客观世界和主观世界。

5. 稳定性

从表现上看,人的个性一旦形成,就具有相对的稳定性。

6. 完整性

如前所说,个性是个完整的统一体。一个人的各种个性倾向、心理过程和个性心理特征都是在其标准比较一致的基础上有机地结合在一起的,决不是偶然性的随机凑合。人是作为整体来认识世界并改造世界的。

7. 发展性

婴儿出生后并没有形成自己的个性,随着其成长,其心理不断丰富、发展、完善,逐渐形成其个性。从形式上讲,个性不是预成的,而是心理发展的产物。

8. 社会性

个性是有一定社会地位和起一定社会作用的有意识的个体。个性是社会关系的客体，同时它又是一定社会关系的主体。个性是一个处于一定社会关系中的活生生的人和这个人所具有的意识。个性的社会性是个性中最为本质的特征。

从个性的发展性与个性的社会性来看，个性的形成一方面有赖于个人的心理发展水平，另一方面有赖于个人所处的一定的社会关系。研究个性，就是研究人，就是研究人生。个性理论就是关于人的理论，就是关于人生的理论。人人都有个性，人人的个性都各不相同。正是这些具有千差万别个性的 人，组成了我们这个生动活泼、丰富多彩的大千世界和各种各样、既相互联系又相互制约的人类群体，推动着历史的前进和时代的变迁。

3.4.5 个性与行为

个性特征不是孤立的存在的，是错综复杂、相互联系、有机结合的一个整体，并对人的行为进行着调节和控制，因此个性在很大程度上决定着一个人的行为。

个性表现为一个人在思想、性格、品质、意志、情感、态度等方面不同于其他人的特质，从外在表现来看，个性是指独特而稳定的行为模式，从内在心理活动来看，是独特而稳定的态度、思想、认知等心理活动。留心观察自己与别人的行为，就会发现，我们身体的一举一动都在告诉别人：我是什么样的人！因为我们身体的反应往往出卖了我们的个性。同理，我们对一个人个性的了解，不仅可以掌握其当前的行为，而且可以根据其个性，预见其未来的行为。

人的行为是人在意识指导下的、主动自觉的行为；而人的意识是由意向和认知两大因素构成，是此两大因素相互作用的结果。如果说认知是共性的心理过程，那么意向就是个性的心理特征。

人的行为本身就是一种心理现象，这就表明，人的心理现象包括了心理过程和个性心理特征，心理过程是认知的共性过程，个性心理则是在共性过程中的个性表现。例如：城市轨道交通的乘客必须进入车站才能搭乘地铁列车，这是一个共性的人人都要经历的基本流程，但是乘客的个性决定了有的乘客跑跳着前进、有的悠闲的散步进入车站、有的唱着进入、有的闷头走路……凡此种种行为表现究其根本，实际上都是乘客们的个性使然。

由此可见，个性心理是在完成一般心理过程中发展起来的，没有一般的心理过程的发生发展，也就不可能有个性心理的发生、发展。因此心理现象中的心理过程与个性心理是共性与个性、普遍性与特殊性的关系。

综上所述，个性实际上就是一个人所特有的、有别于其他人的整体精神面貌，是具有一定倾向性的心理特征的总和，是一个人共性中所凸显出的一部分。

每个人在思想、性格、品质、意志、情感、态度等方面都有自己的特质，这个特质表现于外就是他的言语方式、行为方式和情感方式等等。

心理现象既然是指个人在社会活动中通过亲身经历和体验表现出的情感和意志等活动，就必然包括共性的心理过程和人格化的个性心理两大类。人类的心理现象实际上就是人的共性心理过程与个性心理特征的统一体。共性心理过程与个性心理特征的区别犹如整体与个体的区别，两者的统一体就形成了人的心理现象。

3.5 能力、气质和性格

人与人的不同是由每个人的个性心理特征所决定的，世间每个人都有自己独立的个性。正是由于每个人的个性不同，因此在共性的心理过程中，不同的人们即使经历了相同的认知过程，但是每个人的心理表现也是各不相同的，这主要源于每个人都有自己的不同于他人的个性心理特征。

人的个性心理具有先天性和后天性、共同性和差异性、统一性和独立性、稳定性和可变性、客观性和能动性等特征。例如：人的气质是先天生成的，而脾气则是后天养成的；对客观事物的感觉是共同的、统一的，而对感觉的耐受度是有差异的、独立的；人的性格表现是相对稳定的、但在环境制约下又是可变的；对世界的认知是客观的，但各人认知的深度则取决于主观能动性等等。又如：当我们评价一个人说他脾气暴躁、性格外向，实际上是我们通过一段时间的了解、看到这个人的一些行为表现，才产生这样的评价，所以，每个人的个人心理特征在一段时间内具有相对稳定的特性。

能力、气质和性格是构成个人特征的要素，也是在个人心理活动中经常地、稳定地表现出来的特征，因此需要对能力、智力、气质、性格以及气质与性格的关系等构成人的个性的要素有一个初步的了解。

3.5.1 能力

能力是使人能成功完成某项活动所必须具备的心理特征，即某人完成某项活动时所必须具备的心理特征就是此人的能力。所以能力必须通过活动才能体现出来。例如，要完成一幅绘画作品，就需要具备色彩鉴别、形象思维、空间想象等不同能力并将其有机组合。

需要指出的是：能力并不等同于知识和技能，知识是信息在头脑中的储存，技能是个人掌握的动作方式。例如：解一道数学题时，所用的定义和公式属于知识，解题过程中的思维灵活性和严密性则属于能力。又如：学会骑自行车是一种技能，而在掌握该技能的过程中所体现出的学习灵活性和身体平衡性就是一种能力。能力是心理功能在行为结果上的反映，行为结果达到预期的目的就表明能力高，心理功能强，反之，则表明能力低和心理弱。应当说，每个人都具有能力，但每个人所具有的能力并不都是相同的。

能力也不等同与智力，能力与智力完全是两个不同层次的概念。

关于智力，专家们有着不同的定义。例如：认为智力是抽象思维的能力；认为智力是学习的能力；认为智力是从事艰难、复杂、抽象、敏捷和创造性的活动以及集中能力和保持情绪稳定的能力；认为智力的本质就是适应，使个体与环境取得平衡；认为智力是对信息进行处理的能力等等，不一而足。

目前，对智力比较一致的认识是：智力可被看作是个体的各种认知能力的综合，并特别强调解决新问题的能力、抽象思维、学习能力以及对环境的适应能力。

智力是人的一种能力，是指人认识、理解客观事物并运用知识、经验等解决问题的能力。智力包括记忆、观察、想象、思考、判断等。人的智力是他所具有的各种能力的具体体现。

如果说能力是心理功能在行为结果上的反映，那么智力就是心理功能在思维成果上的反映。一般而言能产生较高的思维成果就表明智力高，反之，则表明智力较低。

观察力、注意力、记忆力、思维力和想象力是构成智力的 5 大要素。

在日常生活中，人们常常将某方面的能力与具体的认知对象联系起来，如：模仿能力、创造能力、社交能力等。

1. 模仿能力和创造能力

模仿能力是对于既有行为模式模仿复制的能力。日常生活中经常可以看到对明星经典段子的模仿秀，例如：模仿邓丽君的演唱、模仿小沈阳的小品等。这些模仿秀的前提是这些表演是为大家所熟知的，模仿秀表演者仅仅是对这些既有作品的复制，当然必须抓住原著的个性特征进行复制，才能获得大家的认可。

创造能力是与发散思维有关的能力，是新的思维组织产生的能力。创造是把以前没有的事物生产或制造出来。这是一种典型的人类自主行为。因此，创造的一个最大特点是有意识的对世界进行探索性劳动的行为。现在提倡企业转型，实际上就是要求制造企业向创新企业转变，对企业提出了更高的创造能力要求。

2. 一般能力和特殊能力

一般能力通常是指那些在各种活动中都必须具备的能力，既是一个人在普遍活动中所表现出来的能力，也是人们从事任何活动所必须具备的能力。例如：注意力、观察力、记忆力、思维力、想象力等。

一般能力也常被称为智力、知能或基本能力。其中，抽象概括能力是一般能力的核心。

特殊能力是人在特殊情况下表现出的能力，是为完成某专业活动所必须具备的能力或与某种实际操作相联系的动作体系。演讲能力、计算能力、绘画能力等属于前者；飞行员、驾驶员等人所具有的能力就属于后者。

3. 认知能力、操作能力和社交能力

与人们认知相关的能力都属于认知能力，具体是指人脑加工、储存和提取信息的能力，即人们对事物的构成、性能与他物的关系、发展的动力、发展方向以及基本规律的把握能力。

认知能力是人们成功地完成活动最重要的心理条件。知觉、记忆、注意、思维和想象的能力都被认为是认知能力，包括记忆、思维、想象等等。

在城市轨道交通管理和服务方面，在遇到运营突发事件时，认知能力强的员工更能够驾驭混乱局面，使之尽快恢复到正常的运营秩序。

操作能力也被称为动手能力，是一个人控制肢体运动的能力。特别需要指出的是：操作能力并不是简单的体力付出，而是手脑并用地去完成实际工作的能力。

在城市轨道交通客运管理领域也可以理解为：员工在工作中履行岗位职责和自己动手的能力。

社会上人与人的交际往来需要人们运用一定的工具传递信息、交流思想，以达到某种目的的社会活动，因此社交能力指的是：人在社会交往中所具有的、需要综合运用的人际交往能力。

社交能力强的员工易于获得乘客信任，短期内就能与人打成一片。

管理者应当了解部下的个人能力，以便人尽其用。例如：对于社交能力强或在乘客纠纷调解方面具有特殊能力者，就安排在接待乘客投诉最多的服务中心岗位；对于操作能力强的员工就尽量安排在服务设备管理岗位；对认知能力强的员工就安排在新技术开发或新技术学习岗位等等。

3.5.2　气质

气质是个人生来就具有的心理活动的动力特征，可以指个人的性情或脾气，也可以指个人心情随情境变化而随之改变的倾向，亦即个体的反映倾向。

气质包括了人的生理、心理等素质，是每个人所具有的相对稳定的个性特点和风格气度。心理学认为气质是不以人的活动目的和内容为转移的心理活动的典型的稳定的动力特征。因此气质是人的个性心理特征之一。

1. 气质的先天性

气质是指人的生理、心理等素质，是一种稳定的心理特征，在心理活动的强度、速度、灵活性与指向性等方面有着稳定的表现。

由于气质对个人而言，具有相对的稳定性，因此人们通常将对他人的姿态、长相、穿着、性格、行为等元素的印象结合起来，给别人形成的一种心理感觉，即称为这个人的气质，可见气质是用来形容个人的，相对而言，气氛则是用来形容场所给人的各种感觉。

图 3.2 演员孙俪的气质

人的气质受人的神经系统活动所制约，其差异性是先天形成的。人在出生后，最先表现出的差异就是气质差异，例如：有的孩子生下来就爱哭好动，而有的孩子就很安静，这就是人的先天差异。基于人的气质主要是由遗传决定的，所以心理学家们将人的气质类型分为：胆汁质、多血质、粘液质和抑郁质 4 种，如图 3.2 所示。

(1)胆汁质

胆汁质相当与神经活动强而不均衡型。这种气质的人兴奋性很高，脾气暴躁，性情直率，精力旺盛，能以很高的热情埋头事业，兴奋时，决心克服一切困难，精力耗尽时，情绪又一落千丈。

(2)多血质

多血质相当于神经活动强而均衡的灵活型。这种气质的人热情、有能力，适应性强，喜欢交际，精神愉快，机智灵活，注意力易转移，情绪易改变，办事重兴趣，富于幻想，不愿做耐心细致的工作。

(3)粘液质

粘液质相当于神经活动强而均衡的安静型。这种气质的人平静，善于克制忍让，生活有规律，不为无关事情分心，埋头苦干，有耐久力，态度持重，不卑不亢，不爱空谈，严肃认真；但不够灵活，注意力不易转移，因循守旧，对事业缺乏热情。

(4)抑郁质

抑郁质相当与神经活动弱型，兴奋和抑郁过程都弱。这种气质的人沉静，深含，易相处，人缘好，办事稳妥可靠，做事坚定，能克服困难；但比较敏感，易受挫折，孤僻、寡断，疲劳不容易恢复，反应缓慢，不图进取。

研究发现，大脑皮质的神经过程(兴奋和抑制)具有 3 个基本特性：强度、均衡性和灵活性。强度指神经细胞和整个神经系统的工作能力和界限，均衡性指兴奋和抑制两种神经过程间的相对关系，而灵活性指兴奋过程更迭的速率。

根据这 3 者不同表现，心理学家们提出了 4 种高级神经活动类型：兴奋型、活泼型、安静型和抑制型，分别对应 4 种气质类型：胆汁质、多血质、粘液质以及抑郁质。高级神经活动类型与气质类型具体对应见表 3.1。

表3.1 高级神经活动类型与气质类型对应表

神经类型（气质类型）	强度	均衡性	灵活性	行为特点
兴奋型（胆汁质）	强	不均衡		攻击性强、易兴奋、不以约束、不可抑制
活泼型（多血质）	强	均衡	灵活	活泼好动、反应灵活、好交际
安静型（粘液质）	强	均衡	惰性	安静、坚定、迟缓、有节制、不好交际
抑制型（抑郁质）	弱			胆小畏缩、消极防御、反映强

其中，抑郁质神经强度弱，神经系统工作能力弱，也就无所谓其均衡性和灵活性，所以，抑郁性神经在均衡性和灵活性上没有具体的表现。个体的气质类型可以完全处于4种类型中的一类，也可以同时表现出混合型气质类型，如胆汁一多血质类型，抑郁一粘液质类型等。

气质也会随环境和自我控制机制的影响而变化

进一步的研究发现，气质中大部分的稳定成分由遗传决定，而其中大部分的变化则由环境造成。环境对气质的影响主要经过复杂的脑机制和自我控制机制形成。在所有控制机制中，自我概念是其中最重要的控制机制，因为个体想成为什么样的人影响其行为表现。

气质通过人在认识、情感、言语、行动等心理现象的活动过程中展示出来，是反映人的心理活动力量强弱、变化快慢和均衡程度等信息的稳定的人格特征。

气质具体表现为情绪体验的强弱、意志力的大小、注意集中时间的长短、知觉或思维的快慢以及动作的灵敏或迟钝方面，因而它为人的全部心理活动表现染上了一层浓厚的色彩，使个体的全部心理活动呈现独特的色彩。

平常我们说的性情、脾气、禀性，就是指气质。它与日常生活中人们所说的脾气、性格、性情等含义相近。

气质是由人的生理素质或身体特点反应出的人格特征，是人格形成的原始材料之一。气质是心理状态在人的体态上的反映。良好的心理状态就使气质优良，不同的心理状态表现为不同的气质。

正因为气质是与生俱来的，并会随环境和自我控制机制的影响而变化，因此可以对自己的气质进行自我诊断，本教材附的气质测验资料，供学员自我诊断。

2. 气质与人格的区别

气质与人格的区别在于：人格的形成除了需要以气质、体质等先天禀赋为基础外，社会环境的影响往往起着决定的作用；而气质是人格中的先天倾向。例如：在新生儿期有的婴儿安静、有的好哭，婴儿的这些不同的表现必然会影响到其父母或哺育者与婴儿的互动关系，从而影响到婴儿人格的形成。

有关人格对个人行为的影响将在下一章做较深入的阐述。

气质没有好坏之分，它不会决定一个人的道德品质，也不会决定一个人的智力水平；不会决定一个人的社会价值，也不会决定一个人的社会成就，但是气质对人的实践活动一定会产生影响。气质不仅影响活动的动力，而且可能影响活动的效率，在不同种类的活动中气质的作用是不同的。例如：在稳定乘客情绪方面，脾气急躁的服务员往往就不如性格淡定的站长的管理效果好。

人的气质对行为、实践活动的进行及其效率有着一定的影响，因此，了解人的气质对于分析乘客行为、了解乘客需要有重要的意义。

3.5.3 性格

性格具有心理上的、稳定的倾向性。在待人接物时性格就直观地表现出来。

性格一词来自希腊语，有特征、标志、属性、特性等含义。今天我们理解的性格是一个人对现实的态度以及与之相适应的习惯化的行为，是一个人在社会实践活动中所形成的对人、对事、对自己的稳固态度，以及与之相适应的习惯化了的行为方式，所以性格可以定义为：个人对现实的稳定的态度和习惯化了的行为方式。例如，一个人在任何场合都表现出对人热情、与人为善，这种对人对事的稳定的态度和习惯化的行为方式表现出的心理特征就是性格。

人的性格有好坏之分，能最直接地反映出一个人的道德风貌。

1. 性格差异

性格表现了一个人的品德，受到的价值观、人生观、世界观的影响。这些具有道德评价含义的人格差异，我们就称之为性格差异。

性格是在后天社会环境中逐渐形成的，是人的核心的人格差异。性格有好坏之分，能最直接地反映出一个人的道德风貌。

性格是在社会生活中逐渐形成的，同时也受个体的生物学因素的影响。性格既然是一种行为方式，就必然要在对事物的倾向性态度、意志、活动、言语、外貌等方面表现出来，并可以被观察到，因此性格是个性心理特征中最突出的、也是人最主要的个性特点——心理风格的集中体现。

1)性格与本性

人的性格是后天所形成的，例如：腼腆的性格、暴躁的性格、果断的性格、优柔寡断的性格等等。

本性是人天生所具有的，不可改变的思维方式，因此本性是先天所形成的，例如：自尊心、虚荣心、荣誉感等等。

人的本性包括：求生的本性、懒惰的本性和不满足的本性。

2)性格与人格

与性格相对应的另一个概念是人格。在个性心理特征中曾经提到：

人格是指心理特征在社会关系中表现出的稳定的倾向性。与性格相比，人格更侧重于人的知识体系和由此决定的价值观，而性格则侧重于心理自身的特征。

性格虽然是人们在现实生活中显现出的、某些一贯的态度倾向和行为方式，但是人的性格也是可以改变的。例如有的人工作勤勤恳恳、赤胆忠心、大公无私、勤劳、勇敢；有的人则轻浮浅显、敷衍了事、自私、懒惰；有的人待人接物慷慨、热情；有的则吝啬、冷淡、沉默、懦弱；在对自己的态度方面，有的谦虚、有的高傲、有的勤勉、有的懒惰等等，所有这些都是人们不同的性格特征的表现，虽然都反映出个人自身的性格特点，但是人的性格特点具有阶段性。例如：经过教育、培训或环境的改变，后进的可以变为先进、懦弱的可以变得坚强、懒惰的可以变得勤快。正是因为人的性格是后天养成的，因此是会发生变化的。人的性格变化也不是一朝一夕的事，也需要有经历一个相对较长的时间段。

由此可见，性格是指在某一时间段，由人对客观现实的稳定态度和行为方式中经常表现出来的稳定倾向，是个性中最突出的方面和最重要、最显著的心理特征。

2. 性格的特征

性格有下列特征：

(1)性格是一种习惯化的态度和行为方式。一个人偶尔表现的特点不是性格的表现。

(2)性格主要是后天在与环境的交互作用中形成的。因此有“环境塑造性格”的说法。

(3)性格可以在后天发生变化。性格主要在青春期后期渐渐稳定，但也可能因为成人期所遭受的重大事件的影响或者通过主观努力而改变。

性格的特征一般可以从：态度、理智、情绪、意志等4方面进行分析。

3.5.4 性格与气质的关系

性格与气质是两个完全不同的概念，但二者具有相互作用性。首先，它们同时受到神经类型的影响，但对气质来说，神经类型是其直接的生理基础，而对性格来说，神经类型只是它的生物基础，性格的养成主要受到后天环境的影响。

气质的先天性使其具有相对的稳定性，而性格由于具有某种遗传色彩，也显露出后天生活经历的明显印记，因此性格同时具有了生物性和社会性的特点，所以，气质具有相对稳定性，而性格却可以发生很大的变化。

性格和气质虽然都属于稳定的人格特征，但性格和气质是可以互相渗透、互相影响和彼此制约的。

1. 气质对性格的影响

气质对性格的影响表现在两个方面。

(1)气质使性格带上某种气质的色彩和具有某种特殊的形式

气质给性格特征全部打上烙印,涂上色彩。气质赋予每个个体的全部活动以一定的外貌。人的气质类型可以分为胆汁质、多血质、粘液质和抑郁质4种。例如:不同气质类型的人在劳动中的表现则大不一样。胆汁质的人干起活来精力旺盛、热情很高、汗流浃背;多血质的人则总想找点窍门,少用力、效率高;粘液质的人则踏实苦干、操作精细;抑郁质的人则累得披头散发还是追不上别人。又如,同样是骄傲,胆汁质的人可能直接说大话,甚至口出狂言,让人一听就知道他骄傲。而多血质的人很可能把别人表扬一通,最后露出略比别人高明一点,骄傲得很婉转。粘液质的人骄傲起来可能不言不声,表现出对人的蔑视。

(2)气质影响到性格的形成和发展

气质对性格的影响还表现在气质可以影响性格形成和发展的速度和动态。比如,胆汁质的人比粘液质、抑郁质的人更容易做出草率决定,而粘液质的人则比多血质的人办事更稳重。而且,胆汁质、多血质的人易于形成外向性格,粘液质、抑郁质易于形成内向性格。

2. 性格对气质的影响

性格可以掩蔽和改造气质,指导气质的发展,使他服从于生活实践的要求。性格在一定条件下可以改造某些气质特征,起码可以起掩盖作用。譬如,从体质上和操作速度上来说胆汁质和多血质的人适于当外科医生,但前者易轻率,后者缺耐心。如果他们真的当了外科医生,这两种不同气质特征都会经过意志努力而改正。再说,不同气质类型的人可以形成同样的性格特征,具有相同气质类型的人又可形成不同的性格特征。所以,在气质基础上形成什么样的性格特征,在很大程度上决定于性格当中的意志特征。

3.6 学习的基本原则

心理学学习应当遵循:客观性、发展性、系统性和理论联系实际等基本原则。

3.6.1 客观性原则

任何心理现象都必须按其的本来面貌加以研究和考察,不附加任何主观意愿的原则,尊重客观事实,按照事物本来面貌来反映事物,从心理活动产生所依存的客观条件及其表现和作用来揭示心理活动发生发展的规律性。

人的心理虽是在头脑里进行的活动,但它是客观现实的反映,一切心理活动都是由内外刺激引起的，并通过一系列的生理变化，在人的外部活动中表现出来。研究人的心理，就是要从这些可以观察到的，可以进行检查的活动中去研究。人的心理活动无论如何复杂或作出何种假象与掩饰，都一定会在行动中表现出来或在内部的神经生理过程中反映出来，因此，在心理学的研究中切忌采取主观臆测和单纯内省的方法，应根据客观事实来探讨人的心理活动规律。

例如：城市轨道交通某车站多次受到同一位乘客的不实投诉，当车站再次接到该乘客的投诉时，我们在心理上可能会本能地认为：又来找茬了，这就不符合客观性原则。我们首先应当客观地检查自己的工作，有则改之无则加勉，退一步说，即使我们在工作上无过错，至少在向乘客的宣传解释方面还存在着不足，才会引起乘客的不满甚至投诉，需要我们加以改进。

3.6.2　发展性原则

世界上一切事物都是运动、变化和发展的。心理现象也是如此。这就要求心理学的研究也要从心理史前发展、意识发展、个性心理发展以及环境和教育条件变化等不同方面，揭示人的心理发生和发展的规律，因此应该将人的心理活动看成是一个动态的变化发展过程。

例如：某次城市轨道交通突发运营故障事件时，由于部分乘客的不配合造成故障处理时间延长，经过各方宣传和媒体报道，向乘客揭示了轨道交通运营的特点，此后在遇到轨道交通突发故障时，乘客们基本都能配合，这从一个侧面说明了乘客的心理活动也有一个动态、发展的过程。

3.6.3　系统性原则

心理、意识虽然是很复杂的现象，但可以通过剖析，将其分解为各种形式进行专门的考察研究，而后通过综合将其看成为有机联系的整体加以理解，在研究某一种心理形式与现实条件的依存关系时，也可以分别地考察某一条件在其中所起的作用，而后将其揭示的各种规律加以综合运用的方法就称为系统性原则。

在学习过程中我们应该将人的心理活动的各个心理过程、心理特征之间的相互联系、相互制约关系作为一个整体，而不是将孤立存在的内容取研究。

例如：当城市轨道交通因为运能不足而需要限制客流量时，大部分乘客都能配合车站的管理，但是乘客表面的配合行为并不等于心中没有意见，虽然我们不能看到乘客的内心心理活动，但是，乘客们希望尽快取消限流的愿望还是从乘客的行为中流露出来。乘客询问最多的问题就是：何时可以恢复正常运营，就说明乘客内心的心理活动与当前服从限流措施的行为并不一致，只是因为当前运营条件的限制和要求，乘客只能无奈的作出选择罢了。如果车站管理或服务人员不能认识到乘客内心的不满意，就有可能与乘客发生不必要的冲突。

3.6.4 理论联系实际原则

人生活在极其复杂的自然环境和社会环境之中，人的第一心理现象的产生都必然要受自然和社会诸多因素的影响和制约，人们对某种刺激的反映，在不同的时间、环境和主体状况下，反应也往往不相同。因此，在对人的某种心理现象研究和实验中，要严格控制条件。不仅要考虑与之相联系的其他因素的影响，而且要在联系和关系中探讨心理活动的真正规律。

城市轨道交通管理和服务人员更需要贯彻理论联系实际的学习原则，要在学习过程中和工作实际中运用心理学的基本原理，并根据实际服务中遇到的问题，针对性的学习，更能收到良好效果。

城市轨道交通服务或管理人员学习心理学的目的是：通过观察乘客的心理现象——举止、行为和语言，分析乘客的心理活动，掌握和了解乘客对服务的需要，但是由于乘客的个性特征——气质、性格和能力的差异，使我们难以判断出乘客内心的真实需要，为此就要学习和了解心理学中有关行为、动机、需要、心理活动、心理现象、心理过程、个性心理和人的能力、气质和性格等基本的心理学概念和基本原理，掌握了这些知识就能基本满足城市轨道交通运营管理的要求了。

城市轨道交通运营管理与乘客接触最直接、最频繁的就是车站管理员、车站服务员和列车驾驶员，为进一步说明心理学在城市轨道交通运营管理方面的运用，将分别对乘客心理、服务和管理心理和列车驾驶员心理进行阐述。

思　考　题

1. 什么才是心理起源的物质基础和必要条件？
2. 心理产生的标志是什么？
3. 心理活动与心理现象的关系是什么？
4. 心理过程包括哪些内容？
5. 个性心理包括哪些要素？
6. 简述气质与人格的区别。
7. 简述气质与性格的相互影响关系。
8. 举例说明学习心理学应当遵循的基本原则。

第2篇 服 务 篇

第4章 常见的乘客心理现象

人的心理一生都在发展变化、总在适应着不断变化的生活。随着年龄的增长，不同年龄阶段的人有各自的适应方式，由此形成了不同的心理特征。

为了便于探索人在不同阶段的心理特征，在心理学上就有多种分类方法。例如：按照年龄可以分为：婴儿心理、幼儿心理、儿童心理、成人心理、老人心理等；还可进一步按成长发育的过程细分成：少年期心理、青春期心理、青年期心理、中年期心理等；按照性别：将人类的心理分成男性心理、女性心理，还可细分为老年男性心理、少女心理等等；从社会科学角度，分成普通心理学、实验心理学和认知心理学等；按人群所处特征分成：消费心理、管理心理、投资心理等。上述种种心理学的分类都只是为了便于探究心理的发生、发展、消失过程及特征。

乘坐地铁已经成为市民的日常生活内容之一，所以日常生活中常见的一些典型的人类心理现象不可避免地也会出现在城市轨道交通的客运领域，因此在分析乘客心理之前，首先需要了解这些典型的日常心理现象和这些日常心理现象在城市轨道交通乘客中的表现。

4.1 人 格 心 理

生活中人类的活动是丰富多彩、形形色色的，即使面对同一件事，由于各人的性格秉性、社会地位、文化修养的不同，在行为表现上也会有所不同，不同的人格是造成人们行为表现各异的原因之一。心理学提供的研究方法可以透过人的行为表象，深入研究和指导这些行为发生的心理活动，采取适当的措施，纠正、指导或组织人们的行为，使之符合环境的要求，为此就需要研究人们的人格心理现象。

4.1.1 日常生活中的人格心理现象

人格一词最早源于西方，是对人的个性心理特征的另一个称呼，现已成为心理学的一个专业词汇。心理学认为人格整合和统一了人的心理特征，并成为一个相对稳定的结构组织。正是由于人格具有相对稳定的心理特点，因此即使在相同时间、地域和环境条件下，个人所具有的人格，始终还是有着影响人的内隐和外显的心理特征和行为模式的作用，因此人格属于人类的高级心理活动范畴。

1. 人格的形成过程

人格是指一个人一致的行为特征的群集。人格的组成特征因人而异，因此每个人都有各具其独特的人格和个性。这种独特性使不同的人在面对同一情况时都可能会表现出不同的反应。人格不仅是指人的性格，还包括人的信念和自我观念等等。准确来说，人格具有3重含义：人的道德品质、做人的权利与尊严以及人的行为模式。

人格是个体在先天生物遗传素质的基础上，通过与后天社会环境的相互作用而形成起来的相对稳定的和独特的心理行为模式。因此人格是一个人的心理行为模式，而且这种心理行为模式是独特的和相对稳定的。

人格的特征可以是外在的，也可以是隐藏在内部的。每个人的行为、心理都有其各自的一些特征，这些特征的总和就形成各自的人格。因此人格被认为是个体在行为上的内部倾向，它表现为个体适应环境时在能力、情绪、需要、动机、兴趣、态度、价值观、气质、性格和体质等方面的整合，是具有动力一致性和连续性的自我，使个体在社会化过程中形成的给人以特色的心身组织。

人格不是生下来就有的，人格的形成是先天的遗传因素和后天的环境、教育因素相互作用的结果。先天的遗传因素即素质，是婴儿初生时所具有的解剖的和生理的特性，包括脑和神经系统类型、内分泌腺以及身体外表的特征等。

我们都有这方面的体会。从小时候起，我们就把自己的体格、容貌等与其他人相比较，总希望自己有比别人更好的身体条件。如果觉得自己不如别人，往往会有自卑感或期待通过自我锻炼使自己变得更强壮的企望。有专家进行过调查：有高达15.3%的独生子女对自己的相貌、体形很不满意，比较不满意的也达42. 3%，换言之有近60%的孩子觉得自己的相貌、体形有点问题或有很大问题。从心理学的观点看，这些孩子的人格发展或多或少会受到这种看法的影响。由此可见，即使是人的身体外表这么一个最简单不过的客观存在也会对人格形成产生影响。

2. 影响人格发展的因素

人格发展除了受到个体生活史的影响，还会受到社会、历史等条件的影响。例如：我国许多女同志以苗条作为美丽的重要衡量标准，将减肥作为重要的生活内容；殊不知至今在非洲的某些地方，当地妇女以肥胖作为美丽的评判标准，这就是不同的社会、历史环境和对个人人格形成的影响。

为了对人格进行深入的研究，心理学家们组织了一套广泛被使用的人格测试模型。在众多的人格评量中，尽管由于各位心理学家使用的因素分析方法不尽相同，从而导致众多研究者得到的人格特质向度的数目也不尽相同。但在所有这些测试结果中，还是出现了相似度很高的五个向度，即是最具代表的“五大”人格特质。从个人性格发展角度上来说，“五大性格”趋于稳定在参加工作大约一至四年期间。同时研究数据还发现,即使经历重大人生事件,成人的性格特质也不会发生太大的变化。

“五大性格”是指五种普遍的人格特征:外向性、神经质性、和善性、严谨自律性,和开放性。特别要指出的是:这里的开放性仅是指个人接受新事物的能力。心理学家认为:这五项特质能够基本确定一个人的性格。

五大人格特征的表现特点见表4.1。

表4.1　五大人格特征的表现特点

人格五大模型	外向性	神经质性	和善性	严谨自律性	开放性
有关特征	爱交朋友、亲切	焦虑、感情脆弱	有信任感、温厚	能自律、有组织性	想象力丰富、有创意
常见表现	外向、有活力、热情	神经质、消极情绪、神经过敏	愉快、利他、有感染力	公正、拘谨、克制	直率、创造性、思路开阔

上述五大人格特征是现代心理学研究发现的最高级组织层次的五个人格特质。这五大人格特质可以说包含或者说构成了现今发现的大多数人格特质。当然人们为了提高对环境的个人适应能力,在个人人格的形成过程中,上述这五大特征不可避免地会受到遗传、不同文化、所受教育和成长环境的影响,但是任何人在人格基本形成后,就可以从五大特征去对人格进行分析和研究,这也就是分析研究乘客人格和乘客心理的重要方法。

4.1.2　乘客中的人格心理现象

人格心理是最普遍、最常见和最为基础的人类心理活动。城市轨道交通每个乘客的外在表现也都渗透出他的人格,因此服务员必须了解和学会分析乘客的人格,只有在充分尊重乘客人格的基础上,乘客才会愿意接受相应的服务。

我们主要针对成人乘客的心理和人格进行分析,不涉及影响个体人格形成的生活史,更不研究先天遗传因素对乘客人格形成的影响。而只是介绍一些有关的心理常识,提高服务员对乘客人格尊重的认识,改进服务态度、提高服务质量。

城市轨道交通的服务人员必须认识到:虽然每个乘客的人格都不完全相同,但他们对服务的基本要求是一致的,即:自己的人格必须得到尊重。

地铁的乘客来自四面八方,各种阶层、不同的文化背景和风俗习惯的人都有成为地铁乘客的可能。面对着来自五湖四海的、具有不同人格个性的乘客群体,车站管理和服务人员就要研究具有不同人格个性乘客特点,才能为每位乘客提供他们所需的服务。例如:西方国家的乘客对于自己不熟悉的事物,比较愿意自己探索和动手,DIY(Do it yourself)是这些乘客信奉的处世准则;而国内乘客较多地习惯于询问，所谓“鼻子底下一张嘴、多问不吃亏”是上一辈的长者从小对他们的教育。这样的处世信条必然造成在人格方面的差异，对待前者如果未经他本人的同意，车站服务员贸然地主动提供服务，反而会使外国乘客感到自己的能力被低估、被怀疑，有些敏感的乘客甚至会感到自己的人格受到了侮辱；而对后者，车站服务人员如果不能及时提供服务，乘客就会觉得车站服务不主动。

例如：某天在上海地铁 2 号线人民广场车站，服务员看到有一位外国乘客在自动扶梯口东张西望，就主动上前用英文问：“May I help you?（需要我提供帮助吗?）”对方客气地回答：“No，thank you.（不需要，谢谢）”，服务员被谢绝后，由于不放心，依然在边上默默地关注着这位外国乘客，只见她找到导向标志后，回头朝服务员莞尔一笑，就坚定地走向了换乘通道。

又如：某天在上海地铁 1 号线火车站，有一位非本地乘客站在换乘 3 号线的标志牌下，指着标志牌问服务员：“换乘 3 号线从这儿走，对吗?”，车站服务员朝他点点头，这位乘客愤然大怒说：“什么服务态度？连话都不说一句，我要投诉你。”也许这位乘客觉得车站服务员无视自己的存在，感觉自己的人格受到侮辱，因此要对这位车站服务员提出投诉。而车站服务员则认为：导向牌已经写得很清楚了，对于乘客的提问，用语言还是点头只是方法手段，关键是及时回应了乘客的问题，同样可以达到目的，何必多此一言，由此受到乘客投诉，也觉得很冤枉，究其原因，本质上还是对乘客的人格、个性和心理了解不够。

上述是 2 个由于乘客的人格个性不同，造成车站服务人员在工作过程中引起的乘客误会的案例，在实际的车站服务工作过程中，我们还可以发现：每当车站出现一群非本市乘客时，如果我们仔细观察，就能在这一群乘客中找出某几位“特殊”的乘客，他们具有这群人中公认的权威性，人群中的其他乘客对他比较信任、也愿意服从他的指令。这几位“领袖式人物”必定具有个人的人格魅力，才能“号令”其他人，这一现象就是人群分类现象在日常生活中的再现。

车站管理者需要了解了这种现象对车站客流组织，尤其是在突发运营事件时的客流组织具有重大的意义。只要这几位具有权威性的乘客能够配合地铁车站的客流组织要求，往往就可以大大减轻车站服务人员的工作压力，起到别人难以起到的作用，从而使车站的客流组织措施得以顺利实施。

城市轨道交通的服务和管理人员需要针对不同人格特征的乘客，区别对待地提供服务。大多数乘客在心理上并不追求过高要求的人格尊重，当然对于服务员提供的高标准的人格尊重也是乐意接受的；反之，对于追求高要求人格尊重的乘客，如：具有严谨的自律性或神经敏感的乘客而言，当服务员提供的服务低于他的期望时，就会有较大的心理落差，从而产生不满。因此，应该要求车站服务员对所有乘客都提供统一的人格尊重服务，并在尊重乘客人格的基础上，发挥乘客的自我管理潜力，这对确保和提高地铁车站的服务质量是不无裨益的。

4.2 平等心理

平等是人和人之间的一种关系、是人对人的一种态度。人和人之间的平等，不是指物质上的相等或平均，而是在精神上互相理解，互相尊重，把对方当成和自己一样的人来看待。现代社会的进步，就是人和人之间从不平等走向平等的过程、是平等逐渐实现的过程，因此平等是指人们在社会、政治、经济、法律等方面具有相等地位，享有相等待遇。

平等是人类的最基本、最普遍和最常见的心理特征之一，也是人类追求的终极理想之一。

4.2.1 平等心理的产生

人类历史发展和进化的自然结果之一是阶层的出现。任何有人群聚集生活的地方，都会不由自主地发生人群的分类现象，例如：根据各人的社会地位分为领导和平民；根据从事的工作和性质分为白领、蓝领和灰领；根据拥有的财富和富有程度分为富人和穷人；甚至根据肤色分为白人和有色人等等。

上述这种分类往往是相对的，身处这群人中的富人，可能就是那群人中的穷人，所以即使是同一个人在不同的环境中也会有不同的心理：对低于自己的人群会产生一种心理上的“优越感”、而在身处高于自己的人群时则会产生一种“自卑感”。人们一般都希望获得较高的社会认同，或获得与较高层次人群相同的社会待遇，这就是每个人都具有的与生俱来的平等心理产生的缘由，所以追求平等就自然而然地成为人类的一种基本的、共同的心理。

4.2.2 乘客的平等心理

城市轨道交通的社会性和大众性决定了乘客群的多样性和复杂性，各种不同心理的人群都有可能成为轨道交通的乘客，在城市轨道交通这个环境中，购票乘车是最基本的要求，受到的服务也应当是相同的。因此无论是男人、女人、富人、穷人、健康人、残疾人、领导、平民，在城市轨道交通的环境中都只能有相同的一个身份——乘客，因此对广大乘客而言，凡是地铁的乘客就不应有特权，应当受到平等的服务，乘客的平等心理要求也是对地铁客运服务最基本的要求。

然而日常生活中的一些不平等的心理现象不可避免地会被乘客带进城市轨道交通车站。例如：为方便残疾乘客出行，城市轨道交通车站一般都设有无障碍升降梯，但是许多非残疾乘客照样大模大样地乘用这些设备，究其心理，除了贪图方便的心理外，平等享受车站服务设备也是这些乘客的心理因素之一。

乘客的平等心理最容易反映在乘客的切身利益方面。例如：如果车站对不遵守车站规章制度的乘客听之任之，其他遵章守纪的乘客就会觉得吃亏了，在心理上就会产生一种受骗上当的不平等感觉，正常的车站客运秩序就难以长期坚持，因此纠正乘客的违纪行为，实际上就是为了创造一个人人平等的乘车环境。

城市轨道交通的车站客运服务人员首先必须对全体乘客提供一视同仁的平等服务，而不能根据乘客的衣着打扮、语言口音、谈吐风度而在服务质量上区别对待；其次，要对违反车站管理制度的乘客进行必要的、适当的处理，确保车站有一个平等的、公平的乘车环境。

一般而言，需要重点关注的乘客群有：非本地乘客、进城打工族、残疾、体弱、老年乘客等，他们往往对平等服务的要求比较敏感，也最容易产生误解。

4.3 从众心理

从众心理是人类的一个思维定式。思维上的从众定式使得个人有一种归属感和安全感，能够消除孤单和恐惧等心理。

4.3.1 日常生活中的从众心理现象

从众是指个人受到外界人群行为的影响，而在自己的知觉、判断、认识上表现出符合于公众舆论或多数人的行为方式。心理学的实验表明：只有很少的人能保持独立性，不被从众，所以从众心理是大部分个体普遍所有的心理现象。

由于在通常的情况下，多数人的意见往往比较客观和正确，因此从众心理就表现为个人服从多数。如果人们缺乏自己的分析，不作独立思考，不顾是非曲直的一概服从多数，随大流走，则是不可取的，就是一种消极的盲从心理。

从众是社会上普遍存在的心理特征和行为现象。通俗地讲就是人云亦云、随大流，在思想上放弃了独立思考，想当然地认为大家都这样，我也就这样；大家都这么做，我也就跟着这么做，法不罚众的思想往往也会助长从众行为的发生。

一般说来，群体成员的行为，通常具有跟从群体的倾向。当他发现自己的行为和意见与群体不一致，或与群体中大多数人有分歧时，会感受到一种压力，这促使他趋向于与群体一致的现象，叫做从众行为。

从众现象在我们生活中，比比皆是。大街上有两个人在吵架，这本不是什么大事，结果，人越来越多，最后连交通也堵塞了。后面的人停住了脚步，也抬头向人群里观望……。

美国人詹姆斯·瑟伯有一段十分传神的文字，来描述人的从众心理：

突然，一个人跑了起来。也许是他猛然想起了与情人的约会，现在已经过时很久了。不管他想些什么吧，反正他在大街上跑了起来，向东跑去。另一个人也跑了起来，这可能是个兴致勃勃的报童。第三个人，一个有急事的胖胖的绅士，也小跑起来……十分钟之内，这条大街上所有的人都跑了起来。嘈杂的声音逐渐清晰了，可以听清"大堤"这个词。"决堤了！"这充满恐怖的声音，可能是电车上一位老妇人喊的，或许是一个交通警说的，也可能是一个男孩子说的。没有人知道是谁说的，也没有人知道真正发生了什么事。但是两千多人都突然奔逃起来。"向东！"人群喊叫了起来。东边远离大河，东边安全。"向东去！向东去！"……

从众心理对人的影响确实很大。造成人产生从众心理的原因，是多方面的。在群体中，由于个体不愿标新立异、与众不同就会感到孤立，而当他的行为、态度与意见同别人一致时，却会有一种没有错的安全感。从众源于一种群体对自己的无形压力，迫使一些成员违心地产生与自己意愿相反的行为。

有些人对从众现象持全盘否定态度。其实从众心理具有两重性，消极的一面是：束缚思维、扼杀创造力、抑制了个性的发展、使人变得无主见和墨守陈规；但积极的一面是：有助于学习他人的智慧经验、扩大视野、克服固执己见、盲目自信，可以修正自己的思维方式、减少不必要的烦恼和误会等。

在客观存在的公理与事实面前，有时我们也必须从众，不能简单地认为从众就是无主见，就是墙上一棵草，风吹一边倒。

例如：1+1=2，母鸡会下蛋、公鸡不会下蛋……这是众人都承认的公理和常识，谁能不从众、不点头呢？又如：在日常交往中，一般而言，点头意味着肯定，摇头意味着否定，而这种肯定与否定的表示法在印度某地就恰恰相反。当你到该地时，就必须从众人的风俗，若不入乡随俗，往往寸步难行。

对从众这一社会心理和行为，要具体问题具体分析，在生活中，我们要发扬从众的积极面，避从众的消极面，努力培养和提高自己独立思考和明辨是非的能力；遇事和看待问题，既要慎重考虑多数人的意见 和做法，也要有自己的思考和分析，从而使自己的判断能够正确，并以此来决定自己的行动。凡事都采取从众态度或都采取反对态度，都是要不得的。不同类型的人，从众行为的程度也不一样。一般来说，女性从众多于男性；性格内向、自卑感的人多于外向、自信的人；文化程度低的人多于文化程度高的人；年龄小的人多于年龄大的人；社会阅历浅的人多于社会阅历丰富的人。

4.3.2　乘客的从众心理现象

从众行为表现在方方面面，工作中、生活中、学习中，都会有所表现，地铁车站的乘客中也不乏从众心理的现象，因此了解从众心理，并恰当地处理其行为，是很有意义的。例如:车站站长的某个决定本就不是最佳的,但是个别员工由于惧怕反对站长的决定对自己今后不利,而违心地投了赞成票,结果其后的其他员工为了不显得突出,就都跟着投了赞成票。如果这时,第一位员工能坚持以理服人,就会更有益于车站今后的管理工作;又如:有的老师的一个解题方法本来不是最佳的,由于很多学生不反对,而导致绝大部分学生效仿老师的那种解题方法。如果你这时能提出自己比老师的方法更好的解题方法,那不是会使很多学生少走弯路吗?因此,不管是管理者还是老师,了解人具有从众心理,对改善和提高自己的工作,是很有帮助的。

许多时候,在明知一件事是违法或犯罪的情况下,一个人可能不会去做,但是如果一群人中有人已经做了,并且在当时获取了收益而没有产生处罚后果的时候,从众定式就会使人们产生非理想思维,法不责众的心理就会充斥于胸,这在犯罪心理学上叫越轨的集群行为。比较典型的如聚众哄抢财物、集体盗墓、球迷闹事等。这种集体行为是在相对自发的、无组织的和不稳定的情况下,通过人们之间的互动、模仿、感染而产生的。

从众心理中的法不责众想法,究其本质,往往还是一种侥幸心理。但是如果以此为借口,试图用来原谅和宽恕自己因为从众而犯的过错,那就错了。因为群体中的每一个行为人都有独立的思维、判断、选择和决策能力,不仅《刑法》中规定群体犯罪的每个人都要根据所起的作用和社会危害大小负各自相应的刑事责任,而且在民事上行为人也要因自己的侵权行为而负相应的民事责任。毕竟成年人是必须为自己的行为承担法律责任的,法律不会因为从众就对当事者免责。

以下是城市轨道交通车站的一个典型的从众事例。在上海地铁、广州地铁等多个城市的近火车站的地铁车站发生过,甚至可能现在依然还会发生:

某日,在火车站有一位非本地乘客购票进站后,恰遇列车到站,到站乘客纷纷涌向出站口。在从众心理的驱使下,他随着熙熙攘攘的出站人群又检票出站了。随着人群的逐渐散去,他才发现了异常,于是他找到站长,有了以下一段对话:

乘客:“请问,我要乘坐地铁应该怎么做?”

站长:“购票进站啊。”

乘客:“买过票啦,也进站啦!”

站长:“下楼坐车啊。”

乘客:“我没下楼,看他们都出去了,我也出站了。”

站长:“他们是到站乘客当然要出站,你是坐车乘客应该下楼啊。”

乘客:“谁知道啊,总以为跟着大多数人走总是不会错的,谁知道……”

……

这是一个真实的发生在轨道交通出站的乘客从众心理的例子。此外，在发生非正常运营情况时，也往往是地铁乘客的从众心理集中表现的时刻。例如：只要有一位乘客带头起哄，众多乘客就会跟着闹；有一位乘客嚷嚷要退票、其他乘客就会跟着起哄……。具有外向性、神经质性和开放性个性的乘客往往会成为带头起哄的人或从众人群中最积极的活动分子。

我们的服务员一定时刻保持清醒的头脑，凡事要经过自己的大脑思考，千万不可人云亦云，尤其在遇到突发运营事件时，要及时向乘客说明情况，将大多数乘客与带头的乘客区别对待，控制事态，不使事态扩大，再配以其他措施，才能有效地进行客流组织。

4.4 嫉妒心理

嫉妒是指人们为竞争一定的权益，对相应的幸运者或潜在的幸运者怀有的一种冷漠、贬低、排斥、甚至是敌视的心理状态。俗称嫉妒为红眼病、吃醋、吃不到葡萄说葡萄酸等等。

4.4.1 嫉妒心理的日常表现

嫉妒心理的发生、发展，从内心感受而言，一般有3个层次：前期依次表现为由攀比到失望的压力感；中期表现为由羞愧到屈辱的心理挫折感；后期则表现由不服、不满到怨恨憎恨的发泄行为。

嫉妒是一种比较复杂的心理它包括焦虑、恐惧、悲哀、猜疑、羞耻、自咎、消沉、憎恶、敌意、怨恨、报复等不愉快的心理状态。别人天生的身材、容貌和逐日显出来的聪明才智，可以成为嫉妒的对象；其他如荣誉、地位、成就、财产、威望等有关社会评价的各种因素，也都容易成为他们嫉妒的对象。

每个人对自身价值都有一种认识和估计，并采取一种符合自身价值的处世心理。一般而言，只有处于基本同一价值层次的人群才会进行相互比较，从而形成高人一等或自叹不如的心理。例如：市民不会与市长比、国民不会与总理比、一般职工大都不会与总经理比收入、比贡献，因为他们各自对自身价值的认同不一致，双方不在一个价值层次因此无法进行比较。

嫉妒心理是一种社会心理，它一定要有第二者或第三者存在，而且这个第二者或第三者在某些方面可能比嫉妒者要优越，或虽不优越，却对嫉妒者产生一定的影响。嫉妒心理属于一种内心情绪的体验，其产生是差别和比较的产物，其结果是：在差别和比较中产生心理的不平衡，要想使这种不平衡心理得到平衡，但所采取的方式往往是消极的。因此，嫉妒心理总是与不满、怨恨、烦恼、恐惧等消极情绪联系在一起,从而构成嫉妒心理的独特情绪。

古希腊斯多葛哲学派(Thestoics)是塞浦路斯岛人芝诺于公元前300年在雅典创立的学派认为:“嫉妒是对别人幸运的一种烦恼”,可见嫉妒具有明显的对抗性,这种对抗性表现为攻击性,攻击目的就是要颠覆被嫉妒者的形象。

一般说,除了轻微的嫉妒仅表现为内心的怨恨而不会付诸行动外,大多数的嫉妒心理都伴随着发泄行为。主要有3种方式:语言上的冷嘲热讽;行为上的冷淡、疏远被嫉妒者;具体的攻击性行为。

由于社会道德的约束,嫉妒心理被大多数人所不齿,因此使嫉妒心理患者一般要千方百计地伪装,不使嫉妒心理直接表露出来或使人不易察觉。

心理专家认为,善嫉妒的人,其实他的自我价值感是很脆弱的,一旦发现别人在某些方面超过自己,他的自我价值感就会受到威胁。因此,容易嫉妒的人一定需要多一些自我肯定,使他们明白和了解:所有的人都没有高下之分,只是各有各的优点而已。

嫉妒是一种难以公开的阴暗心理,它对我们的生活会造成很大的伤害.我们每个人在成长过程中,在年纪小的时候经常会产生这种嫉妒心理,随着阅历和知识的提高,我们是在成长的过程中逐步认识到这种心理的危害,并逐步建立起健康正常的心理的。一个健康正常的人应该已经基本上可以控制这种不良思想的产生了。一般说要克服嫉妒心理,首先要找到产生嫉妒的根源。当自身陷入嫉妒时要及时察觉并且提醒自己:即使别人在这方面更优秀,更受关注,我也仍然有足够好的价值。别人的优秀绝对不会损害了我的存在价值。

美国最负盛名的心理治疗专家、作家路易丝.海(Louise L. Hay)倡导“整体健康”观念,她的《生命的重建》等系列作品的出版改变了许多人传统的健康观和生命观。她在书中提出:打开心胸是克服嫉妒的良药,她建议了一种打开心胸的办法:想象一下,你来到大海边,大海是取之不尽的,无论你用盆、用缸,甚至是巨轮来装,都无法把海里的水装完。想象一下你从大海里面取你要的水,而别人也在那里取水,而大海是取之不尽的。

当我们相信自己的价值是一直存在的,不会因为任何东西而受到威胁,同时也可以接纳和欣赏别人的成功和美好的时候,我们就会发现,我们懂得驾驭嫉妒之心了,我们自然可以放松了,也就快乐起来了。

一般认为:嫉妒主要是对自己的不自信造成的,因此嫉妒心理常常发生在一些和自己旗鼓相当、能够形成竞争的人身上。所以当嫉妒心理萌发时,我们要有自知之明、要客观的评价自己、有意识的提高自己的思想水平和文化修养、要有宽大的胸怀、宽厚待人。当你的思想达到一定的境界时,你会发现嫉妒是多么的渺小。如果我们少一分虚荣心，就会少一分嫉妒心。嫉妒往往是因为别人超过自己，所以才会产生不愉快，嫉妒别人超过了你，把本应属于你荣耀夺走了，使你没有了那分虚荣。所以去掉你的虚荣心对克服嫉妒心理是十分重要的。

《三国演义》中所描写的周瑜之死，在罗贯中笔下，仅用寥寥几笔遂成一个流传甚广的嫉妒典范：周瑜仰天长叹，曰："既生瑜，何生亮？"说毕，吐血而亡。其实嫉妒也是无能的代名词。嫉妒，是心胸狭窄、不思进取、胆怯又懒惫、自私又贪婪的弱者，宣泻自己的病态心理的一种表现形式。嫉妒患者，嗜钻牛角尖，只知怨天尤人，不愿从自己身上找出落后或者失败的原因，却只喜为粉饰自己的无能，而去绞尽脑汁寻找借口，因此虚张声势、强词夺理和过分表现往往是嫉妒心理的另一种表现。

4.4.2 乘客的妒忌心理

有人认为城市轨道交通的乘客都是购票乘车，是平等的，最不会产生妒忌心理，其实不然，在地铁车站的广大乘客群中，依然会有妒忌心理的现象。由于妒忌一词被公认为是贬义词，因此一般乘客都不会自己承认是妒忌心理在作祟，大多数乘客的借口是受到不公平待遇，实际上每个人的实际心理表现也确实是多重心理的混合作用，而不是某单一心理活动的结果。

例如：当乘客感觉自己受到了不平等的服务待遇，觉得其他乘客受到了优待服务而自己被冷落时，其嫉妒心理就会爆发，此时服务员首先要针对乘客的平等服务需求进行解释，才能纠正乘客的嫉妒心理，取得乘客理解。

同理，对乘客违规行为的放纵，除了会影响其他乘客的公平心理，也会激起其他乘客的嫉妒心理。例如：城市轨道交通车站对逃票乘客不严肃处理，对心理不稳定的乘客是一种心理引诱，就会羡慕逃票乘客的行为胆量，就会觉得不公平，就想步其后尘，反正法不罚众，同时也会产生一种负面的妒忌心理，妒忌违规乘客获利而不受罚，长此以往就会带坏良好的车站秩序。如果车站能对逃票乘客严加处理，就能平息乘客的妒忌心理，因此车站管理必须严格遵守规章制度。

4.5 就近心理

人类在长期的进化历史中形成了一种以最小的付出换取最大的收益的定式思维心理，表现在心理方面就是利益最大化或代价最小心理，这种心理思维在距离度量方面的表现就是就近的心理现象。我们经常可以看到在城市的绿化带中有一条小道，这是贪图近路的过路者踩出来的，这就是这些抄近路行人就近心理作祟的结果。

在城市轨道交通车站和列车中也能发现就近现象。例如:站台的楼梯口附近和列车车厢内的车门附件,往往是乘客最集中、人数最集中的场所,这同样是因为乘客就近心理活动的结果。试析站台楼梯口附近的乘客心理:他们往往认为只要能乘上列车,既然就近就可以上车,又何必要多走几步路、多花这份力气呢?而楼梯口附近就是花费体力最小而能上车的地方;同理,拥挤在车厢门口的乘客同样是为了到站后能就近下车,因此往往不愿意往车厢里面走而聚集在车门口,如图 4.1 所示。

图 4.1 北京地铁的蛇形通道

最小代价心理同样也可解释:地铁车站自动扶梯总比人行楼梯上的乘客多的原因,因为采用自动扶梯上下楼层可以节省体力。

城市轨道交通车站的客流组织原则就是让乘客按照预先设定的路径流动,因此必须考虑乘客的就近心理。

在车站客流组织中,乘客的就近心理,是管理者必须予以高度重视的现象。一般而言,能够改变乘客就近候车或就近出站的心理、使乘客愿意多走几步的方法有 2 个。

4.5.1 改变路径

轨道交通为广大乘客提供出行服务,而乘客仅被允许在车站乘降的特点,决定了轨道交通与乘客的接触主要集中发生在车站。

乘客是车站服务设备的主要使用者,而广大乘客的需求又是多方面和不断变化着的,由于车站的服务设备所能提供的服务内容是基本固定的,更何况车站服务设施设备的布局从车站建成后,一般就不会发生太大的改变。只有依靠管理和服务人员的主观能动性的发挥,尽可能地满足变化中的、多样性的乘客对服务的需要,并了解乘客需要与服务设备使用间的内在关系,加以分析,找出乘客对服务过程的不满之处。不断地对因服务的缺陷以及现有环境的不足引起的乘客不满进行改进,必要时就要对车站的服务设备进行重新布局,以满足乘客的需要,从而使车站服务过程更加人性化,逐步提高服务水平。例如:上海地铁的莘庄、陆家嘴、人民广场、徐家汇、火车站等车站就曾对车站环境进行过重新布局。将乘客集中的就近路径堵死,使多走几步成为乘客候车或出站的必选之路。例如:在北京奥运会、上海世博会和广州亚运会期间,为疏导客流,地铁车站采用蛇形通道的形式,将原先便捷的流动路线人为地用栏杆围成一条曲折的蛇形通道，迫使进站客流改变就近通过的习惯，也是一种有效的、常用的客流组织方法。

上海地铁曾经实行的人民广场一、二号线顺时针换乘的方法就是这类方法的运用典范：将换乘短通道的一号线换乘二号线客流堵死，迫使其通过长通道换乘。其实许多乘客并不愿意走长通道换乘二号线，但由于原通道堵死后，新辟的长通道就成为需要换乘二号线乘客的唯一通道，迫使这些换乘乘客不得不舍弃原先就近换乘的行为，服从从长通道换乘二号线的新安排。

4.5.2　增大收益

如果车站管理者能够向乘客说明：多走几步再上车，列车车厢比较空，乘客也可以不必受挤，让乘客觉得：多走几步路的体力付出与乘车过程不受拥挤之苦相比，避免拥挤所带来的好处大于多走几步的体力付出，大多数乘客是会愿意改变原来挤在一起候车路线的，也就使就近候车造成站台局部拥堵的现象得以改善。小付出换取大收益，就是收益的增大。

车站常用的改变车站布局来实现客流组织，表面上看是乘客移动途径的改变，实质上也是乘客收益增大的一种体现。仍以上述人民广场一、二号线顺时针换乘的途径改变为例：表面上看，乘客不得不改从长通道换乘二号线，但是换来的是乘客流动的有序和安全，后者的收益远大于体力的付出，何尝不是一种收益的增大呢。

站台服务员采用反复动员乘客不要都拥挤在扶梯口候车，本质上也是收益增大方法的运用，此管理方法在中、长途乘客中一般更能见效。

乘客的就近心理，是车站管理者在客流组织中，必须予以高度重视的。

乘客借助城市轨道交通实现出行目的的过程，实际上就是乘车的过程，整个乘车过程又可以划分为目标、行为、心理都不完全相同的过程，例如：进入地铁车站前的乘客行为，是以尽早抵达车站为目的、其行为和心理表现是找到并尽快进入车站；进入车站后的候车过程，以尽快登上列车为了乘客追求的目标，并有相应的行为和心理表现；在行驶的列车上，表面上看似乎乘客并没有任何动作，一脸的平静，实际上乘客的内心心理活动一刻也未停止，担心列车误点、担心突发故障造成列车停运、计划到站后的打算、因为信任地铁的运营的可靠，因此利用乘车时间看书、通电话、与他人交谈或者干脆打盹休息，不同的心理活动导致了乘客的种种不同乘车行为，总之不同个性的乘客，在乘坐地铁的出现过程中，会有不同的心理和行为表现，本章仅讨论一些最常见、最具普遍性的乘客出行过程中的心理现象，在实际工作中，车站管理者还因人而异地、有针对性地对具体对象进行分析，才能发现每一位乘客不同的需求和对车站服务工作的要求。

思 考 题

1. 何谓人格？简要说明人格的形成过程。
2. 影响人格发展的因素有哪些？
3. 举例说明存在于乘客中的心理现象。
4. 乘客的平等心理有哪些主要表现？
5. 何谓从众心理？试举例说明存在于乘客中的从众心理现象。
6. 产生嫉妒心理的主要原因是什么？如何克服嫉妒心理？
7. 就近心理现象如何影响车站的客流组织？
8. 哪些措施可以限制乘客就近心理现象的发生？

第 5 章　常见情绪与乘客的情绪表现

高兴就笑、悲伤就哭、害怕就会战战兢兢，这些都是我们在日常生活中常见的一些正常的心理现象，笑、哭、战战兢兢就是反映人们心理的情绪表现。

人高兴了是不是就一定要笑，为什么有些人会喜极而泣呢；如果哭也可以被认为是表达高兴的一种情绪表现，那么为何同一种心理感受会有如此极端相反的情绪表现呢；更何况人的心理感受往往并不是单一的，而是几种心理的混合，例如：又惊又喜、又喜又忧这些复杂的情绪表现是怎样的呢；表面上高兴而内心悲伤的情绪又是一种怎样的表现呢。

我们能否通过对情绪表现的分析，探究人们内心的心理活动，能否透过人们情绪的表现，找到隐藏在内心深处的心理活动，这就需要我们对情绪及其表现有一个基本的认识。

5.1　情绪与情绪控制

人们生活中不可避免地要受到外界的刺激，例如：生老病死、升学、就业、退休等客观事物都会刺激人的情绪。何为人的情绪，情绪是如何产生的，有哪些元素构成，这些是我们在研究情绪之前，首先必须搞清楚的。

图 5.1　不同的情绪表现

5.1.1　情绪的定义

一般认为情绪是人类对一系列主观认知经验的通称，是多种感觉、思想和行为综合产生的心理和生理状态。实际上情绪是人类对外界刺激所产生的心理反应及附带产生的生理反应。大多数心理学家都认为人的情绪是：人身体变化的表达形式，由于人的情绪必然涉及人们已有的意识体验，因此人的情绪也必定包含有认知的成分，并涉及对外界事物的评价。例如：当看到他人因触电死亡后，通常都会产生含有紧张、害怕、遗憾、庆幸等复杂心态的心理，如果由于某种疏忽造成的死亡，他还会因此产生遣责的情绪，同时相信在今后的生活中，他也会采取种种防止触电的措施，这就是情绪所表达的认知和对外界事物的评价作用，如图 5.1 所示。

由此可见人的情绪既是主观感受，又是客观生理反应，具有目的性，也是一种社会表达。

情绪常和心情、性格、脾气、目的等因素互相作用，也受到激素和神经递质影响。人的情绪往往是多元的和复杂的综合现象，因此人的情绪常常被描述为在针对内部或外部的重要事件时，产生的一种突发反应，其表现包含语言、生理、行为和神经机制等互相协调的一组心理和生理的反应。

5.1.2 情绪的构成

人的情绪活动一般包含以下 5 个基本元素，并在短时间内协调、同步地进行。

1. 认知评估

认知评估是指：当人受到外部影响时，就会注意到外界所发生的相关事或人，人的认知系统也随之自动对事或人的感情色彩进行评估，并触发接下来的情绪反应。例如：当某人接到大学的录取通知书时，他的认知系统把这件事评估为对自身有重要意义的正面事件。

2. 身体反应

身体反应是指：情绪的生理构成和身体的自动反应，这种人体的自动反应可以及时调整人的心理，使人的身体能适应这一突发状况。例如：当某人意识到进入大学深造已是事实时，神经系统就会高度兴奋，全身充满力量，心跳频率变快。

3. 感受

感受是指人们体验到的主观感情。例如：在收到录取通知后，某人的身体和心理产生一系列反应，主观意识察觉到这些变化，把这些反应统称为高兴。

4. 表达

表达是指人通过面部和声音的变化，表现出的个人情绪，这种个人情绪是为了向周围的人传达情绪主体对一件事的看法和他的行动意向。例如：收到录取通知书后，主人舒展眉头，嘴角向上，发出快乐的声音——笑。需要特别指出的是每个人的情绪表达，既有人类通常相同的共性表达成分，也会因各人的个性不同而带有个人独有的个性表达成分。

5. 行动的倾向

行动的倾向是指情绪会产生促使采取行为的动机。例如：悲伤或高兴的时候，常常产生一种希望找人倾诉的欲望，人在愤怒时，常会做出一些平时不会做的事。

由此可见，情绪既是人们主观的一种感受，客观上也是一种生理反应，并具有一定的目的性，是对社会的一种个人情感表达。

5.1.3　情绪的先天性和后天性

在日常的社会生活中，情绪可以帮助我们与其他人交流感情，例如：婴儿虽然不会说话，但是通过情绪的表现也能成功与大人交流。此外情绪也可以影响其他人对我们的态度，例如：研究已经证明快乐的情绪往往可以感染快乐者身边其他人的情绪，使他们也高兴起来。情绪还可以表示善意，例如：陌生人之间礼貌性的微笑，往往并不是由于微笑者内心的喜悦，仅仅只表示一种礼貌。

人的情绪表现伴随着人的阅历和生活经验的增长，总是在不断地丰富和充实的，我们对婴幼儿一般都只能理解和区分少数几个情绪，例如：一些最基本的快乐、悲伤、恐惧、生气、爱等等，所以婴幼儿对外界的刺激一般只会作出一些笼统的情绪反应。例如：婴幼儿对所有造成自己疼痛的事件，一般都只会作出悲伤或生气的情绪反应，还不会表达愤怒、忧伤、担忧等较复杂的情绪表现。

随着成长，人们经历了更多事件，也就有了更细腻的感情反应。情绪丰富的人可以更恰当地判断一件事对个人的意义，并给出更具体的情绪反应。例如：原先的快乐情绪已可被分为欣慰、满足、喜悦、骄傲、乐不可支等多种不同程度愉悦心情的表现；成年人在受到外界刺激时，会根据情况不同，表现出笑中带泪、知耻而后勇、五味杂陈等复杂的情绪反应。

有些心理学家将人类的情绪分为：先天与生俱来的"基本情绪"和后天学习到的"复杂情绪"。

1. 基本情绪

人类的基本情绪一般具有以下特点(图 5.2)：

(1)人的基本情绪出于人的本能，是不需要经过后天的学习就能获得的，因此具有先天性。

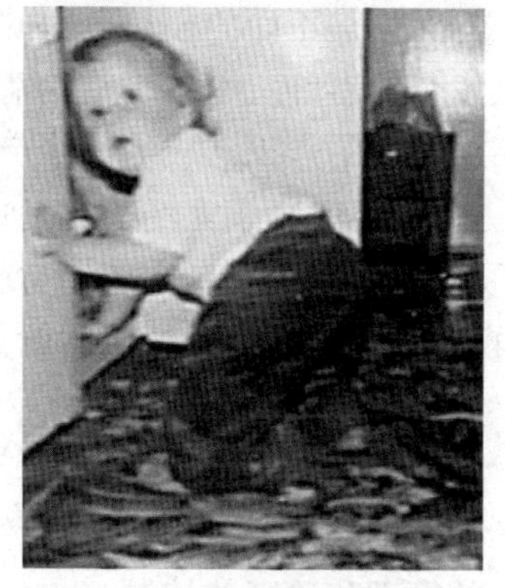

图 5.2　基本情绪——惊奇

(2)基本情绪是所有的人在面对同一种情况，都会产生的、相同的一种情绪，因此具有共性。

(3)由于人类的基本情绪是先天的，因此所有人表达基本情绪的方法都是基本相似的，并不需要特别的表达形式就能被其他人所理解。

(4)人类基本情绪的先天性确保了人们在产生这些情绪时，几乎所有的人都会具有相似的生理模式。

一般认为常见的人类基本情绪包括：喜悦(喜)、愤怒(怒)、悲伤(哀)、恐惧(惧)、厌恶(恶)、惊奇(惊)等。

2. 复杂情绪

不同的文化对基本情绪会有不同的诠释，在基本情绪的基础上，还会产生一些只有在特定社会条件下才会产生的情绪，这就是“复杂情绪”。

相对于基本情绪的先天性，人类的复杂情绪则是后天形成的。复杂情绪是必须经过人与人之间的交流才能学习到的，因此每个人所拥有的复杂情绪数量和对情绪的定义也都各不相同。

常见的人类复杂情绪有：窘迫、内疚、害羞、骄傲等等。一般而言，由道德因素产生的情绪，基本上都属于人类的复杂情绪。

3. 正面情绪与负面情绪

情绪和情感是人对客观事物的态度体验及相应的行为反应。其中人的情绪更是以个人的愿望和需要为中介的一种心理活动，因此必然有积极的、肯定的和消极的、否定的情绪之分，前者我们称之为正面情绪、后者就称之为负面情绪。

有些心理学家认为：在外界事件发生后，大脑会自动判断这件事对我们是好还是坏，并据此对事件定性，所以我们会下意识地决定是喜欢还是厌恶这件事，由此产生的情绪如果能引起好的和喜欢的情绪就是积极的正面情绪、反之就是消极的负面情绪。

无论是正面的还是负面的情绪都可以成为我们的动机，使我们接受或排斥刚刚发生的事件。尽管一些由情绪引发的行为看上去没有经过深入思考，但实际上不由自主的意识已成为情绪产生的重要因素。

例如：心理学家经研究发现，在奥运会上获得铜牌的选手往往比获得银牌的选手更高兴，因为前者在庆幸自己获得奖牌，产生的是正面的情绪；而后者则在遗憾自己没能拿到第一，产生的就是负面的情绪。

5.1.4 情绪的控制

每个人都会产生情绪，情绪是不可能被完全消灭的，只能进行有效的疏导、有效的管理和适度的控制。

情绪无好坏之分，一般可以将情绪划分为积极情绪也就是正面情绪和消极情绪也就是负面情绪。但是由情绪引发的行为则有好坏之分。特别需要指出的是，正面情绪也有可能造成坏的行为结果。例如：在 2012 年我国多个城市在举行“保卫钓鱼岛”的群众游行过程中发生的打砸日系汽车的事件，对砸车分子而言，就是正面情绪造成了坏的行为结果。

由于行为的后果有好坏之分，所以必须加强对情绪的管理。情绪管理并非是消灭情绪，既没有必要也没有可能消灭人的情绪产生，因此只能是对情绪进行疏导、并使情绪合理化之后，形成良好的信念与行为。

有些职业尤其是服务行业，要求从业人员善于控制他们的情绪，因为他们的服务对象是广大群众，他们经常要与公众接触，因此在工作时间中他们必须善于掌握和控制自己的情绪、必须学会控制自己的负面情绪，即使有些负面情绪是正常、健康的，依然要求他们学会控制。例如：对于患有传染疾病的者应当敬而远之，这是防止被传染的情绪必然导致人们采取一种防御的、不接近的行为，对一般人而言这是一种负面的正常的和健康的情绪，但是医生作为服务人员既不能厌恶疾病患者，也不能被患者吸引，为某种目的而故意接近患者，因此医学院的常规训练一般都包括有情绪中立的教育培训，要求医生在治疗时抛弃个人感情。

又如发型师和空中乘务员则要经常保持开朗、热情和能说善道，尤其是空中乘务员更需要经常有演员的技巧，才能在工作时间用礼貌的态度替代自己原先所有的自然情绪。

城市轨道交通的服务人员在对自己情绪的掌握和控制方面的要求，绝不亚于空中乘务员，对于每天都要接触的成千上万的乘客，必须要一视同仁，用文明礼貌的工作态度替代自己的自然情绪。

5.1.5　情绪的调整

我们已经知道人的行为是由人的动机激发产生的，无论正面还是负面的情绪，都会引发人们行动的动机。我们也曾经提到人的需要是动机产生的根源，但是在同样的需要条件下，为什么有些人的行为能够坚持较长时间，有些人的行为仅仅是 3 min 的热度、坚持不了多长时间呢？显然仅用需要产生动机的解释，并不能令人信服。

现代研究证明：情绪对人的动机也有激发作用，情绪是维持人们行为长期性的重要因素之一。例如：在面临威胁和困难时，依然能保持乐观的人往往能够坚持原有的行为，而那些悲观和自我怀疑的人则常会放弃自己的目标。正是因为情绪在动机产生过程中具有如此重要的作用，才要求人们重视情绪的自我调整。

情绪使我们的生活多姿多彩，同时也影响着我的生活及行为。当出现不好的情绪时，最好加以调整，使负面情绪不要给自己的生活及身体带来坏的影响。

1. 表情调整

有研究发现，愤怒和快乐的脸部肌肉使个体产生相应的体验，愤怒的表情可以带来愤怒的情绪体验，所以当我们烦恼时，用微笑来调节自己的情绪可能是个很好的选择。研究证明：微笑还能给其他人带来一种和谐的气氛，可以有效拉近人与人的心理距离，因此提倡城市轨道交通服务人员开展微笑服务。

2. 人际调整

人与动物的区别在于他的社会属性，当情绪不好时，人们可以向周围的人求助，与朋友聊天、娱乐可以使你暂时忘记烦恼，而与曾经有过共同愉快经历的人则能引起你当时愉快的感觉。

3. 环境调整

美丽的风景使人心情愉悦，而坑脏的环境会使人烦躁。当情绪不好时可以选择一个环境优美的地方，在完美的大自然中，心情自然而然会得到放松。还可以去那些曾今开心过的地方，记忆会促使你想起愉快事情。

4. 认知调整

人之所以有情绪，是因为我们对事情做出了不同的解释，每件事情不同的人观点不同，则会产生不同的情绪反应。所以我们可以通过改变我们的认知，来改变我们的情绪。在为了某件事儿烦躁时，我们可以尝试对事情进行重新评价，从另外一个角度看问题，改变我们刻板的看问题方式。例如：当我们为车站内乘客人满为患而烦躁时，如果与车站没有乘客，车站设备闲置、服务人员没事可干、企业没有收益的情况相比，忙而充实着一定比闲而空虚的状况要强得多。

5. 回避调整

如果有些引起情绪的问题我们既不能改变自己的观点又不能解决，就可以选择逃避问题，先暂时避开问题，不去想它，待情绪稳定时，再去解决问题，而且有时候问题的解决方案会在从事其他事情时不经意的想出来。

城市轨道交通服务人员在对待情绪激动的乘客时，常常采用将乘客请进办公室进行个别处理的方法，实际上也含有暂时避开引起乘客情绪激动的因素，待乘客情绪安定下来再处理的心理调节处理方法。

5.2 常见的人类情绪表现形式

人们情绪的发展和变化往往是因人、因时、因地和因事的不同而产生的。情绪在制约人的同时，既可能成就人，也可能损害人。实际上每个人的生活方式都是由他们各自的情绪和性格造成的，从某种意义上讲，情绪决定了人们的生活方式。

我们应管好自己的情绪，使正面的情绪获得应有的表达和展示，避免和克服自己负面的情绪。例如：对癌症俱乐部病人的统计表明，情绪乐观的癌症患者的生存率普遍高于情绪压抑患者。

情绪表现实际上是指人外在的表现态度，是把自己的内心状态以态度的方式，展现给公众的行为表现，因此人的态度实际上显示出的是人内心的心理状态。例如：急躁、愤怒、忧愁、欢乐、悲伤等等实际上都反映出人内心的一种心理状态。在我们的日常生活中，究竟有哪些常见的情绪表现形式呢？

5.2.1 人类常见情绪

七情六欲是最常听见人们说起的人类基本情绪，虽然不同的学术、门派、宗教对七情六欲的定义稍有不同，但是都承认七情六欲是人不可避免的情绪表现。

1. 七情

儒教与佛教对于七情的定义略有不同，儒教将喜、怒、哀、惧、爱、恶、欲定义为七情；佛教则将喜、怒、忧、惧、爱、憎、欲等七种人类的情愫定义为七情。在定义上虽然大同小异，但是都一致认为：七情是相对稳定的，是人与外界交流所表现出来的，指挥人与外界的互动。

目前比较一致的认识是将喜、怒、哀、惧、爱、恶、欲归为七情。

在我国很早就已开始对人的情绪进行探索。例如：早在战国年间，一部重要的典章制度书籍《礼记》的第九篇《礼运》中就说："何谓人情，喜、怒、哀、惧、爱、恶、欲，七者弗学而能。"意思是说：什么叫人的情感？高兴、生气、悲哀、害怕、喜爱、厌恶、欲望，这七种情态是人与生俱来、不学都会的。这也就是我们通常说的七情，并且明确指出七情是人类先天就具备的基本情绪。

2. 六欲

对于六欲各家看法不同，有的学派将色、声、香、味、触、法视为六欲，也有将六欲定义为：生、死、耳、目、口、鼻，无论如何定义六欲，认为六欲是泛指人的生理需求或欲望这一点是基本一致的。例如：人要生存，生怕死亡，要活得有滋有味，有声有色，于是嘴要吃、舌要尝、眼要观、耳要听、鼻要闻，这些欲望与生俱来，不用人教就会。后来有人把这概括为：见欲、听欲、香欲、味欲、触欲、意欲等六欲，现代更是进一步将：求生欲、求知欲、表达欲、表现欲、舒适欲、情欲等欲望定义为六欲。

《吕氏春秋·贵生》首先提出六欲的概念："所谓尊生者，全生之谓；所谓全生者，六欲皆得其宜也。"意思是说：所以人们所说的尊重生命的人，指的是全生的人；所说的全生的人，六欲也都能得到适宜的满足。在这里首次提出六欲的概念，那么六欲到底是什么东西？

东汉哲人高诱对此作了注释："六欲，生、死、耳、目、口、鼻也。"可见六欲是泛指人的生理需求或欲望。

佛家的《大智度论》的说法与此相去甚远，认为六欲是指色欲、形貌欲、威仪姿态欲、言语音声欲、细滑欲、人想欲，基本上把"六欲"定位于俗人对异性天生的六种欲望，基本属于现代人常说的"情欲"的范围。

无论如何定义六欲，七情六欲是人类基本的生理要求和心理动态，是人性的基础、是人人皆有的本性，也是人间生活的最基本色调，这一点基本上是获得公认的，并公认为是人类常见的基本情绪表现。

3. 七情与六欲的差别

虽然大家一致认为七情六欲就是指人们与生俱来的一些心理反应，但进一步分析就可以发现：只有七情才是人的基本情绪表现，而六欲仅只是外界对人的一种刺激、一种诱惑，是客观存在的事物作用于人体生理感官或心理思维后产生的一种感受而已，人对这种刺激、诱惑和感受最终还是要以七情的形式表现出来的。例如：人们看到美丽的风景、听到悦耳的音乐、闻到浓郁的花香、尝到美味的食品、泡在舒适的温泉中时，在神情上就会表现高兴、愉悦的情绪。

但是我们也要认识到由于个性的不同，人与人对生活的态度差异很大，七情六欲的表现也就不同，正所谓七情六欲人人有，千差万别各不同。

5.2.2 人类情绪的基本形式

关于情绪的类别，长期以来说法不一。我国古代有喜、怒、忧、思、悲、恐、惊的七情说，美国心理学家普拉切克(Plutchik)提出了8种基本情绪：悲痛、恐惧、惊奇、接受、狂喜、狂怒、警惕、憎恨。还有的心理学家提出了9种类别。虽然类别很多，但每一种基本情绪都有其独立的神经生理机制、内部体验、外部表现和不同的适应功能。

七情六欲虽然是人类的常见情绪，但近代研究中常把快乐、愤怒、恐惧和悲哀列为情绪的基本形式，这些情绪与人的基本需要相联系，是人类先天具有的，人类的其他情绪是从这4种基本情绪中发展出来的。

1. 快乐

快乐是指一个人盼望和追求的目的达到后产生的情绪体验。由于需要得到了满足，愿望得以实现，心理的急迫感和紧张感解除，快乐也就随之而生。因此快乐是人们在感受外部事物带给内心的愉悦、安详、平和、满足时的心理状态；快乐是当一个人在追求目标时达成的理想状态和内心喜悦的激情；快乐是一个人对自己美好生活的一次又一次的满足；快乐是一种持续的状态。例如：经过积极准备，收到了大学录取通知后，考生常常会有快乐的情绪。

快乐的程度取决于目的重要程度和目的达到的意外程度，如果追求的目的非常重要，并且达到的目的带有突然性，往往会引起异常的欢乐，反之一般只能引起微小的满意。

快乐的程度可以分为：满意、愉快、异常的欢乐、狂喜。

2. 愤怒

愤怒是当人的所追求的目的受到阻碍，使个人目的不能达到或愿望不能实现或为达到目的的行动受到挫折时，引起的一种紧张而不愉快的情绪体验。

愤怒时人的紧张感增加，有时不能自我控制，甚至出现攻击行为。这种情绪对人的身心的伤害也是明显的，因此称为负面情绪。

愤怒是一种原始的情绪，在人的成长过程中出现较早。一般认为，出生3个月的婴儿就有愤怒的表现。限制婴儿探索外界环境往往就会引起他的愤怒。例如：约束婴儿身体的活动、强制婴儿睡觉、限制他的活动范围、不给他玩弄玩具等，均会引起婴儿的愤怒。

当幼儿的目的性行动受到阻挠或威胁时，往往也会引起愤怒情绪。幼儿常见的愤怒表现形式有哭、手足舞动等。

随着年龄的增长，由于愿望不能达到或与同伴争吵，也常引起愤怒。在成人身上，愤怒依赖于人已形成的道德准则，常属于道德感的范畴。

愤怒也有程度上的区别，一般的愿望无法实现时，只会感到不快或生气，但当遇到不合理的阻碍或恶意的破坏时，愤怒会急剧爆发。

愤怒的程度分为：轻微不满、生气、愠、怒、激愤、大怒、暴怒等。

3. 恐惧

恐惧是企图摆脱和逃避某种危险情景而又无力应付时产生的情绪体验。所以，恐惧的产生不仅仅由于危险情景的存在，还与个人排除危险的能力和应付危险的手段有关。一个初次出海的人遇到惊骇浪或者鲨鱼袭击会感到恐惧无比，而一个经验丰富的水手对此可能已经司空见惯，泰然自若。婴儿身上的恐惧情绪表现较晚，可能是与他对恐惧情景的认知较晚有关。

人类大多数恐惧情绪是后天获得的。恐惧的特点是对发生的威胁表现出高度的警觉。如果威胁继续存在，活动就会减少，凝视含有危险的事物。

随着危险的不断增加，人的情绪可发展为难以控制的惊慌状态，严重者甚至出现激动不安、哭、笑、思维和行为失控、甚至休克。

恐惧时常见的生理反应有心跳猛烈、口渴、出汗和神经质发抖等。

一般人对特定的环境或事物会产生恐惧心理，例如：当身处黑暗、高处、水或火中时，人们往往本能地产生恐惧反应；又如：当面对陌生少见的事物时，由于害怕被伤害，出于自我保护，也会自然地产生一种恐惧感。这些恐惧都是源于人类在进化过程中，从原始社会起，在野外生活状态中积累起来的一种本能反应的延续，因此恐惧是人类在面对危险时，为了生存而进行防御或逃跑的本能行为，是人类适应大自然的本能反应。

恐惧与快乐、愤怒不同，快乐和愤怒都是会使个体接近的情绪，而恐惧则是一种使个体企图摆脱危险的逃避情绪。例如：在遇到地震，人们无力对付时，往往会恐惧万分。引起恐惧的关键因素是人缺乏处理可怕情境的力量。此外，熟悉的环境发生了意想不到的变化时。往往也会引起人的恐惧情绪。

4. 悲哀

积极的,对人心理产生健康影响的情绪状态即是正性情绪,反之则是负性的。长时间的情绪堆垒甚至可以导致人的性格变换。

悲哀就是一种负性情绪,通常是由分离、丧失和失败引起的一种情绪反应。

当人们在失去心爱的事物时,或人们的理想和愿望破灭时,往往会产生一种包含沮丧、失望、气馁、意志消沉、孤独和孤立等悲哀的情绪体验。

悲哀程度取决于失去东西的重要性和价值大小,失去的东西价值越大或越重要,引起的悲哀也越强烈;失去的东西价值越小或不太重要,引起的悲哀相对也越微弱。例如:失去亲人的悲痛与失落物体引起的遗憾是难以相比的。

悲哀的程度还依赖于主体的意识倾向和个体特征。较强的悲伤对人的心理是有害的,持续的悲伤不仅会使人感到孤独、失望、无助,甚至抑郁,损害人的身体。

悲哀时带来的紧张情绪需要释放,哭泣就是一种最常见的情绪释放形式。悲伤时的哭泣可以使人的心理压力得到缓解。人们在安慰极度悲伤的人时,常劝悲伤的人哭出来,就是一种情绪的释放。

悲哀虽然是一种消极的负面的情绪,但也是一种心理保护的措施。例如:考试失败由悲哀所带来的紧张释放产生哭泣,哭泣一般不超过 15 分钟,在这段时间内完全可以减轻过度的紧张。哭泣之后会使人精力衰竭,甚至会神志不清,最后使人感到轻松。然后振作起来重新投入更大的努力。由此可见悲哀并不总是消极的,它有时也能够转化为前进的动力。

与悲哀同步发生的最普遍的消极情绪就是痛苦,悲哀似乎成为了人们表达痛苦的形式。悲哀的人是痛苦的,但是痛苦的人未必一定悲哀。例如:受到病痛折磨的人是痛苦的,但是治愈的希望激励着病患者与病魔斗争,因此未必是痛苦的。

按悲哀程度一般可以分为:遗憾、失望、难过、悲伤、悲痛、极度悲痛。

5.2.3 心理波动与心理调节

人们的实际生活中,由于社会地位、个性需要、个人修养的不同,此外在衣食住行的需要方面也必须考虑适当的表现方式和现有的社会条件,因此人类这些最基本的情绪是人的生理性需要,也有深刻的社会烙印。

1. 心理波动

人的心理与生理一样也有心理周期。心理周期中也有心理低潮期、心理高潮期和心理稳定期。心理稳定期是指人们现在的心理状态正处于一种平和状态,这种心理状态往往持续的时间最长。

与人的心理稳定相对应的就是人的心理波动,也就是人的心理状态有较大的情绪起伏和波动。心理波动包括心理低潮和心理高涨。

人在社会中生存，面对的是瞬息变化的事物，难免会引起心理的波动，即使是正常的人在某些特定时刻下，有时也会产生短暂的或好或坏的心理波动。

短暂和轻微的心理波动对正常人而言，因时间短、程度轻，一般并不会引起高度关注，但当人们处在心理波动的状态下，很容易受到波动心理的驱使，而做出一些非正常的行为。例如：过量饮酒者往往会有一些特殊的非正常的心理表现。

我们在生活中常可以听见这样的说法：明明知道人家心情不好，还要刺激我。实际上这就是一种典型的心理波动现象。当人们处于心理波动的状态时，在外观上必然会有一些明显的心理表现，可以从这些表象和心理特征进行识别。

当人们处于心理波动的低潮状态时，一般表现为情绪低落，对什么事情都没有兴趣。在外观表现上显得郁郁寡欢、懒懒散散、少言寡语、不爱搭理他人。

当人们处于心理波动的高涨状态时，一般表现为情绪亢奋，对什么事情都很敏感。在外观表现上显得跃跃欲试、精力过人、语言激愤甚至寻衅滋事。

当人处于心理波动状态时，其他人需要认真对待，不要使波动的心理往不理智的方向激化。

城市轨道交通的服务人员尤其要认真区分乘客的心理，对处于心理低潮状态下的乘客，他们可能对服务人员正常合理的规劝充耳不闻；而处于心理高涨状态下的乘客，他们可能对服务人员正常合理的规劝，不但不服从，还振振有词，我们的服务员必须要学会处理这两类不同处于心理状态下的乘客，在理解乘客心理状态的前提下，耐心解释、因势利导，千万不可激化矛盾。

2. 心理调节

我们已经阐述了情绪调整的几种方法，但是这种情绪的调整往往是治标不治本，因为情绪的产生仅仅只是心理活动的结果，如果不能从心理上进行调节，暂时的情绪调整不但难以长期维持、而且也是勉强的、被动的和压抑的，因此只有对心理活动进行调节，才能使情绪的流露趋于正常。

我们已经知道人的心理活动都有一个发生、发展、消失的过程。正因为人们的活动在很大的程度上取决于人的心理状态，因此往往一些日常生活矛盾和事件都会引起人的心理反应，并且反映在人的情绪表现上。

人们对自己的心理进行控制和调节，也就可以达到调节和控制自己的情绪的目的，使负面的情绪推迟发作、发作的强度适可而止或不使负面情绪发作。这种调节往往与个人对客观的认识和评价以及自我评价有着密切的关系。

正因为情绪活动是心理刺激中对健康影响最大、作用最强的成份，因此人必须学会掌握自我，善于控制和调节自己的情绪，这对于适应社会发展和维护自己心身健康至关重要。

人的任何活动莫不以情绪为背景，并伴有情绪的色彩，因此我们要注意培养个人健康的情绪生活、要注意情绪表现的适当性及情绪的紧张度和适度。情绪的适度紧张不仅使人们生活富有节奏和情趣,而且能高效地发挥人们的潜能,从而获得心身和谐和心理健康。

适当的情绪表现应该是:想哭就哭,该笑就笑,而不要强制地压抑自己的情绪,此外适度加强自己乐观态度和幽默感的培养,也能使自己保持良好的自我感觉、有效和及时地缓解心理的紧张情绪。

(1)心理调节的十大原则

对于自己的心理调节一般可以归纳为以下 10 大原则

① 具有充分的适应力;

② 能充分地了解自己,并对自己的能力做出适度的评价;

③ 生活的目标切合实际;

④ 不脱离现实环境;

⑤ 能保持人格的完整与和谐;

⑥ 善于从经验中学习;

⑦ 能保持良好的人际关系;

⑧ 能适度地发泄情绪和控制情绪;

⑨ 在不违背集体利益的前提下,能有限度地发挥个性;

⑩ 在不违背社会规范的前提下,恰当地满足个人的基本需求。

(2)心理调节的四法

① 暗示调节

心理学研究表明,暗示作用对人的心理活动和行为具有显著的影响,暗示性的语言可以引起或抑制人们的心理和行为。

自我暗示即通过内心思维来提醒和安慰自己,如提醒自己不要灰心,不要着急等等,以此来缓解心理压力,调节不良情绪。

暗示是一个正常的心理现象,人群中约有 1/3 的人有较强的暗示和自我暗示的效应,他们比较容易无条件地、非理性地接受一些受暗示的观念和说法。

② 放松调节

用放松的方法来调节因挫折所引起的紧张不安感。放松调节是通过对身体各部主要肌肉系统的放松练习,抑制伴随紧张而产生的血压升高、头痛以及手脚冒汗等生理反映,从而通过生理调节来减轻心理上的压力和紧张焦虑的情绪。

③ 呼吸调节

通过某种特定的呼吸方法,来解除或减轻精神的紧张、压抑、焦虑和急躁等情绪,这也是一种情绪调节的方法。例如:紧张时,可以采用深呼吸的方法减缓人的紧张感。平时也可以到空气新鲜的大自然中去做些呼吸训练，使人的情绪得到良好调节。

④ 想象调节

受挫心理调节的能力并不是非要等到受到挫折后再来培养，而是在平时就要进行训练和培养。

想象调节既是指在想象中，对现实生活中的挫折情况和使自己感到紧张焦虑的事件的预演，学会在想象的情境中，放松自己使受挫情绪迁移，从而实现能在真实的挫折情境中或紧张的场合下，从容应对各种不良的情绪反应。

想象的基本做法是：首先学会有效的放松；其次把挫折和紧张事件按紧张的等级从低到高排列出来，制成等级表；然后由低向高进行想象训练，就能达逐步收到情绪改善的效果。

轨道交通管理和服务人员在繁忙的工作过程中，每天都要负责管理和接待大量的乘客，生理和心理上承受着巨大的压力，这种压力在临近下班的时间段尤甚，因此也是最需要进行自我心理调节的时候，避免因为自己的心理压力造成服务质量的下降。

城市轨道交通管理和服务人员在工作中的自我心理调节一般可以采用放松和呼吸调节，如果还不能使自己的心理恢复正常，也可以暂时离开一段时间，喝点水、巡视一圈，往往也可以达到心理自我调节的目的。

心理调节是通过正确的认识和评价自己所处的环境，尽力消除那些不愉快的心理刺激和生活事件，理智接受非个人能力能改变的现实，从而去良好地适应，并使情绪积极而稳定，保持自我意识良好，达到保持心身健康的目的。

5.3 常见的乘客情绪表现

搭乘地铁是城市轨道交通乘客出行的目的，正常情况下乘客在车站停留的时间一般都不会太长，况日车站又是一个仅供乘客乘降列车的场所，因此正常情况下乘客的情绪表现一般都与乘车出行有关。在运营状态正常时，城市轨道交通为出行乘客设计的正常流动路径应该是：进站—购票（交通卡乘客免此程序）—进站闸机—进入站台—候车—上车—到站—下车—离开站台—出站闸机—离开车站，乘客出行的顺利与否完全取决于城市轨道交通各专业的配合协调和环环相扣的运营程序能有效衔接。多专业、多工种的特点使城市轨道交通在运营过程中，难免会产生一些专业故障或衔接不畅，这就直接影响到乘客出行的方便和顺利，这就会造成乘客的心理波动。

乘客出行过程中的心理情绪异常必然伴随着一些典型表现症状，通过对异常心理的乘客情绪分析，就可以更有效地为乘客提供服务。

5.3.1 疲劳情绪

疲劳是人们连续学习或工作以后效率下降的一种现象。对个体而言，疲劳是一种主观感觉的不适，在客观上往往表现为在相同的条件下，失去其完成原来所从事的正常活动或工作的能力。

疲劳可以分为生理疲劳与心理疲劳：前者是疲劳在生理上的反应，后者是疲劳在心理上的反应。

现代社会生活节奏不断加快，社会和生活压力也就自然地成为了人们生活的一部分。如：儿童要面对学业的压力，成年人要面对工作的压力，老年人要面对健康、患病等压力，因此，适度的生活压力，可以使人将压力变成动力、可使人产生积极的进取心和挑战感，使生活中充满惊喜，当然过大的压力也会使人紧张，对人造成过大的心理冲击，使人产生挫折感，这时生活中过大的压力就变成了生活的阻力，人就会从生理或心理上产生不适，学习或工作的效率下降或难以为继，疲劳感由此产生。

压力对人所产生的影响大小是因人而异的，某件事对某些人是负面压力，对另一些人可能是正面压力。即使是负面压力，由于每个人的经验、能力、价值观各不相同、各人化解压力的方法不同，因此对人造成的影响也就不同。

当身心得不到充分休息时，人就容易产生疲劳感。轻度的疲劳一般也称为疲倦。我们经常可以听见人们在抱怨："真吃力"，其实就是人们生活在压力下感觉到疲劳时的一种自然反应。其实疲倦并不仅仅是劳累造成的。生活中有许多因素都会消耗人的精力，令人感到疲倦。如：药物、抑郁（抑郁是导致疲倦的最普遍原因之一，引起人的情绪不好、过度紧张、也会造成睡眠不佳，造成疲倦）、缺乏运动、痴肥（身上多余的肉就是沉重的负担）、甲状腺不够活跃（甲状腺控制新陈代谢，当新陈代谢减慢时，令人觉得疲惫）、营养不良、睡眠不足、甚至金属补牙（如果有很多牙齿都是用金属物质镶补，便可能会有一些水银渗入你的体内，所以体内可能积聚大量有毒金属，削弱体力）等，都会造成人的疲劳感。

当人感觉疲劳时，在生理上往往出现：头痛、乏力、失眠、食欲减退等不适现象；在心理上则有：不想听任何事、懒得做本应自己做的事。

乘客的疲劳表现有其比较明显的特点：步履蹒跚、动作迟缓、目光呆滞、外观表现得懒懒洋洋，对外界的事物表现得漠不关心，总想找个座位休息休息。

最常见的乘客疲劳情绪大都发生在下班高峰时段。经过一天的工作劳累，下班后的精神放松，很容易就在心理上产生一种解放和放松感，以及由此产生的一种体力上的不可抗拒的疲劳感，外观表现的就是一种疲劳情绪。

处于疲劳情绪中的乘客是最不愿意被打扰的，主观上希望车厢不太拥挤，最好还能有个座位。因此对车厢的拥挤度和列车运行的时间间隔最敏感，总希望在车站等候的时间少些、列车开行快些、列车相对宽松些。如果此时发生非正常运营事件，一般较难取得乘客的理解和配合，因此车站服务员在处理时，必须充分理解乘客的疲劳状况，尽可能减少他们的体力付出，明确告知发生的运营情况和恢复运营所需的时间，尽量让乘客自己决定去留，力争最大限度地取得乘客谅解。

5.3.2 焦虑情绪

焦虑是指一种缺乏明显客观原因的内心不安或无根据的恐惧，是人们遇到某些事情如挑战、困难或危险时出现的一种正常的情绪反应。例如：当某事物的价值在将来可能会发生明显降低时，就会对该事物产生一种焦虑感。因此焦虑是由紧张、焦急、忧虑、担心和恐惧等感受交织而成的一种复杂的情绪反应。它可以在人遭受挫折时出现，也可能没有明显的诱因而发生，即在缺乏充分客观根据的情况下出现某些情绪紊乱。

可见焦虑总是与精神打击或者即将来临的、可能造成的威胁或危险相联系，使当事人在主观意识上感到紧张、不愉快，甚至痛苦和难以自制

焦虑是种极普遍的情绪感受，是每个人由小到老都会有的经验。所以说，焦虑不一定就是不正常的反应，其实适当的焦虑不仅无须避免，反而可以促使个体表现得超出平常的水准。例如，人在紧张的状态下常可工作得更久，或在紧急实有跑得更快，力气更大的情形，俗话说“狗急跳墙”也是一例。因此我们可以了解到不是所有的焦虑表现都是病态的，也不是所有会焦虑的人都是患有焦虑症的，当然世上恐怕找不到一个丝毫不会焦虑的人。

由于焦虑是人们对情境中的一些特殊刺激而产生的正常心理反应，因此只有当焦虑原因不存在或不明显或在对即将来临的后果有了心理上的承受准备时，焦虑情绪才会消除。

一般而言，在乘客群中焦虑产生的最直接因素是“源于生活中的压力”。所谓压力是指：个体需要在心理或生理上付出额外能量来面对和应付的情况。造成这种压力状况的事物，便称为压力事件。个体承受的压力事件也有可能是多项事件同时一起出现，因此在知觉和认知上便有了安危和急、缓、轻、重的判断，而后在心理和生理上便出现了不同程度的反应，焦虑反应便是其一。因为生活中的压力是始终存在的，因此产生焦虑的“源”也是客观存在的。关键在于我们如何正确对待和积极处世。

一般人都有过程度不同的焦虑体验，因为焦虑是人大脑中的一种固有“程序”，每当人们觉察到某种潜在威胁时它就会自动“启动”，提醒自己未雨绸缪，及早防

范，避开危险。由此可见，焦虑反应是有一定积极意义的，而且绝大多数焦虑也都是由一定的原因引起，因此是可以为大家理解的，属于正常的焦虑反应。

正常的焦虑反应是指"合理"和"不过分"的焦虑，所谓"合理"是指焦虑反应的发生是有原因的，以生活事件居多；"不过分"指焦虑的严重程度与引起焦虑的原因性质和严重程度基本一致。而异常焦虑是指"不合理"和"过分"的焦虑反应。虽然二类焦虑的发生都是有一定原因的，且会引起生理反应，但仍然存在着明显的区别，其区别主要表现在于：焦虑引发原因的可理解度和对焦虑的反应度。异常焦虑不但反应的强度和持续时间过强、过长、与个人和现实的实际情况不相称，而且情绪反应的强烈异乎寻常最终不能自控，需要获得医学帮助。

还有些人无明显原因而不适当地焦虑，焦虑的程度严重，持续时间过长，而且多次服药试图解除焦虑，并导致社会或生理功能损害，为此病人明显感到痛苦，甚至走上轻生的道路。这就很有可能是患了焦虑症。可见焦虑反应表现过度就会成为焦虑症患者。

焦虑症是一种以广泛和持续性焦虑或反复发作的惊恐不安为主要特征的神经症性障碍。常伴有头晕、胸闷、心悸、呼吸急促、口干、尿频、尿急、出汗、震颤等植物神经症状和运动性紧张。患者的焦虑情绪并非由实际威胁或危险所引起，其紧张不安与恐慌程度与现实处境很不相称。女性患病率明显高于男性。

焦虑症患者在不发病时与常人无异，难以识别。城市轨道交通的管理和服务人员必须要学会识别焦虑症乘客，一旦这些乘客情绪表现失常时，能够及时施以援手，不使客运环境受其影响或将影响降到最小。

在轨道交通乘客中，当发生运营故障、造成运营延误或停运而车站又没有及时提供相关信息时，往往会引发大多数乘客的焦虑情绪。乘客们正常的焦虑情绪比较集中地表现为："坐立不安"、"来回走动"、"四处张望"、"自言自语"、"频频问讯"等外在行为。对此服务员应该及时找出引发乘客焦虑的原因，采用广播、通告等形式消除乘客的焦虑源，对个别乘客也可以采用有针对性地及时提供安慰性的语言或给以理解和安抚的目光，这些都能有效减轻乘客的焦虑反应。

某些乘客的焦虑反应，尤其是胆汁质型气质的乘客，在某些极端情况下，还会发展成歇斯底里、大吵大闹的现象，虽然这种现象在广大乘客群中是属于少数人，但一旦发生影响是极坏的，因此要求服务员保持高度警惕，以免局面失控。

5.3.3 恐惧情绪

先举一个例子：当某人站在一个较高的地理位置时，即使这个地方是相当安全的，但是他依然可能会想：不怕一万就怕万一，天哪！我不会掉下去吧？万一掉下去……，这样的心理活动就使人产生了一种恐惧心理，因此，所谓的恐惧心理，是在真实或想象的危险中，个人或群体深刻感受到的一种强烈而压抑的情感状态。其表现为：神经高度紧张，内心充满害怕，注意力无法集中，脑子里一片空白，不能正确判断或控制自己的举止，变得容易冲动。

这里所说的恐惧不是指的那些怕穷啊，怕失去亲人、爱人啊等担忧的心理感受，而是对某种事物从内心产生的害怕感，是一种心理现象。

科学家认为，人类天生具有恐惧的功能。恐惧症是每个人或多或少都有的特征。不管是大人物还是小人物，不管是高层领导还是普通百姓，都存在与生俱来的恐惧心理，只是因人而异各自具有不同的表现罢了。英国女王伊莉莎白一世对玫瑰有难以言喻的厌恶；心理学家弗洛伊德不敢旅游；爱德华七世遇到号码13，马上手脚发软；英国名作家山姆强森每次进家门，一定得在家门口跳舞等等。这些非同寻常的现象从本质上讲，都是他们各自为掩饰其内心的恐惧心理而采取的某些措施而已。

应该说恐惧是人类最基本的情感之一，也是人类一种重要的心理反应。这种反应增强了保护自己和逃避危险的能力。另一方面，恐惧也可以使人的意识变得狭窄，判断力、理解力降低，甚至丧失理智和自制力，使行为失控。生活中的紧张事件，如战争、车祸、迁居、升迁等引起的生活方式和社会地位的改变，可致高血压、溃疡病等发病率的明显上升、丧偶6个月的妇女，其冠心病发病率为正常妇女的6倍，这都说明恐惧会引起一系列生理反应，包括肾上腺素分泌增加，心跳加快。过度恐惧还可使冠状动脉痉挛，心动过速，心律失常，导致心绞痛和心肌梗塞。长期处于恐惧状态中，会严重地影响其寿命。实验证明：两只同窝出生的羊羔在相同的阳光、水分、食物条件下生活，一只与拴着的狼为伴，它将因恐惧而不思饮食、消瘦而逐渐死亡，另一只则可以健康地生长。

在正常情况下城市轨道交通的乘客一般不会产生恐慌情绪，只有在轨道交通发生非正常运营事件时，而乘客又不被告知具体信息，才会引起恐慌。

例如：列车在车站停留时间已经超出了乘客认为的平时正常停车时间，但仍然没有发车迹象，车站和列车又没有相应的广播告示，在乘客中就会慢慢地滋生一种怀疑情绪逐步演变成猜测、进而上升为恐惧感。当极度恐慌的情绪在大多数乘客中成为主流时，也就是车站客流组织面临失控的临界点。由于恐惧心理在人群中具有感染性，其蔓延速度与乘客对危险性的预测和心理承受能力有关。恢复正常客流秩序的最有效手段就是尽快以权威身份向乘客告知造成当前局面的原因及目前的措施，对乘客配合提出明确要求，才是避免客流组织失控的有效措施。

正因为恐惧是人类逃避危险的本能，是人类与生俱来、先天就具有的心理特征，因此人类的恐惧本能可以使他们远离危险源，获得安全感。

在城市轨道交通客运管理的范围内，对个别乘客的恐惧情绪如果不能及时消除,往往就会在其他乘客中弥漫和扩散,造成群体性惊慌,甚至使客运秩序失控。因此城市轨道交通客运管理人员必须及时消除乘客的恐惧情绪。最有效的消除乘客恐惧情绪的办法是让他们认识到:事态已经得到控制、危险源已经消除、整个局面尽在掌控之中;对于一时难以消除危险源的事件,则可以使他们及时了解危险源之所在和正确的躲避方法,一般就能因势利导地对处于恐惧中的人群进行合理的组织和疏导,这也是轨道交通车站在非正常运营中遇到突发事件时,车站服务员应当和必须进行客流组织和疏导的原理。

5.3.4 怀疑情绪

在汉语中,怀作胸中解;疑就是疑问,因此怀疑就是胸中存有疑问。人的心中存在疑问就会产生释疑的心理要求。对于我们大多数人而言,最简单也最方便的释疑方法就是向权威人士求教。向老师请教就是最常见的方法。

早在唐朝,文学家、哲学家韩愈(768～824)就曾在《师说》一文中说:"古之学者必有师。师者,所以传道受业解惑也。人非生而知之者,孰能无惑?惑而不从师,其为惑也,终不解矣。"其意就是:古代求学的人必定有老师。老师,是传授道理、讲授学业、解答疑难问题的人。人根本不是生下来就什么都知道的,谁能没有疑惑呢?有了疑惑,如果不跟从老师学习,那些成为疑难的问题,就始终也不能解开。

由此可见怀疑心理是人类与生俱来的本能、是人类最基本的心理现象之一。

1. 怀疑情绪无对错之分

由于怀疑的实质是人在内心并不相信事物的表面现象,于是就会产生寻找事物真相的心理冲动,这就产生了人的释疑行为。在人类的释疑行为中,怀疑情绪往往是释疑行为发生的诱因。

人的释疑行为本身并无优劣之分,因此怀疑情绪本身也没有对与错的区别。

在科学研究领域是大力提倡科学家怀疑精神的,因为只有怀疑和批判精神才是推动科学进步的重要因素。

人类的社会实质上是一个存在权威的社会,一部分高位者对低端人群实施管理,这些管理者就不希望被管理者对自己的管理权威产生怀疑。站在被管理者的立场上,如果有人产生怀疑并且采取行为,往往就被冠以"挑战权威"的桂冠。

在公共服务场合就需要树立管理和服务人员的权威,才能实施有效的管理,这种管理的权威性是不应当被轻易怀疑的。如果在城市轨道交通的车站中,由于个别乘客的怀疑情绪,进而发生"挑战轨道交通管理权威"的行为,必然就有不服从服务人员管理的实际后果,就会造成公共秩序的混乱。这是任何公共服务场合的管理者都不希望和必须避免发生的现象。

公共服务场合管理者必须及时发现和消除个别人的怀疑情绪。

2. 怀疑情绪的消除方法

心中存疑是怀疑情绪产生的根源，只有消除了人们心中的疑问，也就消除了怀疑情绪的根源，要消除怀疑源最有效的方法是信息的准确性不容怀疑和信息获得渠道的方便、公开。

（1）权威信息

信息的准确性不容怀疑的最简单和能获得人们认可的途径是信息发布部门的权威性，人们对权威部门发布的信息，一般是不会怀疑的。

各级政府机构以其政府的公信力而获得人们的信任，例如：国家和政府的新闻发布会上的消息、党和国家领导人的讲话、各级管理部门的对外讲话等等，都可以起到信息传递和释疑的作用。

（2）公示天下

人们产生怀疑情绪的另一个重要原因是不知道如何获得正确的信息。

权威部门的文字或声音，虽然具有信息发布的权威性，对于消除人们的怀疑情绪是十分有效的，但是还需要有“广而告之”的发布渠道。例如：政府的红头文件、报刊上公开的通告、轨道交通车站公告栏的告示等有效的信息传达，都可以有效地消除人们心中的疑惑，从而消除人们的怀疑情绪，因此要重视城市轨道交通车站公告栏的信息发布在消除乘客怀疑情绪方面的重要地位和作用。

（3）实际效果

人们常说“事实胜于雄辩”、“让事实说话”，这是因为只有当人们看到了实际的事实，心中的疑惑也就自然获得了释放，但是在日常生活中，我们更多地往往是听到人们反复询问：“是吗？是吗？”这实际上就是一种怀疑心理的表现。

当人们在遇到“之前从未遇见过”的情况时，也就是“没有以往的经验可以参照”时，从心理上往往自然而然地就会产生一种疑惑感。例如：韩国大邱地铁车站发生火灾时，对大多数乘客而言，就是“之前从未遇见过”的情况，立刻就会产生一种“没有以往的经验可以参照”的心理恐慌和究竟应当如何应对的疑惑感，“此时我该怎么办”就是彼时彼地那些韩国乘客内心的真实心理。

当然城市轨道交通车站的火灾是不会经常发生的，但是运营突发故障的发生，在目前还是难以完全避免的，一旦发生运营故障时，管理和服务人员必须明白，车站的广播就是一种“告示天下”的权威手段，虽然广播者并不与每一个乘客直接见面，但是每一位乘客都知道，车站广播这种信息发布方式就传达了管理者的意图，就是一种权威性的信息传达。

此外，穿着轨道交通工作制服工作人员的现场指挥，也同样能起到权威性的现场管理效果，这也是由于工作制服证明了：此人是代表城市轨道交通客运服务部门在实施管理的，体现了管理的权威性。正是由于管理者身份所具有的权威性，才能对乘客实行有效的管理。

5.4 自我牵挂情绪

牵挂的本意是因关心、放心不下而想念。自我牵挂就是:过分关心和注重自己,总想深入了解自己在他人心目中留下的印象。

自我牵挂实际上是每个人都天生具有的一种普遍的心理现象。指我们将外界和自我牵连起来的一种倾向,总在想象着外界事物对自己是否影射着某种意义,即假设外界事物对自己影射着某种意义,特别担心对自己不利的影响。例如:当你走进办公室时,人们突然停止了谈话,这时在心理上往往会产生怀疑:他们是否正在议论自己?这种现象通常是一过性的,而且经过片刻的疑虑之后就会省悟过来,其性质和内容与当时的处境联系紧密。

自我牵挂现象的产生,究其根源就是人们天生就有对自己的关心或也可以说牵挂。过分的自我牵挂会发展为以自我为中心的偏激心理。

在当前的中国社会,独生子女已经占了相当比例。不可否认,在独生子女中,自我牵挂的现象就更为显著,这与他们成长的环境有较大关系。他们从小就生活在以自我为中心、其他人都在围着他们转的环境中,因此他们的心中,自我牵挂的成份较大,心理现象更显著,行为表现也更有特征。

据不完全统计,在上海的城市轨道交通乘客中,年轻乘客的比例约占到60~70%,其中独生子女在年轻乘客中又占有较大的比例,因此是一个不容小觑的乘客群体。对这些乘客的心理特征和情绪表现将在第七章中专题分析。

5.5 自笑、自嘲、自言自语情绪

自笑、自嘲、自言自语也是生活中常见的一种心理现象。

自笑和自嘲就是自我嘲笑,也就是以自我为对象进行调侃、嘲笑。

自笑是一种难能可贵的境界。笑自己的人必定明智,笑别人的人难免愚蠢。自笑之后一般就是在我检讨与自勉,而笑别人后则往往是一种肤浅的满足。如果等到别人来笑自己,那就更是只剩下愧悔和遗憾了。

在日常生活中,几乎每个人都会遇到一些让人感到难堪的玩笑,如不知怎样调节情绪,沉着应付,往往就会陷入窘迫的境地;此时如能采取适度的自嘲或自笑,往往就可以化解困境,不但使自己在心理上得到安慰,而且还能使别人对你有一个重新的认识。

例如:有一次在一个舞会上,一位个头偏矮的男子去邀请一个身材窈窕的女子跳舞，可女孩却拒绝说："我从不与比我矮的男子跳舞。"该男子听后稍微一愣，继而淡淡一笑说："我真是武大郎开店—找错了帮手。"该男子的一句自嘲就化解了当时的尴尬局面。自嘲的艺术手法在相声、小品中也经常运用。

大家都知道当前的社会发展迅猛、生活中的竞争也很激烈，因此人们在精神方面的压力也比较大，自言自语往往也是一种释放压力的手段。

经统计，喜欢自言自语的主要是感觉生活压力大和易紧张的人群，其中更以竞争激烈的上班族和学生为主。他们往往在筋疲力尽之时，对自己说一句：别紧张，别着急，慢慢来，无论是有声的话还是内心的独白，这句自我安慰的话就好比一剂清凉的薄荷，能使自己重新调整情绪，给急速膨胀的紧张情绪和心理压力泄泄气、松松土，因此适度的自言自语实际上是一种精神上的放松剂。

心理学家认为：自己的声音有镇静的作用。在和别人交流时，偶尔听听自己的声音，能让心中产生安全感和平衡感，从而促使自己更积极投身于社会交往。一个懂得掌握自嘲、自笑的人，就等于掌握了制造愉快和摆脱困境的能力及反嘲别人的权利。因此，在生活中，面对别人的冷嘲热讽，你不妨试试使用自嘲、自笑的方法，也许会收到意想不到的效果。

上班族、青年学生正是轨道交通在高峰时段的主要客流人群，生活节奏快、工作压力大、竞争激烈等现实给他们造成很大的精神压力，形成心理的波动，在乘坐地铁的过程中，特别敏感和易发火。车站的管理和服务人员应该理解这些乘客的心理特点，耐心细致地提供服务，有时服务员也可采用自嘲的方式，化解与乘客的争执。

例如：有一次当某乘客因列车误点而向车站某服务员发难时，车站服务员一再地解释由于客流量大造成列车误点，被乘客认为是强词夺理而不被接受，再三的解释反而引起争执，惊动了车站站长，他在了解了造成争执的原委后，用自嘲的口吻说：列车太贵、地铁太穷，多买一些列车可能就不会误点了，好在列车也快进站了，您快准备上车，以免下一站的乘客等的时间更长。站长一番话不但避免了矛盾的扩大，也隐隐地说明了列车准点也要得到乘客的配合，一场服务员与乘客因列车误点引起的争执就这样化解了。

自嘲虽然可以化解矛盾，但是也有一个度，掌握不好极易变成嘲讽，反而引起乘客反感。如果在上述事例中，站长再多说一句自嘲的话：我太穷，买不起私家车，否则也不会误点了，必然会使乘客感到站长在讽刺自己，自嘲成为嘲讽，不但不能解决矛盾，反而会激化矛盾，因此自嘲必须掌握适度的原则。

心理现象因人的性格特征不同而有多种表现，一吐为快的发泄往往也能够调节紧张和疲惫的身心。如果某位乘客反复不断地向服务员询问、解释、介绍情况，很有可能他正在一吐为快的解释中调整自己疲惫的身心，服务员就应该充分理解，耐心或技巧性地进行诱导，绝对不应断然拒绝倾听乘客倾诉或予以呵斥。

对于较长时间在站台逗留、口中自言自语，列车到达也不上车的乘客，尤其是发生在站台上无屏蔽码的车站，服务员就需要特别留意和关心，不能排除这些乘客有过激情绪甚至发展为自杀倾向，这在现实的轨道交通车站服务中是有实例的。例如：在2006年春节过后的第一个工作日，上海地铁3号线某车站发生一起乘客擅自跳下站台自杀的事件，事后据其他乘客反映，候车时听到自杀乘客生前在站台上自言自语，由于急着上班，就没有留意。后据心理学家分析，自杀乘客的自言自语是他临终前的心理反映，是发生在他内心深处对生或死的思想斗争在不经意中的表露，如果有人能及时的劝解，可能是对乘客生命的挽留，不但可能排除乘客的轻生念头，也使运营能保持正常。善于观察和分析乘客心理，预见乘客可能发生的行为，并及时化解有害行为，有助于乘客人身和运营安全。

上面简单介绍了乘客在日常生活中的一些常见的心理表现，虽然实际上并不是每位乘客在乘坐轨道交通的过程中，都会将上述种种情绪全部表现出来的，但是以提供服务为目标的城市交通客运管理部门，还是应当掌握乘客可能表现出来的全部情绪。

以上仅仅还只是对乘客们自然表现出来的心理现象的简单归纳。作为轨道交通服务人员需要通过观察乘客的这些行为表现，经过心理分析，探究其心理活动，摸准他们的所思、所盼、所欲、所为，然后才能有的放矢地提供优质的服务。

实际上我们在工作过程中所面对的乘客行为表现，决不可能仅仅如上文所述的这么简单，由于轨道交通客流数量的庞大和个人的心理特征各不相同，因此各位乘客在乘车过程中的表现也不尽相同。更常见的是同一位乘客的情绪表现是多种心理的混合，例如：遇到轨道交通车站的突发事件时的乘客表现，有焦虑、有恐惧、有歇斯底里、有自言自语、有在焦虑中混杂着恐惧、也可能由焦虑发展为歇斯底里等等，不一而足。

车站管理和服务人员，肩负着组织、管理、疏散乘客的职责，就要充分理解和熟悉这些乘客的表现，区别对待，合理运用心理学的分析原理，才能确保乘客的人身和客运组织生产的安全。

思 考 题

1. 何谓情绪？是如何产生的？情绪包含哪些基本元素？
2. 人类的基本情绪有哪些特点？
3. 如何区分人的正面情绪和负面情绪？

4. 哪些是人类情绪的基本形式？
5. 情绪调整的方法有哪几种？
6. 情绪调整与心理调节有何关联？
7. 心理调节有哪些原则和方法？
8. 哪些是常见的乘客情绪表现？

第6章　出行乘客的心理期望

城市轨道交通的作用是缓解城市公共交通的拥堵状况，服务的对象就是广大乘客。作为一名消费者，乘客内心对城市轨道交通提供的服务是有一种期望值的。从字面上讲，期望就是是期待与希望，从本质上讲期待就是对未来情况的估计，实际上乘客在出行前往往就自觉或不自觉地设想出一种标准，希望在出行过程中将要受到的服务是符合自己预期标准的，这就是乘客的心理期望。乘客的心理期望通常包括对所受服务的品质预期和出行花费的心理价位等。

由于任何一座城市的轨道交通乘客都不仅仅局限于本市居民，必然还包括许多非本市的乘客需要乘坐轨道交通出行，因此城市的轨道交通服务和管理质量，对身份不同的乘客就有不同的含义：在本市市民面前，代表的是城市地铁的形象；但是对国内乘客而言，就代表着这座城市的形象；至于对外国乘客而言，往往就代表了中国的形象。例如：我们经常可以听到出国旅游回来的朋友，在聊到某个城市的服务质量或治安情况时，总是说这个国家如何如何。因此有人说：城市轨道交通的服务质量就是一座城市甚至一个国家的名片。

历史背景、民族文化、风俗习惯、个人性格、教育程度等差别，必然造成不同城市、不同国家的乘客在个性心理特征方面存在着差异，即使都是同一座城市的乘客，也因各位乘客人格的不同，而对地铁客运服务的要求有所不同，因此需要对常见的乘客心理有所了解。

前文已对乘客的常见情绪做了分析，然而情绪的产生只是人在受到外界事物刺激时所产生的心理反应，而城市轨道交通乘客的出行是一个过程，正常情况下，乘客的出行过程很少会受到意外事件的刺激，也较少出现异常的情绪表现，但是城市轨道交通需要提供哪些服务才能满足乘客的心理期望呢？本文主要就是分析乘客在出行过程中的心理期望。

6.1　乘客的时效期望

城市公共交通的种类很多，公共汽车、出租车等地面公共交通工具都是可供公众选择的出行工具。与地面公共交通工具相比，城市轨道交通有何优势呢？快速、准点就是城市轨道交通优于地面各类公共交通工具之处，也是乘客选择轨道交通作为出行工具的主要原因，因此快速、准点就是乘客对城市轨道交通的基本要求和心理期望。

时效是指:在一定时期内能够发生的效用,其中的效用是指:消费者对使自己的需求、欲望等得到的满足的一种度量。因此时效可以解释为:在一定时期内能够发生的消费者对使自己的需求、欲望等得到的满足的一种度量。据此乘客的时效心理就可以解释为:在出行的时期内,乘客在心理上对行程耗时少、途中行驶快、抵达时间准等目标值得到满足的一种度量。可见,城市轨道交通乘客早在乘坐地铁前,就在心理上对时间花费有着一个允许的预估值,一旦实际耗时超出这个预估值,就会引起乘客的心理波动。

6.1.1　时效性要求的乘客分类

时效性是乘客选择城市轨道交通出行的重要原因之一,借助地铁出行的乘客都希望能快捷、准点地抵达目的地,然而由于不同的乘客为路途耗时留用的时间不同,即各人预期花在出行上的时间是不同的,因此在心理上对时效的要求就有强弱之分。一般来说准备充分的人预留的路途耗时就要比他人更宽裕些。

人们因工作或学习等原因,往返于住所与工作单位或学校的行为就称为通勤,因此可以按照乘客出行目的和动机,可以将城市轨道交通乘客群分为:通勤乘客群和非通勤乘客群两类。

两类乘客群在时效的要求上是有区别的,由于工厂或学校都有严格的作息时间表,因此通勤人群就必须在作息时间表规定的时间前抵达工厂或学校,所以通勤人群对自己的时间要求就格外严格。

借助地铁的通勤人群就形成了城市轨道交通的通勤客流,他们对自己在路途上耗时的严格要求就转化为了对城市轨道交通的时效要求。

6.1.2　时效心理最强的乘客群

时效心理最强的乘客就是需要赶时间的人群,对于有规定时间限制要求的乘客而言,如果轨道交通不能按时到达目的地车站,就不能在规定的时间要求内抵达而耽误下一步的行动计划。例如:赶往机场、火车站、港口的乘客;赶着去上班或上学的乘客群,后者已经定义为通勤乘客;则前者就可以定义为赶点乘客群。无论是赶点乘客还是通勤乘客,他们为了能够按时抵达,都会对轨道交通有强烈的时效要求。

对于城市轨道交通而言,赶点乘客的出行规律具有不可预判性和发生几率的随机性,相比之下通勤客流就有较强的可预估性和规律性可寻。

通勤客流又分为上班或上学与下班或放学两类,前者主要集中在工作日上午的某一时段;后者则主要发生在下午的某一时间段后,因此前者构成了城市轨道交通的早高峰客流；而后者则形成了晚高峰客流。

早高峰通勤客流是赶着去上班或上学，因为担心迟到，因此对时效的要求更高些，而晚高峰的通勤客流由于已经结束了一天的工作或学习，除了另有约会或有时间约定的其他活动外，这一段时间已经属于自己可以随意安排的时间了，因此对时效的要求值已经大大降低了。

由此可见，在城市轨道交通的乘客群中，早高峰时段的通勤乘客和赶点的乘客群是时效心理最强烈的乘客群体。

6.1.3 乘客的时效心理和行为特征

乘客的时效心理本质上是出于对城市轨道交通所具有的快捷、准点特点的认同，因此时效心理是公共交通通勤乘客和赶点乘客最常见、最基本和最重要的心理状态。这种心理状态尤其容易集中发生在：赶点乘客出行的全过程中和通勤乘客出行过程的早高峰时段，乘客在受时效心理的影响下，往往会左右自己的行为和情绪，例如：如果预估路途耗时在自己的计划范围内，心理和情绪就容易保持平静；否则，就会因焦急心理而引起忧虑、担心、着急甚至发怒的情绪。

当乘客的出行要求是赶点、上班或上学时，时效性需求往往是赶点乘客和通勤乘客考虑的第一要素。

对城市轨道交通客运部门而言，在正常情况下，对留有充足路途耗时的赶点者和通勤者们，满足他们的时效心理应该是最低的服务标准；对于因运营故障可能造成的路途耗时增加的情况，首先就需要及时向他们通报，对于赶点和通勤乘客，及时换乘其他交通工具是最佳的替代办法。

具有时效心理的乘客行为表现也有其特点，其行为基本上是围绕着经历减少路途耗时而展开的，例如：通常会采用加快出行过程中步伐的节奏，尽可能地减少在整个通勤出行过程中的步行距离等等。表现在乘坐轨道交通工具时，赶点和通勤乘客往往会选择走车站入口到站台最近、耗时最少的路线；在站台或列车上总喜欢站在离目的地车站的出站口或换乘通道最近的车门乘降，以便到站后能迅速出站，尽量避免因受大量人流的影响而不必要地延长路途耗时。

由于赶点乘客的发生具有不可预知性，因此在城市轨道交通运营的任何时段都有可能存在赶点乘客。由于赶点乘客在数量分布上的离散型，从时间段面看，赶点乘客在数量上相对较小，且客流延续的时间也不具有持续性，因此要求城市轨道交通车站的管理者和服务人员要勤于观察、善于发现，及时提供服务。

与赶点乘客相比，通勤乘客具有数量大、发生的规律性强的特点，轨道交通按图运营的特点也形成了列车到站的准时性，而已经掌握列车运行规律的乘客也养成了在站台的某个固定位置候车的习惯，因此经过一段时间的仔细观察，在站台上候车的工作日通勤乘客，具有“老时间、老地点、老面孔”的三老特征。

工作日的通勤乘客在运营正常的情况下，一般并不需要特别关注，他们往往是最守纪律和最安静的乘客群，但是一旦在轨道交通突发事件，且部分乘客觉得车站的处置不尽如人意时，其中个别具有个性者，就有可能会成为带头寻衅的乘客，车站管理者和服务人员应当掌握这些乘客的时效心理和行为特征，加以诱导，防止车站客运秩序的失控。

6.2　乘客的舒适期望

从字面上就可以发现舒适是舒与适二个字的结合，而实际上舒与适不但是二个完全不同的概念，在内涵方面更具有不同的要求：前者具有张扬和扩展的内涵、后者则具要求约束和控制，如此不同的二个字，合在一起形成的词究竟应当如何定义呢？城市轨道交通的乘客对舒适又有哪些期望呢？

6.2.1　舒适的含义

1. 舒的汉字含义

每个人在生活中都是需要占有一定的空间的，当人的活动空间受到限制，在生理就会感觉局促不安、在心理上就会产生压抑感。

《辞海》对舒的解释：舒具有展开、伸展、舒展、舒畅、舒张等含义，主要是身体的舒展而使个人体会到的一种生理上的一种愉悦感，确保个人有足够的活动空间是使人产生愉悦感最基本的基础。古代采用囚车、枷锁、铁链等刑具，限制囚犯身体的舒展和活动空间，就会使罪犯感觉难受；在西方同样也有利用铁面具、铁链、脚镣等刑具，限制囚犯人身自由的案例。至于监狱和狭小的牢房，除了防止囚犯逃脱外，对囚犯身体的舒展和对活动空间的限制，也使犯人从生理上感觉难受。人们外出旅游，就是为了在大自然中可以尽情的舒展自己的身体、增加活动空间，以此来获得身理和心理上最大的欢愉。

2. 适的汉字含义

适就是合适，具有适应、适当、适度、适合等含义。

生活中的每一个人都不可能随心所欲、我行我素，还需要考虑自己的活动对他人的影响度和社会的接受度，因此需要有一定的克制，也就是个人的行为举止要适度。例如：乘坐轨道交通的乘客上车后，都希望有一个座位能舒服地坐到目的地，然而有限的座位数量限制了大部分乘客的期望，后来的乘客既不能将原先坐着的乘客赶起来、也不应该为一个座位就发怒，站立的乘客必须等坐着的乘客主动让座或下车后，才能就坐，这就乘客对自己愿望的克制，也是社会对乘客在公共场合的基本要求,这种在公开场合应当对自己的愿望和行为适度控制,以减少对他人的影响和被社会所接受,已成为人们的共识。

人们在与社会接触中,不能无节制地放松自己,必然需要控制自己的言行,才能获得身心的愉悦,这种控制度就是适度。

3. 舒适的含义

适度就是要求人们学会控制、约束自己,而舒服这是人们对愉悦的追求、放松,这二者看似是矛盾的,为何二者合在一起反而成了人们追求的境界了呢?

如果每个人都不加节制的追求舒服,就一定会影响到其他人,实际上如果每个人都无约束地追求个人的愉悦,必然会影响到其他人,所以我们说个人追求自己的舒服并没有错,但是必须适度,以不影响其他人的正常权利为底线,只有在不妨碍其他人利益的前提下,才能最大程度的实现自己的身心愉悦,所以我们追求的不是绝对舒服,而是适度的欢愉,适度的舒服就称为舒适,即:舒适是适度的舒服或适当的舒畅所带给人们的身心愉悦感觉。

舒服就是让人身心感到安恬、称意,适意就是称心和合意,要称心、合意首先就不能受到别人的呵斥,就要把自己的舒服度控制在自己和他人都能接受的限度内,这就是舒适的真正含义。也可以说:舒适是生命的自然状态及心理上的需求,得到满足以后的感觉。所以舒适是一种令人感觉良好的,令神经活跃的正面情绪,正面情绪有利于人生理和心理的健康发展。

在实际生活中我们也能发现,人们都有一种尽最大可能,在条件许可的情况下追求舒适的心理。例如:即使是久病卧床、周身无力的病人,也会用翻身、叹气、伸腰等方法使自己稍微舒服些。

由此可见,追求舒服是人类的本能,任何人都会自觉或不自觉地在生活中追求舒适,这是人类与生俱来的一种本能,因此城市轨道交通乘客在出行过程中的舒适心理是始终存在的、也是可以理解的,但是应以不妨碍其他乘客为前提。

6.2.2 乘客的舒适心理

城市轨道交通所采用的现代化先进技术和人性化的服务理念是乘客舒适心理的本质,对城市轨道交通的乘客而言,舒适心理表现为尽可能地追求一种比较舒适的乘车环境。正如市民在选择公交车出行时,只要条件许可,一般不愿意选择非常拥挤的公交线路和拥挤的车辆,且希望能上车后能够有个座位,舒适地享受出行过程。对于乘坐轨道交通的乘客同样也有类似的预期心理,总希望在车厢内能找到座位,当然乘客也会根据车厢的拥挤度,适度地降低期望值,但至少也要有一个能让自己较舒服地站着的地方,以此来满足乘客舒适心理的期盼。

1. 追求时效、放弃舒适期盼

对于时效要求高,即路途预留较少时间的乘客而言,当路途用时与舒适要求发生冲突时,在乘客看来,舒适的重要性将逊于赶点要求,于是再拥挤的车厢也会努力地挤上去。例如:在早高峰时段我们就会发现,当通勤乘客发觉时间已不允许他们继续等候较不拥挤的列车时,他们会放弃对舒适性的要求,拼命地希望能挤上列车,甚至不惜吊住列车,大有:"不让我上车,列车就别想开走"的气势,试想在这种情况下,即使能挤上列车,身手都无处摆放,与其他乘客前胸贴后背,谈何舒适,究其目的,不外乎为了确保将路途耗时控制在原定的计划内而已,因此不得已只能放弃对乘车舒适度的期盼。

城市轨道交通早高峰时段,就常可看到在通勤乘客们中发生的上述现象,这也已经成为工作日早高峰时段车厢拥挤和列车误点的重要原因之一。

2. 追求舒适、不计路途耗时

在无突发客流的前提下,城市轨道交通各车站的日常客流及其变化情况,基本是相对稳定的,因此对于了解人群在各车厢分布情况的乘客而言,就会有意识地为自己创造尽可能的舒适条件。例如:由于车站的楼梯布置一般都是沿车站中线均布,因此进站停靠列车的首尾二节车厢,其停站位置距离车站楼梯的距离一般都较远,该二节车厢内的客流也相对较少,车厢内也就显得就不太拥挤,某些对乘车舒适度要求比较高的乘客,便会在候车时多走几步,选择在首节或末节车厢乘降,以争取在拥挤的条件下,仍能最大程度地满足自己追求舒适的心理。又如:在运行列车终点站的前一站、甚至数站,总有一些为了能从起点站获得一个座位,反向搭乘列车到终点站,在列车折返后抢占一个座位,这样在此后的整个出行过程中,都能比较舒适地坐着,尽可能为自己创造一个较舒适的乘车环境。

3. 兼顾时效、追求适度舒适

兼顾时效、追求适度舒适是大多数乘客的心理。乘客选择城市轨道交通作为代步工具的一个很重要的原因就是因为列车运行的快捷和准点。因此时效性是乘客重要的考虑因素,但是随着客流量的增加,城市轨道交通也面临着运能与运量的矛盾,运能的不足就必然造成乘客的拥挤,也就降低了乘客对舒适度的期盼,因此在运能不足的形势下,尤其在早高峰时段,对乘客而言,时效与舒适成了一对不可兼得的矛盾,实际上大多数乘客选择的就是兼顾时效、追求适度舒适的心理。例如:如果乘客预留的路途耗时较富裕,对于过于拥挤的列车就会放过,等下一班列车,虽然时效要求是降低了,但相对会舒适些;反之,就会千方百计地希望挤上这班列车,宁可牺牲舒适也要追求时效。

乘客的这种心理现象是大多数乘客的正常的心理现象,车站管理和服务人员应当正确认识乘客追求舒适的心理,做好客流组织工作。

6.3 乘客的安全期望

在古代汉语中,并没有安全一词,但“安”字是经常被使用的,并在许多场合下表达着现代汉语中安全的意义,传达出古人对安全的理解和概念。例如:《周易·系辞下》中的“是故君子安而不忘危,存而不忘亡,治而不忘乱,是以身安而国家,可保也。”翻译成现代文就是:君子在自己身处安定的环境下时,仍能时刻不忘周围危险的存在,在得以生存下来的时候,仍能不忘记自己总有一天会面临死亡,在尽到自己管理一方的职责时,仍能不忘记如何减少骚乱事件的发生。只有如此才能使人民安身乐业和确保国家的安全。在这段话中:“安”是与“危”相对的,正如同“危”表达了现代汉语中“危险”的含义一样,“安”代表的就是“安全”的概念。

作为现代汉语的一个基本语词,在各种现代汉语辞书有着基本相同的解释。都包含有:平安、治安等意。

6.3.1 安全的涵义

人们经常把安全与“不受威胁”、“不出事故”等联系在一起,但是,我们不能因此认为“不存在威胁”、“不出事故”、“不受侵害”就是安全的特有属性。必须指出:安全肯定是不受威胁、不出事故、不受侵害的,但是不受威胁、不出事故、不受侵害并不一定就安全。实际上对安全的威胁包括外部因素和内部因素。例如:只有在全体乘客配合和系统内部各专业良好运作的前提下,才能确保城市轨道交通运营的安全。由此可见即使主体没有受到外部威胁,但却因内在因素而不安全时,也是一种不受外部威胁或没有外部威胁状态下的不安全状态。

既然不存在威胁、不受威胁、不出事故、不受侵害等等,并不是安全的特有属性,那么,什么才是安全的特有属性呢?

1. 安全的特性是没有危险

现代对安全比较一致的认识是:不受威胁,没有危险、危害、损失。也可以归纳为“没有危险”。因为没有危险的状态是安全的,因此没有危险就是安全的特有属性,也可以说安全就是没有危险的状态。

无论是安全主体自身,还是安全主体的旁观者,都不可能仅仅因为对于安全主体的感觉或认识不同而真正改变主体的安全状态。一个已经处于自由落体状态下的人,不会由于他自我感觉良好而真正安全;一个躺在坚固大厦内一张坚固的大床上而且确实没有任何危险的人,也不会因认为自己危在旦夕就真的面临危险。因此,安全是指一种没有危险的状态。

2. 承载安全的主体

没有危险作为一种客观状态，并不是一种实体性存在，而仅仅是一种属性，因而它必然需要依附于一定的实体。例如：当安全依附于人时，就是“人的安全”、依附于国家时，就是“国家安全”、依附于世界时，就是“世界安全”，依附于城市轨道交通，就是“城市轨道交通安全”。

这些承载安全的实体，也就是安全所必须依附的实体，就是安全的主体。在定义“安全”的概念时，应当把安全是一种属性而不是一种实体这一特点反映出来，由此可以进一步说：安全是主体没有危险的客观状态。

3. 安全与安全感

安全是客观的存在，与安全感是两个完全不同的概念，最主要的区别在于：前者是客观存在的一种状态、而后者是人们主观的认识，是对自身安全状态的一种自我意识、自我评价。

安全感首先是一种感觉、是一种心理；是由一方的表现所带给另一方的感觉；是一种让人可以放心、可以舒心、可以依靠、可以相信的整体表现带来的。

自我意识和自我评价后产生的安全感与客观存在的安全状态有时比较一致，有时可能相差甚远。例如，有的人在比较安全的状态下感觉非常不安全，终日里觉得处于危险中；也有的人虽然处于比较危险的境地，但却认为自己很安全，对危险视而不见。这种现象除了说明安全感与安全的实际状态有时并不完全一致，同时也说明了“安全感”与“安全”是两个不同的概念。

安全本身虽然并不包括安全感这样的主观内容，且安全作为一种客观的状态也不包括主观感觉，甚至可以说它没有任何主观的成分，是不依人的主观愿望为转移的客观存在，但依然在很大程度上影响着人们的安全感。

安全感是对可能出现的对身体或心理的危险或风险的预感，以及个体在应对处事时的有力或无力感，主要表现为确定感和可控感。

安全感虽然不能归结为安全所包含的内容，但它确实是一种客观存在着的主观状态，是在研究安全问题时需要研究的。例如：城市轨道交通运营状态是安全的，但是如果广大乘客并不认同，或不能使广大乘客在乘坐过程中有安全感，则作为安全的主体——城市轨道交通依然必须进一步研究自身的安全问题，要研究如何才能使乘客在乘坐城市轨道交通过程中拥有安全感。

6.3.2　安全感与焦虑情绪

没有安全感就会在人们的生理和心理上产生焦虑情绪。

1. 焦虑情绪的产生

当人们感觉到危险因素正在逼近自己或自己期望的事物的价值在将来可能会发生明显降低时，人们就会对该事物产生一种焦虑感。

焦虑是由紧张、焦急、忧虑、担心和恐惧等感受交织而成的一种复杂的情绪反应。焦虑情绪经常发生在人们预感到不利情景或威胁安全的因素有可能出现，于是产生出一种担忧、紧张、不安、恐惧、不愉快等的综合情绪体验。

焦虑伴有明显的生理变化，尤其是植物神经活动的变化。表现为血液内肾上腺素浓度增加、心悸、血压升高、呼吸加深加快、肌张力降低、皮肤苍白、失眠、尿频、腹泻等。焦虑总是与精神打击以及即将来临的、可能造成的威胁或危险相联系，主观上感到紧张、不愉快，甚至痛苦和难以自制。

2. 焦虑情绪的几种表现

焦虑情绪有各种表现，在城市轨道交通的乘客群中常见以下几种表现。

(1)无名焦虑

这是一类没有原因的不限于特殊场景的广泛而持久的焦虑。当个体自认为预感到存在迫在眉睫，而且几乎是不可避免的危险，但是又说不清楚危险来自哪里时、且对自己是否有应对这种即将来临的危险的应对能力产生怀疑时，往往就会产生一种无名的焦虑情绪。例如：某乘客实际上已经留有充足的路途用时，但是乘客依然自认为留的路途耗时太多、如果又正好遇上自己未能及时赶上刚刚离开站台的列车，于是在等候下一班列车时，往往就会产生一种无名的焦虑情绪。

(2)预期焦虑

预期会再次面临害怕的场合或情境出现时，所表现出来的焦虑情绪。例如：某乘客由于遭遇过因列车贻误而迟到的情况，在下一次候车时，如果按图运行的列车稍有误点，就很容易引起乘客的联想，进而引发焦虑情绪。

(3)临场焦虑

它与执行一项任务有关，完成该项任务越没有把握，焦虑也可能越大。考试前出现的焦虑属此类。这类焦虑情绪也常见于城市轨道交通的候车乘客群中。例如：在城市轨道交通运营突发事件中，赶乘火车、飞机或已经购买了长途汽车票的地铁乘客，因为急着赶点，就最容易爆发临场焦虑情绪，也以这些乘客群的情绪表现最为激烈。

在城市轨道交通运营正常的情况下，乘客的焦虑情绪一般不会大规模的发生，但是在突发运营故障时，上述种种焦虑情绪就有大规模爆发，并引起情绪激愤的局面，车站的客运管理和服务人员必须提前采取引导和排解措施。

6.3.3　乘客对安全出行的期望

城市轨道交通作为一个新兴的行业，从规划、设计、建设到运营，都一定会优先采用先进的、安全的保障技术，因此乘客们对城市轨道交通的安全性是认可和信任的，也正是基于这一信念，乘客才对乘坐城市轨道交通出行寄予了很高的安全期望。

1. 正确认识安全状态

我国历来重视安全管理工作，尤其对于公共场合的人身和财产安全，更是高度重视，例如：在《职业健康安全管理体系要求》(GB/T 28001)的国家标准中对安全给出了明确的的定义："免除了不可接受的损害风险的状态"，即是指：不因人、机、媒介的相互作用而导致系统损失、人员伤害、任务受影响或造成时间的损失。

虽然没有危险是安全的属性，但是有危险存在并不就代表着不安全，只要危及安全状态的危险、威胁、隐患等因素，能够始终处在人们可控的范围内，不使这些因素危及安全状态的改变，我们就可以认为其状态是安全的。在人们日常的工作和生活环境中，危险是无处不在的，例如：开车、乘飞机、操作设备等，都存在着一定的、可能发生的危险因素，我们不可能为了绝对意义上的安全，就不开车、摒弃乘坐飞机或拒绝操作设备，实际上只要我们能够避免这些危险因素的发生，就能确保安全。

我们既不能因为这些危险因素的客观存在就说事物处于不安全状态，也不能无视这些危险因素对事物的安全状态可能造成的改变，关键在于面对危险是否有对策？对策是否有效？对策是否已落实？这才是判断安全的有效方法。

没有危险的安全状态几乎是不存在的，如果一味的追求没有危险，大家试想一下我们的工作和生活将如何进行？所以对于安全的正确理解应该是：认清危及安全状态的全部因素，制定对策、落实对策，在发生可能危及安全状态改变时，及时阻止危险因素，在已经发生安全状态改变时，实施事先制定的对策，将损失或影响降到最小。

2. 安全预案的作用

安全预案，实际上就是安全应急预案，是当危及事物安全状态的危险因素可能引发的突发事件，在还没有发生前就预先制定的应对措施。

城市轨道交通涉及专业多、客流量大，因此一旦发生危及运营安全的事件，将会引起巨大的社会影响，因此针对各类可能影响和危及运营安全状态的因素，制定有大量的预案。例如：车站大客流应对预案、车站突发火灾的应对预案、列车突发故障的应对预案等等。

由于在安全预案中明确规定了在突发事故发生之前、发生过程中以及刚刚结束之后，谁负责做什么、何时做，以及需要采取的措施、策略和各类资源的准备等。因此应急预案是针对可能发生的重大事故及预判其可能造成的影响和后果的严重程度，为应急准备和应急响应的各个方面，预先做出的详细安排，是开展及时、有序和有效事故应急救援工作的行动指南。

应急预案是针对危险因素制定的，因此可以说凡是制定了应急预案的企业必定是存在危及安全状态的危险因素的。

广大乘客知晓城市轨道交通有针对突发事件的应急预案，但乘客们并不因此就认为城市轨道交通的客运组织是不安全的，相反正是因为有各类应急预案的存在，更使乘客们相信：城市轨道交通完全能够将不安全因素发生概率降到最低，退一步讲即使万一遇到了突发事件，乘客们也相信有了应急预案的保障，自己的安全是会有保证的，这也是乘客出行的安全期望产生基础。

上述仅是我们在日常客运管理过程中，经常可以观察到的乘客期望的行为表象，其实人们的心理必然会受到社会、年龄、环境等等诸多因素的影响，因此在表达的形式上有时是会发生变化的，但是无论乘客的表达形式有何变化，他们在出行过程的心理期望总是相同的，都是基于对城市轨道交通安全、快捷、准点等运营特点的信任和肯定，才会激发起乘客的心理期望。

6.4 乘客的便利期望

出行便利一般的含义是：整个出行过程的行动不感觉困难、能够很方便地或很容易地完成出行过程，达到出行目的。

乘客对于出行的便利期望是：希望整个出行过程不需要作多大的努力就能办到或完成整个出行过程。

6.4.1 便利期望的产生基础

在诸多的城市公共交通工具中，轨道交通以安全、便捷、快速、准点等特点为广大乘客所接受，乘客出行选择轨道交通作为代步工具，正是基于上述轨道交通的特点，因此这些特点就自然而然地成为了乘客出行过程中的便利期望。

1. 出行便利期望基于专业联动的良好配合

城市轨道交通多专业、多工种的联动体特点又决定了：城市轨道交通的正常运营完全是基于各专业的良好运行状态，其中只要有一个专业有安全隐患或运行不正常，都可能造成运营系统的不安全。

城市轨道交通的运营底线是确保乘客的人身安全，因此当行车组织人员发现任何专业有危及乘客人身安全的隐患时，就会调整运营计划，对乘客而言便利出行的期望就被打破了。例如:2011 年 10 月 18 日下午,上海地铁四号线一列车出现故障,在金沙江路站清客,现场有焦糊味。事发后从地铁运营方了解到,焦糊味是由刹车片与轨道摩擦发出,并称车站已开启排风系统,不影响后续列车的正常运营。这就是由于乘客闻到焦糊味,产生了不安全感,就要离开有焦糊味的列车,上海地铁运营方也只得将该列车清客后,退出运营。这必然就不能满足乘客的便利期望了。由于乘客购买的轨道交通服务的核心是:以列车为载具,完成空间位置间的移动,因此任何影响列车正常运行的因素,都会变成影响乘客便利出行期望实现的阻碍。

城市轨道交通多专业联动体最现实的评判标准就是列车的正常运行。例如:在十几公里的运营线路上,任何一个紧固钢轨的螺栓松动、岔尖的不密贴,都可能造成行车事故,一旦发现就必须立即停止列车通行或采取限速通过故障段的措施;又如:覆盖运营线路的供电接触网是列车运行的动力来源,任何接触不良或失电同样会造成列车不能正常运行,必须确保全线供电线路能为列车供电;通信专业是保证运行列车与行车调度保持联络的,当然更要保持通信畅通;列车的运行状态是受信号专业控制的,一旦发生信号故障,线路上所有列车都只能停车待命;当然其他桥梁、隧道等专业也应保证良好,能满足列车运行的最基本条件。上述各专业在共同确保列车的安全运行,这就是城市轨道交通联动体的含义。

确保乘客安全是运营单位的最高工作原则,任何可能影响运营安全的因素,在没有排除之前,首先就需要停止正常的运营秩序,这就必然影响到乘客便利出行期望的实现。

2. 出行便利期望基于车站服务效率

城市轨道交通车站是唯一允许乘客出入轨道交通的场所,无论是出发乘客还是到达乘客,都必然要途经车站,因此乘客在车站所体验到的服务,将成为影响乘客便利期望实现的另一大要素。

(1)乘客出行的基本流程

与随时随处可以停车的地面公共交通不同,乘客必须抵达车站才能乘车,因此车站位置固定,乘客前往车站的乘车设计,形成了城市轨道交通对出行乘客的基本流程要求,乘客必须经历:进站、购票、检票、候车、乘车、抵达、验票、出站等程序才能完成整个出行过程,其中任何一个环节都可能出现影响乘客出行便利的不测因素。例如:需要购票的乘客,面对着长长的购票队伍,谈何出行便利;同样检票设备故障,也必然影响检票客流的顺畅流动;列车故障则影响候车乘客;甚至车站自动扶梯的故障也会影响到乘客的便利出行期望。

由此可见,城市轨道交通乘客出行便利期望的实现,首先必须确保乘客在基本出行流程中,每一个环节的便利。

(2)车站设备的数量限制

城市轨道交通大量、快速运送乘客的目标实现,完全是基于车站采用了大量高度自动化的服务设备。现今城市轨道交通配置的车站服务设备,已经完全实现了乘客自助出行和无需人员服务的水平。例如:需要乘坐城市轨道交通的乘客,可以通过设置在车站外的导向标志,找到车站的出入口、进站后通过自动售票机购票后经检票设备进站候车、根据车站广播的提示,在列车进站停稳后,登上需要前往的列车、根据列车广播,在抵达目的地车站后下车、根据车站导向的指示,乘客持票经验票设备后出站,至此乘客在无需服务人员的协助下,自主完成了整个出行过程,这就是城市轨道交通车站服务设备的高度自动化所带来的效率。

世间任何事物都有两面性,车站服务设备的高度自动化在为乘客带来便利的同时,也存在着一定的制约性。

任何服务设备都不可能具有无限的服务能力,例如:如果每一位乘客在自动售票机上购票最少的花费时间为 20 s,则一台自动售票机每分钟最多只能满足 3 位乘客的购票需求,而且第三位乘客要等前二位乘客结束购票后,才能进行购票,换言之,第三位乘客要等待 40 s 才能进入自我购票程序;同理,第二位乘客也要等待 20 s。乘客等待 40 s 的时间,是否超出乘客的便利期望值呢,换言之,乘客便利期望中的最大等待时间是多少呢,这一点并没有统一的标准。有些乘客在时间等待方面属于"零容忍",希望随时到达车站、即刻就可以购票;也有些乘客认为 3 个人以内排队是可以容忍的。在购票的容忍度方面,最大的容忍度莫过于发生在我国每年一次的春运,急着回乡团聚的城市打工一族,有最大的耐心,只为能买到一张回家的火车票。可见,不同的乘客,由于个性不同、所处的环境不同、出行的目的不同、出行预留的时间不同等等因素,在等待时间的容忍度方面各不相同,因此表现出的便利期望值也就不同。

据随机抽样调查,城市轨道交通乘客在出行过程中,平均的时间等待容忍度,以排队长度不超过 3 位乘客为限,实际上这就是乘客的便利期望值。

如果同时进入车站的客流达到 20 位/min 时,为了满足乘客的便利期望,则车站至少需要 7 台自动售票机,如果进入车站的客流量超过 20 位/min,就有部分乘客会觉得车站的购票程序不够便利。

除了车站的自动售票设备以外,车站还配置了其他的自动化服务设备,例如:进站检票设备、出站验票设备、自动充值设备等,都需要乘客自助使用,这些设备配置的数量,也将直接关系到乘客便利出行期望的实现。

从满足乘客便利期望考虑,车站配置的服务设备数量当然是多多益善,然而从运营成本考虑,车站的服务设备数量是根据车站的平均客流量、适当兼顾最大客流量,因此城市轨道交通车站的服务设备在最大客流量发生时,一定会有部分乘客觉得便利出行期望未能满足。增加车站服务设备数量或提高服务设备性能是改进车站服务质量和提升乘客便利期望的有效手段。

(3)换乘通道影响便利期望

随着城市轨道交通运营网络的不断发展和完善，轨道交通的换乘车站也在逐渐增加，例如：截至2012年底，北京地铁已有运营线路16条、换乘车站37座；上海地铁有运营线路12条、换乘车站34座；广州地铁有运营线路8条、换乘车站14座。随着城市轨道交通的发展，城市轨道交通的运营网络将不断扩大，换乘车站也必将越来越多。

城市轨道交通的换乘车站是指：有一条或多条独立运行的轨道交通运营线路停靠的、可供乘客在不同路线之间，在不离开车站付费区及不另行购买车票的情况下，进行跨线乘坐列车的车站。具体说，就是乘客在某个车站下车，无需另行购票，即可由原本乘坐的路线，转换至另一条路线继续行程，而车费则按总乘坐里程进行计算。

换乘车站可以使乘客实现在两条不同的运营线路间的跨线乘车，但是乘客在两条线路间的流动，往往需要依靠乘客自己完成。

由于城市轨道交通运营线路不允许在同一平面上交叉运行，因此换乘车站中不同运行线路的站台位置，只能是上下或平行布置，连接不同运行线路站台间的路径就是换乘通道，乘客必须经由换乘通道，才能完成不同运营线路间的跨乘。

换乘通道的位置、换乘方法、通道截面等，直接决定了乘客换乘的方便程度，也直接影响到乘客便利期望的实现。对于不同运营线路呈上下分布的换乘车站，换乘通道必然是布置在不同层次的站台间，换乘乘客也就需要经过上下往返才能实现换乘目标；对于运营线路平行布置的换乘车站，乘客也需要在不同位置的站台间流动方能换乘。此外换乘客流量的大小、换乘通道的截面等都决定了乘客在换乘过程中的拥挤度、舒适度和移动速度，并最终影响到乘客的便利期望。

6.4.2　乘客便利出行期望与车站布置

乘客的便利出行期望也可以用乘客的出行耗时来衡量：在完成相同路程的出行过程中，乘客的路途耗时越少，就可以证明出行的便利程度越高。

乘客乘坐城市轨道交通出行，始于车站也终于车站，乘客在运行列车上耗费的时间，加上乘客在起始和终到车站的停留时间，就是乘客完成出行所需要的全部时间，在正常情况下，列车的路途耗时是基本固定的，因此乘客在车站的耗时就成了衡量乘客便利出行的指标值。如何才能最大程度的缩短乘客在车站的停留时间呢，实际上使乘客在车站的停留时间越少、车站客流的流通量就越大、车站才能接纳更大的客流，因此缩短乘客的车站停留时间，也正是车站管理者所希望的，然而如何才能缩短乘客在车站的停留时间呢，以下3点至关重要。

1. 车站导向标志应清晰明了

城市轨道交通车站是完成交通运输生产任务的基地、是唯一允许乘客进入轨道交通系统和乘降列车的场所，由于车站至少需要具有容纳乘客和接发列车两大功能，而接发列车就需要有站台、容纳乘客就需要有一定的建筑空间，因此城市轨道交通车站就是一座有接发列车和供乘客候车的站台及能容纳一定数量乘客的建筑物，为了便于乘客识别，车站建筑物还要有一定的外观识别标志。

城市轨道交通车站有多种分类方法：依据空间地理位置，可以分为地下车站、地面车站和高架车站3类；按照列车运行方式，可以分为始发或终到车站、中途车站、折返车站；按照客流量和建筑空间的规模，可以分为一般车站、中心车站、集中车站；按照车站线路设施，分为拥有道岔的车站和无道岔车站等等。无论何种分类，接发列车和供乘客乘降始终都是车站的基本功能。

车站的功能和建筑特性对乘客的行为也有约束，乘客在车站范围内的移动必须根据车站客流组织的要求进行，例如：乘客未经检票，不得擅自进入收费区；乘客离开收费区需经验票环节；在规定的单向流动区域，乘客不得逆向流动等等，乘客在车站移动的顺畅程度，也直接影响到乘客便利期望的实现。

乘客如何才能知道车站制定的客流组织规定，确保自己能在车站流畅地移动呢，车站的导向标志就是为了引导乘客流动而设置的。乘客只要按照车站的导向标志提示，就能满足车站的要求，实现便利化通行。

车站的导向标志设置绝不是越多越好，车站导向标志的设置，通常应该满足：清晰明了、老少皆知的基本要求。

车站的导向标志系统将直接关系到乘客便利出行期望的实现。

2. 服务设备性能应满足需求

城市轨道交通车站的服务设备是为满足乘客使用需要而配置的，但是由于不同时段的客流量是不均衡的，因此所有的轨道交通车站管理者都需要考虑，如何在设备配置的数量与满足乘客需要之间取得平衡。

车站管理者面临的现实是：服务设备添置过多，虽然能满足高峰客流的使用需要，但是在客流高峰过后，必然就会有一部分服务设备闲置，不但降低了设备利用率，也增加了管理成本；反之，服务设备数量的不足，将难以满足高峰时段乘客的使用需要，影响到乘客便利出行期望的实现。

从管理成本考虑，城市轨道交通车站的服务设备数量是不可能按照最大客流量进行配置的，退一步说，即使车站服务设备的数量能满足当前的最大客流量，随着轨道交通网络化的扩大和完善，车站客流量必然会日渐增加，除非不断地添置设备数量，否则总会发生难以满足乘客使用需要的情况。

提高设备技术性能、延长设备使用寿命、降低设备故障率等提高设备利用率的措施，既可以弥补设备数量不足的缺陷，又可以在不增加新设备添置的前提下，满足乘客使用需求。在客流高峰时，针对设备数量不足的状况，车站管理者还可以辅以人工服务。

确保现有城市服务设备始终处于良好的工作状态中，是满足乘客便利出行的期望最基础的管理工作之一。

3. 乘客流动路径应科学合理

城市轨道交通客流组织的核心是：组织乘客按照车站预先设计的移动路线流动。要使广大乘客愿意服从客流组织的各项规定，移动路线设计的合理性就至关重要。在乘客的移动路线设计时，需要综合考虑乘客的心理因素，例如：乘客的就近流动心理、最小代价心理、右行心理、便利出行心理、舒适心理等等，只有符合乘客心理因素的流动路径，乘客才愿意自觉遵守，车站的客流组织才能实现。

随着城市轨道交通运营网络的发展，换乘车站也必将越来越多，换乘客流量也必将持续增大，对换乘客流的管理也就日益成为换乘车站的重点，其中换乘路径设计的科学性和合理性，将是管理获得成功的重要因素之一。

换乘客流是由达到列车运载而来、并由出发列车运载而去，因此具有达到的规律性、瞬时性和离开的局限性。

换乘客流随着进站列车到达后，需要经换乘通道才能抵达需要跨乘的另一条线路，等候和登乘列车，由于列车运行图决定了列车抵达和离开车站的时刻，受乘客自身影响较小，所以乘客唯一能够自我控制，实现快速换乘的因素是自己在换乘过程中的耗时，乘客的换乘耗时在很大程度上又取决于换乘过程的便捷程度，即：换乘方式、换乘通道的地理位置、换乘通道的拥挤程度等，这些因素都成为乘客出行便利期望实现的影响因素。

换乘客流量也具有时间分布上的不均衡性，因此换乘通道的设置应当科学合理。换乘通道的距离过短，虽然有助于减少乘客在行走过程中的体力消耗，但是提升了客流的瞬时拥挤度，在人群拥挤的状态下，不但难以保证乘客的人身安全，人群流动的速度也要受到影响，适当延长换乘通道的长度，使乘客有一个选择的余地，对于路途留时较富裕的乘客，就不必匆匆赶路，其他乘客的赶路时间就可以缩短，此外，具有一定长度的换乘通道还具有对乘客体力的自然选择作用，年老体弱的乘客在换乘速度方面，显然落后于身强力壮的年轻乘客，降低了通道的拥挤度，某种程度上也提高了乘客在换乘过程中的舒适度。

设置科学合理的换乘通道，对于实现换乘过程中的乘客便利期望实现，具有十分重要的作用。

上述仅是我们在日常客运管理过程中，经常可以观察到的乘客期望的行为表象，其实人们的心理必然会受到社会、年龄、环境等等诸多因素的影响，因此在表达的形式上有时是会发生变化的，但是无论乘客的表达形式有何变化，他们在出行过程的心理期望总是相同的，都是基于对城市轨道交通安全、快捷、准点等运营特点的信任和肯定，才会激发起乘客的心理期望。

人们的任何行为都是受到相应的心理活动的指导和支配，因此城市轨道交通的客运管理和服务人员，应当掌握和了解出行乘客的期望，据此就可以提前采取预防或疏导措施，为乘客们提供良好的优质服务。

6.5 突发事件时的乘客期望

乘客在出行过程中，虽然有着强烈的安全期望，然而由于城市轨道交通本身就是一个多专业、多工种的联动体，需要由车辆、工务、通信、信号、供电等各专业共同提供保障，才能确保列车的安全运行，而所有这些提供保障的专业往往又都配备有大量的专业设备，在为列车提供运行保障的过程中，只要发生任何一点设备故障，都会影响到列车的正常运行，进而影响到整个城市轨道交通的正常运营，因此影响城市轨道交通正常运营的因素是确实存在的。

这类影响正常运营情况的因素在发生前，往往是难以被察觉或预知的，非正常运营造成的直接后果往往是影响到乘客的正常出行。

非正常运营状况的发生往往具有很大的突然性，发生的时间、地点、影响范围等方面，也都有很大的不可预知性，因此将其称为影响城市轨道交通正常运营的突发事件，常被简称为：轨道交通突发事件。

当城市轨道交通的乘客遇到突发事件时，不仅对乘客期望正常出行的心理是一种很大的冲击，而且由于不知道突发事件对自己的出行计划将会造成多大影响，因此就会出现“突发事件时的乘客特殊心理”，在这种心理影响下，乘客的行为表现往往有别于平时的常态。例如：在遇到突发事件时，有些平时看着彬彬有礼、谦谦君子类的乘客，也许会因出行受阻而破口大骂；有些平时看着脾气暴躁的乘客，此时可能反而安静了下来，冷眼看着事态的发展；更多的乘客也许显得手足无措，总之，突发事件时的乘客心理表现与日常的心理表现是有区别的。

遇到突发事件时，车站管理者除了要了解突发事件对运营的影响程度外，还要安抚和稳定乘客的情绪，因势利导，合理、高效、有序地组织乘客，必要时组织乘客及时撤离车站，尤其要防止因个别乘客的情绪失控而造成更大的安全事故，这就十分需要了解乘客在遇到突发事件时的心理变化规律、掌握乘客在遇到突发事件时的心理期望。

突发事件是乘客心理变化的源头，因此首先需要对突发事件的定义、特征、危害有基本的了解，才能掌握突发事件时的乘客心理期望。

6.5.1 突发事件的定义、特征和危害

国际上对于突发事件尚没有一个公认的、统一的、确切的定义，目前在国际上对突发事件比较有代表性的定义是欧洲人权法院对“公共紧急状态”(Public Emergency)的解释，即“一种特别的、迫在眉睫的危机或危险局势，影响全体公民，并对整个社会的正常生活构成威胁。”

也有专家从广义上认为：突发事件可被理解为突然发生的事情，这里的“突然发生”包含有2层含义：第1层的含义是事件发生、发展的速度很快，出乎意料；第2层的含义是事件难以应对，必须采取非常规方法来处理。

此外，对于突发事件还有一种狭义的理解，认为：突发事件就是意外地、突然地发生的重大或敏感事件，简言之，根据狭义的理解，突发事件就是天灾人祸。天灾是指自然灾害，而人祸就是指人为造成的灾难，如：恐怖袭击事件、动荡造成的社会冲突、名人丑闻造成的社会影响，当然也包括由于大量散布的谣言造成的社会混乱等等，由于影响甚大，因此专家也常将其称为“危机”。

1. 突发事件的类型及划分方法

我国有自己的对于突发事件的定义，根据国家颁布的于2007年11月1日起施行的《中华人民共和国突发事件应对法》中的规定，突发事件是指：突然发生，造成或者可能造成严重社会危害，需要采取应急处置措施予以应对的自然灾害、事故灾难、公共卫生事件和社会安全事件。

发生在上述4类范围内的突发事件必然会在社会公共领域产生重大影响，因此也被称为突发性公共事件。

1)突发事件的分类及影响

国务院颁布的《国家突发公共事件总体应急预案》中对自然灾害、事故灾难、公共卫生事件和社会安全事件4大类突发事件又做了具体的细化规定。

(1)自然灾害

自然灾害主要包括水、旱灾害、气象灾害、地震灾害、地质灾害、海洋灾害、生物灾害和森林草原火灾等。

(2)事故灾难

事故灾难主要包括工矿商贸等企业的各类安全事故、交通运输事故、公共设施和设备事故、环境污染和生态破坏事件等。

(3)公共卫生事件

公共卫生事件主要包括传染病疫情、群体性不明原因疾病、食品安全和职业危害、动物疫情、以及其他严重影响公众健康和生命安全的事件。

(4)社会安全事件

社会安全事件主要包括恐怖袭击事件、经济安全事件和涉外突发事件等。

2)突发事件的分级

为落实应急管理的责任和提高应急处置的效能,国家还对突发事件进行了具体的分级,各类突发公共事件按照其性质、严重程度、可控性和影响范围等因素分为4级:

(1)Ⅰ级突发事件

Ⅰ级突发事件也称为特别重大级突发事件,规定需由国务院负责组织处置,如汶川地震,南方19省雨雪冰冻灾害等;

(2)Ⅱ级突发事件

Ⅱ级突发事件也称为重大突发事件,一般需由省级政府负责组织处置;

(3)Ⅲ级突发事件

Ⅲ级突发事件也称为较大突发事件,需要由市级政府负责组织处置;

(4)Ⅳ级突发事件

Ⅳ级突发事件也称为一般性突发事件,可以由县级政府负责组织处置。

3)其他分类方法

除了上述对突发事件的分类方法外,在实际工作中还经常用到一些其他的对突发事件的分类方法。

(1)突发事件中的伤亡人数

在突发事件中受伤和死亡人员数,也是突发事件分级的重要标准之一:

死亡30人以上为特别重大,10人至30人为重大,3人至10人为较大,1人至3人为一般。具体确定时当然还要结合不同类别的突发事件情况和其他标准进行具体分析。

(2)发生突发事件的预测性

按照突发事件在事发前能否被准确地预测到,以及对事件可能造成危害程度的预测,可以将突发事件分为:可预测的突发事件和不可预测的突发事件2类。

(3)突发事件发生的可防可控性

按照突发事件的发生是否可以预防或者在突发事件发生后,能否将其造成的不良影响控制在最小范围,又可将突发事件分为可防可控的突发事件和不可防不可控的突发事件2类。

(4)按照影响范围

按照突发事件发生后的影响范围,可以分为:地方性、区域性或国家性、世界性或国际性的突发事件。

① 地方性突发事件

地方性突发事件在有限范围内发生，影响范围较小。一般只需由当地政府应急处理机构应对，而无需外来协助。

当地政府有责任义务及时向上级报告在当地发生的事件的详细情况，以备突发事件的影响扩大延伸和恶化时获得援助。

② 区域性或国家性突发事件

区域性或国家性突发事件是指突发事件发生或影响的区域和范围超出地方范围，达到或涉及到区域或国家的层面。例如：曾经发生在香港和大陆地区的非典(SARS)、美国的航天飞机挑战者号失事事件、前苏联的切尔诺贝利核泄漏事件、当年的台湾地区领导人李登辉发表两国论、俄罗斯的库尔斯克号核潜艇海难事故等突发事件，都需由中央政府出面调度资源救援处理，也需各省或当地政府积极协调配合。当然民间资源援助也必不可少。

③ 世界性或国际性突发事件

世界性或国际性突发事件是指突发事件运行的范围涉及世界或对整个世界产生重大影响的事件。就我们耳熟能详、记忆犹新的影响世界的大事就有：2002年在中国广东顺德首发，并扩散至东南亚乃至全球的"严重急性呼吸系统综合症"英语缩写为SARS；发生于1937年7月7日的日本侵华战争中的一次重要战役——卢沟桥事件；由日本政府策划，于1941年12月7日清晨实施的一起偷袭美国在夏威夷军事基地——珍珠港基地的事件；1990年8月，伊拉克发动对科威特国家的战争，非法入侵科威特的事件；美国东部时间2001年9月11日上午(北京时间9月11日晚上)恐怖分子劫持的4架民航客机撞击美国纽约世界贸易中心和华盛顿五角大楼的"911恐怖袭击事件"等都是震惊世界的突发性事件。

2. 突发事件的特性

应该对突发事件的特性有一个清醒的认识，才能最大限度地防止其发生或将已发生突发事件的影响控制在尽可能的范围内。

突发事件一般都具有如下的特性。

(1)突发性

突发事件的突发性是指：对事件是否会发生、什么时间、地点以什么形式爆发、事件的危害程度等都难以准确把握。事件的突发往往使人始料未及。造成事件突发性的原因，主要有3方面的因素：有些突发事件由难以控制的客观因素引发；有些爆发于人们的知觉盲区；有些则爆发于熟视无睹的细微之处。

(2)复杂性

由于突发事件往往是各种矛盾激化的结果，因此总是呈现出一果多因、相互关联、环环相扣的复杂状态。复杂性还引起事件的多变性，一旦处置不当还会加大事件造成的损失和扩大事件的影响范围，将一般事件转化为政治事件。

突发事件防治的组织系统往往也比较复杂，对于影响较大的公共突发事件，一般至少涉及中央、省市及有关职能部门、社区等3个层次。

(3)破坏性

突发事件以人员伤亡、财产损失为标志，这些可以计算的损失包括直接损害和间接损害，此外还体现在对社会心理、个人心理的影响，以及由此造成的破坏性冲击和精神损失，并进而渗透到社会生活的各个层面。

(4)持续性

突发事件伴随在整个人类文明进程的过程中，从未有过停止。人类只有通过共同努力，才能最大限度地降低突发事件发生的频率和次数、减轻其危害程度及对人类造成的负面影响。无数次突发事件使人类反思人与自然的关系，也由此使人类变得更加成熟，行为更加理性。

突发事件一旦爆发，总会持续一个过程，表现为潜伏期、爆发期、高潮期、缓解期、消退期。持续性表现为蔓延性和传导性，一个突发事件经常导致另一个突发事件的发生。

(5)可控性

控制指掌握住使之不超出范围。从系统论的角度看：控制是对系统进行调节以克服系统的不确定性，使之达到所需要状态的活动过程。因此控制是人类改造自然、利用自然的重要内容和社会进步的重要标志。例如：突发的SARS病，在刚发生时，人们对其束手无策，即使在医院内，病情依然在迅速扩散，似乎难以控制，但是香港某研究小组使用模型评估不同公共卫生手段对SARS的控制情况。经过不断试验，终于在不断摸索的基础上，于第55天将医院感染率减少了70%，进而使疫情能得到非常迅速控制。

这一事例说明，经过不懈的探索，突发事件终究是可以得到控制的。

(6)机遇性

避免突发事件的爆发，存在着机遇或机会，但是这种机遇或机会是不会凭空掉下来的，往往需要付出一定的代价。例如：河流上游下暴雨，就会造成下游的河水泛滥，如果下游的居民能够在暴雨季节前加固和抬高河堤，也许就能应对河水的泛滥，修筑河堤当然需要以付出人力和物力为代价。

机遇的出现往往有其客观原因，但是我们要清楚地看到隐藏在偶然性后面的必然性和规律性，因此只有充分发挥人的主观能动性，通过人自身的努力或变革，才能捕捉住机遇。

突发事件毕竟是人们不愿看到的，我们不应过分强调机遇性。即使有机遇，也需要我们有忧患意识。

3. 突发事件的危害

突发事件造成的危害和财产损失是十分严重的，我国每年因突发公共事件造成的损失就十分惊人：

2003年中国因生产事故损失2 500亿元，各种自然灾害损失1 500亿元，交通事故损失2 000亿元，卫生和传染病突发事件的损失500亿元，共计6 500亿元人民币，相当于损失我国GDP的6%。

2004年中国发生各类突发事件561万起，造成21万人死亡，175万人受伤。全年自然灾害、事故灾难和社会安全事件造成的直接经济损失超过4 550亿元。

2005年发生灾害突发公共事件540万起，比上年减少21万多起；造成大约20万人死亡，比上年减少了1万多人；直接经济损失约3 253亿元，比上年有较大幅度降低。

2006年民政部国家减灾中心的数据显示，我国受灾3.16亿人，死亡2 006人，直接经济损失近1 600亿元人民币。

突发事件不但可能造成人员伤亡和经济财产的损失，还会对社会造成影响，涉及到广大人民群众切身利益的突发事件，社会影响更大。

城市轨道交通所具有的社会性、开放性和公众性特点，决定了城市轨道交通的突发事件，轻则影响城市居民的正常出行，严重的还可能影响到当地社会，因此对城市轨道交通的突发事件予以高度重视，努力将其对社会的影响降到最小。

6.5.2 城市轨道交通突发事件

城市轨道交通突发事件主要影响到乘客的人身安全和造成乘客财产损失，进而扩散到有关区域，造成不良的社会影响。由于车站是乘客集散地，所以城市轨道交通突发事件最先受到影响的是车站。通过有效的车站客流组织，可以在突发事件时，最大程度地确保乘客人身安全。乘客是车站客流组织的对象，只有掌握突发事件时的乘客心理，才能完成客流组织的任务，为此首先需要定义城市轨道交通的突发事件。

1. 城市轨道交通突发事件定义

参照国家对突发事件的定义，可以对城市轨道交通车站的突发事件作如下定义：由于突然发生的车站行车、客运设备故障、车站工作人员失误；或因乘客自身原因引发的影响车站正常运营的事件。

城市轨道交通车站在平日生产活动中，要办理大量的行车作业和客运作业，且行车作业和客运作业之间有着密不可分的联系，它们各自都包括了繁多的作业程序，其中任何一个环节出现问题，如果没有及时发现并进行处理，都可能会导致突发事件；同理，如果由于乘客原因，例如跳入轨道，影响到运营的正常秩序，也可能引发突发事件。

由此可见：管理方和乘客双方都可能是造成轨道交通突发事件的因素。

2. 车站突发事件的特征

无论何种因素造成的城市轨道交通突发事件，其后果必然集中体现在车站，因此需要对车站突发事件的特征加以总结和分析。

(1)不可预测性

如上所述，城市轨道交通的联动体特性决定了突发事件的不可预测性。此外由于城市轨道交通车站在对外运营期间，需要进行行车作业和客运作业；在非对外运营期间，则要负责车站所属范围内的行车设备和客运设备的日常检修。因此车站的全天候工作状态，决定了车站工作内容的简单重复都较高、车站的社会性和开放性又造成车站员工的工作压力较大，在心理和生理上都容易产生疲劳感，其后果就是容易发生工作的失误，这些不知何时、何处发生的工作失误，往往为车站突发事件埋下隐患，最终造成不知在何时、何地，会有何种性质的、影响到正常工作秩序事件的发生。

(2)偶然性与必然性

车站突发事件看似偶然，但是经事的分析，就会发现有其必然性。偶然性是指：引发事件的起因，在时间和地点等方面带有偶遇和随机的现象。实际上在对发生事件的事后分析过程中，往往就会发现：由于管理松懈、制度执行不力、责任心不强、业务能力不足等等原因，事件的爆发只是早晚的事，存在着必然性。

车站突发事件的偶然性还体现在：事先没有规律可寻、事发时间、地点、实际规模、影响深度等，也都难以完全预测，造成事发后，车站工作人员一时难以掌控事件的发展。以上海城市轨道交通运营网络为例，：截止到 2013 年 9 月上海的城市轨道交通运营线路总里程已经达到 472 km(不含磁悬浮示范线)，投入运营的车站总数达 310 座。从统计学角度讲，如此庞大的运营系统，突发事件的概率也相对较大。突发事件的偶然性，使人难以完全准确无误地预测到突发事件将于何时，何处发生。但是通过严格的管理、强化操作人员的责任心、不断提高他们的业务水平、加强日常的工作检查，也必然可以有效抑制突发事件隐患的。

(3)危机性

车站突发事件轻则造成停运，重则造成大面积的城市轨道交通瘫痪，正是由于事件造成的后果具有程度上的不确定性，因此突发事件一旦处置失当，就会成为危机的先兆和前奏，或充当引发危机爆发的原因。

在一定的外界条件下，失控的突发事件有可能进一步恶化，发展成为局部地区甚至全社会的危机事件。在现代社会中，通信手段的发达使突发事件的信息传递十分迅速，以讹传讹或夸大的信息传递，放大了事件的威胁，极易形成社会恐慌。统计发现，许多危机事件就是由突发事件引发的。当然突发事件未必就一定会发展成为危机事件，这完全取决于人们对突发事件的处置是否得当。

当突发事件因处理不当而导致失控，向着无序的方向发展时，危机便会形成并开始扩大。实际上许多突发事件本身就是危机的一部分，并且往往还是危机的关键部分，在这种情况下，突发事件实际上就等同于危机。

(4)危害性

对主体而言突发事件造成的后果不外乎以下3种：

① 正面结果

正面结果是指：突发事件的后果具有积极性的意义，给主体带来的是一种人们求之不得和喜出望外的结果。例如：某车站突发大客流，因此不得不采取限流措施，促使部分乘客步行到就近的车站，其结果是各车站的客流量分布趋于平均，对管理企业而言，因限流而获得了车站客流量趋于平均，纯粹在意料之外。

② 中性结果

中性结果是指：突发事件的后果具有中性意义，对主体而言，事件后果既没有很大的好处，也没有很大坏处的结果。例如：对采取限流措施的车站，采取“只出不进”的客流组织措施，对抵达车站的乘客而言，他们并没有受到限流措施的影响，依然可以正常出站；车站因限流措施而没有了进站客流，因此也没有客流组织的要求，对车站而言实施“只进不出”措施，基本上就是中性的后果。

对这种中性结果的突然事件，由于影响较小，因此人们一般都不以为然。

③ 负面结果

负面结果是指：突发事件会造成严重的、具有破坏性、灾难性的后果。突发事件的扩散非常快，容易引起连锁反应，使事件本身不断扩大。宏观上给社会、社区、组织；微观上给家庭、个人带来一定程度的损失，这种损失包括物质层面的和精神层面的。

具有负面性质的突发事件是需要认真应对的，如不特别说明，本文所提及的突发事件都是指负面结果的突发事件。

3. 车站突发事件的类型

为了便于研究车站突发事件对乘客心理的影响，需要对车站突发事件进行分类。将具有共同特征的突发事件归为一类，以便分析、应对。

(1)后果分类

按国家的相关规定，城市轨道交通的突发事件，按其后果的严重程度也分为，一般突发事件、严重突发事件、重大突发事件、特别重大突发事件。

(2)预测性分类

同样可以按城市轨道交通突发事件可预测进行分类，以便于研究在两种不同情况下车站乘客的心理状态。

① 可预见性突发事件

可预见性突发事件是指能管理者在到危机后，采用解析、分析、仿真模拟、计算等方法，制定、编制出一套完备的应急预案。

按照导致某种自然力还是人为的城市轨道交通事件分为自然和人为两类。

自然：洪水、隧道坍塌、区间积水等；人为的列车故障、列车晚点、列车碰撞、列车挤岔、车站建筑失火、车站设备故障、恐怖事件等。

在日常运营中，突发的严重危及运营安全秩序的事件，往往会给乘客和车站管理者造成很大的心理影响：乘客由于不知道突发事件的后果，极易发生心理上的恐慌；而对于车站管理者而言，如果突发事件是已预测到的，则在心理上相对就比较稳定，执行预案也会比较顺利。

② 不可预见性突发事件

不可预见性突发事件是指：由各种因素诱发的、人们无法预料就突发事件。对乘客和车站管理者都会产生较大的心理影响，即使有预案，管理者也会由于事发突然而有种措手不及的心理压力。

6.5.3 车站突发事件时的常见乘客行为

当车站遇到突发事件时，乘客在从众心理的驱使下，往往会成群结队，形成一个群体，向着某个方向流动。乘客们为何会形成群体呢？

群体是相对于个体而言的，不是随便几个人就能构成群体的，必须是两个或两个以上的人，为了达到共同的目标，以一定的方式联系在一起进行活动的人群。

车站引发事件时，乘客们为了一个安全逃生的共同目的，以步行的方式，一起寻找出入口，就构成了车站突发事件时的临时群体。如果车站管理者能对突发事件时形成的临时性群体，实施正确的引导，往往就能取得事半功倍的效果。

在车站突发事件时，除了临时性群体外，由于乘客的心理处于非常不稳定的状态，对突发事件的后果，有各自的理解和判断，并在各自个性的驱使下，有种种不同的行为表现，一般情况有以下几种心理行为。

1. 逃离行为

人类天然有一种避险和远离危险源的本能。当处于车站突发事件环境中，乘客在躲避危险源的本能驱使下，一般都会本能地向远离危险的方向逃跑。离事件源越近的人群，逃离行为就越明显。逃离行为是人自我保护的本能反应，通常具有积极的自救效果。车站管理者应当善于利用乘客群的这种自发和本能的行为，将逃离人群引导到车站应急预案规划的乘客疏散通道上，就可以大大提高车站的疏散能力；反之如果由于乘客的避险逃离行为，背离了疏散通道或由于人数过多造成通道拥堵，即使是通道的局部拥堵，都会使通道利用率减低，疏散时间延长，这就需要车站管理者用更大的努力去纠正，在争分夺秒的形势下，有可能造成难以挽回的损失。

2. 从众行为

在车站突发事件需要疏散乘客时，乘客大都处在一种十分紧张的心理状态中，处于慌乱中的、尤其是平日缺少主见的人们，往往对自己的直觉和判断缺乏信心，由于没有主见。因而常会采取随自己周围多数人的行为方式行动的行为，这种自己没有主见，盲目跟随他人一起逃离的行为，就可以称为突发事件中的乘客从众行为。

突发事件时往某个方向流动的乘客群中，并不都是从众心理驱使下的从众行为，其中不乏有主见的乘客，只是因为乘客疏散的流向与当前乘客群流动的方向趋于一致，因此也就在行为表现上像是随大流而已；当然也不排除其中确有部分乘客的行为属于从众行为。

从众行为形成的客流群如果过于庞大，就容易导致车站出入口的拥堵，严重时还可能发生踩踏事件。合理利用乘客的从众心理和行为，有助于提高突发事件时的车站客流组织效率。

3. 自主行为

各车站由于所处环境、额定客流量、建设规模、车站功能等参数的不同，通常情况下各车站内部的具体环境差异较大，加之一般乘客对车站的应急疏散路线了解较少，当遇到车站突发事件时，容易头脑发热、缺乏冷静判断、鲁莽采取行动。由于这些人的行为发生较快，所以往往会影响他们周围的乘客，形成盲目流动的人群。当然在城市轨道交通庞大的客流中，也从来不缺少意志坚强、头脑冷静、行为果敢的乘客，他们不会人云亦云、不会随大流，凡事都要经过自己的思考，然后才会采取行动，一旦当他们采取行动后，身边也会聚集许多盲从的人群。

突发事件时，乘客能够依赖自己的判断和决策进行疏散，则其疏散过程中表现出的行为可以统称为自主行为。上述二类乘客都具有强烈的自主行为倾向，虽然他们在整个庞大的客流中所占比例不大，但影响是巨大的，如果他们将客流带往了疏散通道，善莫大焉；反之则后果不堪设想。

仔细分析一下乘客的自主行为，可以发现有些乘客是盲目采取行动的、而有些则是经过思考和判断后再决定采取行动的，前者可以称为盲目型自主行为者；后者可以称为理智型自主行为。

(1)盲目型自主行为

乘客在无判断基础的前提下，贸然采取的行为往往具有盲目性，这种行为产生的效果往往具有不确定性：陷入困境和安全逃生的概率各半，纯粹是听天由命。例如：遇到车站突发事件时，在急于逃生的动机支配下。一些具有盲目自主行为倾向的乘客会依靠自己曾经的经验或自以为是的判断，想当然地往自己认定的逃生通道流动，如果流动方向正是车站应急疏散方案中的逃生通道，当然是最理想的结局；然而由于是盲目的选择，因此也可能正好相反，则这些乘客势必还要原路返回，不但损失了逃生时间，还可能连累身边的从众乘客，一起陷于更加危险的境地。上述 2 种结局发生的概率各半，应该就是盲目型自主行为的结果。

(2)理智型自主行为

经过自己的分析判断后，再决定采取行动，就称为理智型自主行为。在车站突发事件时，分析、思考和判断的基础，应该包括：是否曾到过这座车站、对车站环境熟悉程度、车站突发事件的最新信息、车站的紧急疏散标志，结合自己有过的类似事件疏散经验或相关的疏散培训经历等等。

理智型自主行为往往可以在较短的时间内，带领着身边的从众乘客群一起获得解救，因此车站管理者应充分发挥他们在车站突发事件时，对车站客流组织方面所起的作用。

4. 排他性行为

排他性泛指：在一个特定的方式下使用一种稀缺资源的权利。这里的排他性行为是指：车站突发事件时，为了逃生不顾其他乘客，独占或优先占用车站疏散资源的行为，

遇到危险时，采取一切措施进行自保，是自然界一切生物的天性和本能，无可厚非，但是人类有别于其他生物的标志之一是：人类受到道德的约束，因此即使在车站突发事件时，各人的排他性行为也须有度。

电影“泰坦尼克”中，用大量的镜头描述了轮船在冰海中沉没时的人间百态，道德高尚的人将生的希望留给他人，而有些人则将排他性行为表现得淋漓尽致。

车站引发事件中的乘客在逃生时，由于自我保护意识十分强烈，往往也确实有些乘客不顾他人安危，将自己的全部精力，都致力于尽早地逃离车站的行为表现上，例如：不顾一切后果地推挤前面的乘客，与其他乘客争夺逃生空间等。

个别乘客的排他行为常导致客流秩序失控和疏散现场的混乱，甚至加剧不明真相乘客的恐慌度。如果这些混乱发生在疏散瓶颈处，尤其是存在级差的楼梯口、出入口等场所，更容易引起拥堵、混乱，甚至造成踩踏事件，造成严重的人身伤亡后果。

车站客流一般可以分为进站、出站和换乘客流。对不太熟悉车站布局的乘客而言，希望各行其道，最不希望发生客流对冲，这也是车站突发事件时，组织客流疏散的重要原则之一。

由于客流的流动性较强，遇到车站突发事件，乘客易产生惊慌、恐惧、冲动、群聚，甚至是愤怒等心理反应，其心理表现以惊慌、群聚和愤怒为主。

为什麽在预案准备充分、车站客流组织有序的情形下，即使突发事件的后果比

较严重,乘客心理表现还是十分镇静、大多数乘客表现得不惊恐、不慌乱,能听从车站管理者的组织和指挥、有序地离开现场呢,这与乘客心理期望有关,车站管理者了解、掌握了车站突发事件时的乘客心理期望,对于尽快疏散乘客、减轻事件后果的损失,是大有裨益的。

6.5.4 突发事件时的乘客心理期望

城市轨道交通乘客们共同的心理期望应该是:安全、顺利、舒适和尽可能圆满地实现自己预先规划的出行计划。当运营正常时,满足乘客的上述心理期望并不难,一旦遇到车站突发事件,正常的运营秩序将被打乱,乘客预先规划的出行计划也会受到影响,此时乘客心理发生波动,出现惊恐、愤怒、烦躁、冲动等行为是完全可以理解的。然而这并不能解决乘客想按原计划出行的问题,面对着已经不能正常运营甚至有可能危及乘客人身安全的局面时,乘客不得不对自己原先的出行计划作出调整,重新设立新的心理期望,这就是车站突发事件时的乘客心理期望。了解乘客调整后新的心理期望,尽最大可能地满足他们的心理需求,对突发事件时的车站客流疏散、尽快恢复车站正常秩序是十分重要的。

城市轨道交通乘客群体的构成相当复杂,年龄层次、文化教育程度、身体状况、人格个性等方方面面都存在着很大差异,而各车站的客流量一般都较大,与提供服务的工作人员数量相差悬殊。从数理统计的角度看,1名车站工作人员往往需要为数百名甚至上千位乘客提供服务。

在正常运营状况下,轨道交通各车站配置的自动化服务设备,完全可以满足乘客全过程自主出行的需求,即:乘客可以通过自己动手操作,无需他人协助就可以完成从进站购票、候车登乘直到检票出站的全部出行任务,这也就为减少车站工作人员的配备打下了基础。

在运营正常时,车站可以不需要太多的工作人员,然而一旦遇到车站突发事件,作为城市轨道交通车站直接服务对象的乘客,原先了然于心的正常出行习惯已被破坏,面对突发事件引起的心理变化,必然形成新的心理期望。

1. 车站突发事件时的乘客心理期望

车站突发事件形形色色、种类繁多。

(1)危及乘客人身安全类突发事件

如果城市轨道交通车站遇到地震、火灾、洪水、重大设备事故等直接威胁到乘客人身安全的突发事件,则乘客本能的第一反应就是逃生。

遇到此类突发事件,如何逃生和顺利逃生就成为乘客最大的心理期望。

(2)影响乘客出行计划的突发事件

联动体的特点,会造成城市轨道交通突发非正常运营事件。当乘客遇到此类非正常运营的突发事件时,乘客需要了解:发生了什么事情?是否会影响自己的出行计划?如何进行调整?等一系列的疑问。消除这些疑问最有效的手段就是及时、准确的信息。因此乘客在遇到非正常运营类突发事件时,准确、及时的信息获取,就成为乘客们最大的心理期望。

2. 满足突发事件时乘客心理期望的措施

无论是危及乘客人身安全的突发事件,还是发生非正常运营的事件,车站管理者都需考虑采取以下措施,最大限度地满足乘客在突发事件时的心理期望。

(1)及时发布突发事件的信息

当乘客从正常运营到非正常运营,甚至面临着可能危及人身安全的局面,对心理的冲击是很大的,事件后果越严重,乘客的心理落差就越大,当乘客度过了初期心理冲击、略微清醒后,自然而然地就会产生了解事件真相的需要。如果车站管理者不能及时发布相关信息,就会发生:乘客相互打听、以讹传讹,甚至酿成群发性二次事件。

车站可以采取车站广播、车站公告、工作人员口头解释等方法,及时告知乘客当前所发生的事件、影响和应对措施,及时安抚乘客情绪,以防发生不测。

(2)告知车站应对突发事件的措施

根据车站突发事件的类别、性质、危害程度,城市轨道交通车站都制定了应急预案,这些应急预案的落实,在很大程度上取决于乘客的配合程度。

通过车站广播,乘客在大致明白了当前车站的突发事件后,如何应对当前的局面,自己应该怎么做又成了乘客的疑惑。知晓正确的应对方法,希望车站能告诉自己,眼下自己应该做些什么才能规避危险,或者可以最小程度地影响直接的出行计划,进而就演变成了乘客的心理期望。

车站除了继续利用车站广播,告知车站目前采取的应对方案外,还可以采用开放应急通道、增设临时性导向标志、按照需要布置临时隔离栏、增派现场指导人员、增加退票点等具体的、让乘客看得见的措施,引导乘客,落实预案。

总之,只有满足乘客在突发事件时的心理期望,才能有效组织乘客、才能落实应急预案、才能最大程度的保护乘客免受伤害。

人们的任何行为都是受到相应的心理活动的指导和支配,因此城市轨道交通的客运管理和服务人员,应当掌握和了解出行乘客的期望,据此就可以提前采取预防或疏导措施,为乘客们提供良好的优质服务,尤其在遇到车站突发事件时,车站管理者更要掌握乘客遇到车站突发事件时的心理变化,满足乘客变化了的心理期望,才能防止二次事故的发生,才能尽快地疏散乘客或恢复车站客运秩序。

思　考　题

1. 何谓心理期望?
2. 时效心理期望产生的基础是什么,有何特点?
3. 舒适心理期望产生的基础是什么,有何特点?
4. 安全心理期望产生的基础是什么,有何特点?
5. 应当如何正确认识安全状态?
6. 安全预案的作用是什么?
7. 简述突发事件的定义、特征和危害。
8. 车站突发事件时的常见乘客行为有哪些?
9. 车站突发事件时乘客有哪些心理期望?
10. 哪些措施可以满足乘客在突发事件时的心理期望?

第7章 部分乘客群体的心理特征

城市轨道交通安全、快捷、方便和准点的特点，是乘客将其作为出行首选交通工具的重要原因。随着城市轨道交通建设的不断延续，城市的轨道交通运营网络日渐形成，运营网络对城市地域的覆盖面也越来越广，市民对城市轨道交通的依赖程度也越来越高，因此城市轨道交通的客流量也越来越大。仅以北京和上海的城市轨道交通发展为例见表7.1所示。

表7.1 部分城市轨道交通发展一览表

城市	初期		截至2011年底			
	开通年份	客流量	线路	运营里程	车站数	日均客流量
北京	1969年	小于20万	15条	372 km	217座	约700万人次
上海	1995年	小于10万	11条	410 km	287座	约750万人次
广州	1997年	小于8万	8条	236 km	148座	约451万人次
深圳	2004年	小于5万	5条	178 km	131座	约210万人次

部分城市的轨道交通发展一览表至少说明了以下3点：

1)城市轨道交通在解决城市交通拥堵方面的确具有不可替代的重要作用；

2)城市轨道交通的客流量日趋增大，需要客流组织部门认真对待；

3)网络化运营是城市轨道交通发展的必然趋势。

正是由于城市轨道交通拥有巨大的客流量，因此更需要运营管理部门，掌握乘客特点，并依据不同的乘客特点进行归类，为各类乘客群体提供相应的服务，才能在了解乘客需求的基础上，尽可能地满足乘客出行的心理期望、才能确保安全、有序、高效地完成运送乘客的组织任务

7.1 乘客群体的归类和组成

城市轨道交通乘客的出行实质上是一种过程行为，而非是一次性的突发行为。城市居民的出行具有经常性、重复性和持久性的特症，因此有人将城市轨道交通的乘客特征归纳为“三老”，即：在工作日，经常可以在同一车站供候车的老地方、基本上是相同的老时间，可以发现同一位乘客的老面孔。

乘客的三老特征恰恰说明了城市轨道交通对于缓解城市交通拥堵所起的巨大

缓解作用,市民已经习惯于将城市轨道交通作为出行的首选公共交通工具。

这些三老乘客群甚至比轨道交通的管理者和服务人员更清楚列车运行的精准度。由于城市轨道交通的列车运行图编制单位是秒,因此在正常情况下,只要列车运行图没有改变,某次列车途径某车站的时刻就基本上是固定的,对于经常乘坐该班次的乘客而言,就能据此安排自己的出行和候车时间,也正因为如此,这些乘客们对列车运行的精准度就特别敏感,所以三老特点就称为通勤乘客的主要特点之一。

通勤乘客群的划分并不是依据乘客的性别、年龄或候车时间来区分的,只要乘客出行目的是上班、上学或是有严格抵达时间要求的男女老幼乘客,都可归入为通勤乘客群。

前文已经介绍了通勤乘客群具有强烈的时效心理期望,当然在他们各自的心理特征表现方面,随着具体出行过程中遇到的不同情况,还是会有所变化的。例如:需要购票的乘客与持交通卡的乘客,由于后者省略了购票环节,因此显然在时间的花费上,前者用时会更多些,一旦遇到售票设备故障,产生焦虑情绪的概率也要大于后者;此外在出站时,由于购票乘客的车票需要回收,在验票设备上花费的时间一般也会较多些,个性急躁的乘客也容易引发激动情绪。

不同分类的乘客群具有各自的特点,例如:经常乘坐的本地乘客群与首次乘坐的非本地乘客群,在熟悉城市轨道交通出行要求方面就存在较大的差别。

根据对上海轨道交通的客流调查,我们可以发现,轨道交通运送的乘客群,在年龄、职业、出行目的等方面,大致的分布情况见表7.2所示。

表7.2 上海地铁乘客情况调查表

年份	性别(%)		地别(%)		年龄		出行原因		
	男性	女性	本地	非本地	≤30	≥50	通勤	因公	其他
2005	52.6	47.4	84	16	72.1	4.4	57.8	24	18.2
2006	52.7	47.3	80.6	19.4	67.3	4.8	43	40.3	16.7
……									
2010	50.7	49.3	80.1	19.9	65.2	5.8	45.8	23.1	31.1
2011	50.5	49.5	80.3	19.7	64.8	6.1	48.2	22,5	29,3

上表说明:

1)上海轨道交通主要乘客群以本地乘客群为主;

2)年龄在30岁以下的乘客群是上海地铁的主要乘客群体;

3)乘客群中以上下班、上下学的通勤客流为主;

4)乘客群的男女比例相对比较接近、男性乘客略多。

根据上表提供的分类统计数据，可以对乘客按不同的特点进行归类，例如：按照乘客年龄分为年轻乘客群和非年轻乘客群体；按照乘客的地别分为本地乘客群体和非本地乘客群体；按照乘客出行原因分为通勤、因公出差或包括购物、旅游等其他原因，对乘客进行分类，有助于根据同类乘客群体基本相同的出行期望，根据乘客群的心理需求，提供相应的服务。

年轻乘客群体、本地乘客群体和非本地乘客群体是城市轨道交通比较典型的主要乘客群体，掌握他们的心理特征，有助于提高服务质量。

由于城市轨道交通的客流具有瞬时集中发生的特点，为了维持客运秩序就需要组织乘客有序流动，因此乘客排队的现象是屡见不鲜的现象，因排队而发生的乘客间的纠纷也不少见，有必要对排队乘客的心理特点进行分析，便于车站管理者和服务人员在进行客流组织时，减少管理者与乘客和乘客间摩擦的发生，提高客流组织的效率。

7.2 年轻乘客群体的心理特征

年轻是一个中性的词语，指年纪不大者，多指年龄介于十几岁至二十几岁间的人，主要是强调相对来说年龄处于较小状态的成人，本文将 30 岁及以下年龄的成年乘客纳入年轻乘客的范围。

年轻人由于涉世不深、血气方刚、精力充沛，因此在生理和心理上都具有自己的特点。从心理学角度进行分析：整个青年期就是成长过程中的过渡期，就其心理发展水平来说，是迅速走向成熟而又尚未达到完全成熟的阶段，这是我们分析青年心理的一个总纲。

心理的成熟以生理的成熟为前提，并受个体社会化过程所制约。在当前世界性的生理成熟提前的情况下，一般认为约经过一个世纪就可能提前一年的心理成熟期，因此也必然会影响到人们心理的发展。我们经常听见老人们惊叹说：现在的年轻人真比我们小时候厉害多了，就是生理和心理成熟提前的一个明证。

如果以人生观的确立作为心理成熟的标志，那么一般说来只有到了青年中期之末，一般相当于从大学毕业时，人生观才臻于形成，并逐步趋于稳定。青年心理发展的特点有二：一是积极面明显突出，但却伴随着消极面；二是自我意识存在明显矛盾。

7.2.1 心理发展中的积极和消极特点

年轻的乘客群体首先是属于青年人的范畴，因此在心理和生理特征中，必然有着年轻人在心理发展过程中的积极和消极特征，需要进行甄别和引导。

1. 朝气蓬勃勇往直前

由于年轻人在身体、生理和心理上都处于成熟高峰，因此具有充沛的青春活力，对自己的力量充满信心，感到没有任何力量能阻碍自己不断前进。其外在精神面貌表现为意气风发、朝气蓬勃、无所顾忌、勇往直前。

这种积极的冲动如果不加自我控制，超过了一定的限度，就会走向反面，成为消极因素。也有些青年因精力旺盛，但没有找到正确的途径发挥作用，就会无事生非，进行一些无益甚至有害的活动。

经统计：在城市轨道交通突发运营故障时，首先跳出来向管理者发难的乘客中，十之八九都是年轻乘客。

2. 主动积极、勇于创新

青年的抽象思维在这时期将有大的发展，他们对事物的认识与评价就不仅限于当前直接接触到的事情，能进行更多间接的判断和推理，并具有一定程度的预见性，他们对新鲜事物特别敏感，厌恶因循守旧，勇于探索和创新。

但有时年轻人也容易把尚未认识清楚的腐朽、错误的东西当或真理来接受。抽象思维能力较强，也容易脱离实际产生片面性结论，虽善于推理论证，但也可能表现为坚持己见的强词夺理。

例如：1999 年 3 月 1 日上海地铁在国内城市轨道交通行业中，首先推出自动售检票系统，由于当时系统尚处于调试阶段，因此为乘客的使用带来一些不方便，引起部分乘客反感，在反对地铁引进该系统的乘客中，青年乘客占有相当的比例，且大都态度蛮横、声色俱厉、强词夺理，但是随着系统调试的不断完善，也是地铁的年轻乘客们，最先熟练掌握了系统的正确使用方法。

3. 类似成人的新需要大量涌现，激起对生活的美好憧憬

随着知识阅历的增加，交往范围和生活领域的扩大，青年们的新需要就会大量涌现。例如：渴求完全独立自主；要求绝对受别人尊重；渴求参加社会活动，关心政治；要求丰富多彩的业余文化生活；渴望同辈人广泛交往，特别是志趣相投的知心友伴；强烈希望获得异性的亲密情意；对未来充满美好的愿望和向往。由于富有想象力，年轻人易于陶醉在憧憬中的快乐，而削弱了进取心和实际行动。

人的需要是无止境的，何况许多要求未必能被环境所许可，即或是合理的需要，如果没有充分考虑客观允许和具体情况，往往就会受到挫折。

在遇到阻碍而难以实现自己的理想时，容易引发对现实的不满，或凭冲动而蛮干，一旦努力受挫又容易引起悲观和失望。

4. 情绪强烈、情感丰富

情绪、情感和需要是紧密相连的，强烈的需要，也会激起强烈的情绪。如果误以为凡是需要的都是合理的，则在个人愿望不能满足时，就会引起强烈不满。

年轻人还容易误认为人间所有的关系都应是合理、公正的,对自己认为不公平的事就特别反感,而且常常以自己的情感体验去度量别人,对自己认为受到不合理待遇的人富有同情心。易被某种宣传影响而诱发激情,并由于认知、判断能力的下降,会发生一些有害的盲动行为。在与异性交往中也会因激情冲动而超越正常友谊界线。

例如:对于发生在城市轨道交通列车车厢中的乞讨行为,很少看到有年轻人挺身而出予以制止的,在其他乘客在进行制止时,有些年轻乘客尤其是年轻的女性乘客还会表示同情,客观上助长了车厢的乞讨行为。

总之,青年人富有理想、向往真理、积极向上的特点,但也往往由于认识上的局限性和心理上尚处于走向成熟的过程,容易在客观现实与想象不符时遭受挫折打击,以致消极颓废甚至萎靡不振,强烈的自尊也会转化为自卑、自弃。这些如果处理不当都会影响青年的身心健康。

7.2.2 青年自我意识的矛盾

青年时代的自我意识发展,逐渐摆脱了儿童少年时代,开始自我审视、探索内在的自我,并形成了在自我意识方面的矛盾。

1. 孤独感与强烈交往需要的矛盾

青年自尊心强,使许多思想情感不轻易向他人吐露;自我意识发现自己的内心世界是自己的个人秘密,是不能随便向外泄露的;如果此时长辈们不能正确地待他们,于是在一个阶段中就会造成青年心理上的闭锁性。

心理闭锁性导致与父母、师长及交往熟悉的人之间产生距离,感到缺乏可以倾诉衷肠的知心人。由于成人对他们往往训诫多于鼓励,批评多于同情,更加重了由闭锁性产生的孤独感。

2. 独立性与依赖性的矛盾

心理发展使青年度过儿童的他律阶段,进入自律阶段,青年自认为已经成人,强烈要求自作主张,竭力摆脱家长的管束,并往往自以为是。青年人最忌别人不把他当作成人对待,甚至儿童少年的东西都成了他讳避的对象。有人称这种力求摆脱幼稚时代的心理状态为心理上的"断乳",即心理上割断对父母的依赖关系,想与以往的时代决裂。心理上的"断乳"要比生理的"断乳"复杂得多,往往引起许多矛盾。处理不妥就会导致心身障碍。产生矛盾的原因,一方面是由于青年实践阅历少,当处于陌生复杂的情境时,心中无数;另一方面我国青年特别在求学期间在经济上还得靠父母供给,不可能得到真正的独立。而且由于既往的意识倾向作用,要想摆脱多年来形成的对家庭的依赖性并非易事。如报考大学、选择就业、择偶婚配等,一般都要征求父母意见。

心理上力求摆脱对父母的依赖，而在经济上又不得不依靠父母，尤其在青年人找工作比较困难的形势下，就形成了被称为"啃老"的青年人群，他们在心理上受到压抑，心理上就更容易走极端，遇事容易发怒。在地铁的乘客中往往就能遇到脾气暴躁的乘客，无端寻衅实际上是长期受到压抑的一种心理发泄。

3. 求知欲强而识别力低的矛盾

求知欲旺盛，对增长知识十分有益，但由于识别能力低，有时会瑕瑜不分，甚至吸取了有害的糟粕。由于顾及自己的面子和形象，对于自己不理解的东西往往不再象儿童那样去询问别人，而且是按自己的想法去理解，自圆其说，因之可能造成一误再误。

4. 情绪与理智的矛盾

青年对自己的追求和需要，往往奢望能尽快得到满足，并往往容易感情用事地处理这些问题。虽然他们也已懂得了一些世故人情的道理，但却不善于处理情感与理智之间关系，以致难以坚持自己正确的认识和理智的控制，而成为情感的俘虏，做出一些出格的事，事后又都往往为此追悔莫及、苦恼不已。在城市轨道交通突发运营故障时，哪些挑头闹事的年轻人，大都是在理智与情绪的掌控方面没有把握好造成的，而他们事后的忏悔书内容几乎千篇一律的写满了后悔。

5. 幻想与现实的矛盾

青年想象丰富、抽象思维活跃，对未来充满希望，对当前一时难以满足的需要，往往容易靠想象构思"美妙"的幻境，以"白日梦"来补尝和逃避现实。这种幻想或不切实际的理想，往往容易和现实发生矛盾，甚至导致对现实的不满，轻者苦闷牢骚，重者可能受不良倾向影响而做出越轨行为。此外，这种矛盾也会表现为"理想的我"与"现实中的我"发生冲突，冲突的结果往往是自寻苦恼，并造成自己的心理平衡危机。

总之，青年自我意识发展过程中矛盾是复杂的，除以上所述外，还有反抗与屈从、自负与自卑、自信与气馁等等，这些都是青年心理不成熟的表现。青春期的精神病发病率是相当高的，探其诱因往往是上述矛盾心理加深所致。所以善于和青年交知心朋友，循循善诱，平等、友好地给以指导，对于养成健康心理具有重要意义。

城市轨道交通的年轻乘客群也有着青年人的易激动、好面子、争胜好强、敢于出头和强词夺理等特征，因此需要管理者和服务人员在客流组织中加以诱导。

7.2.3　独生子女的心理特征

我国自从1978年开始在城镇全面推行独生子女政策后，出生的第一批独生子女正好在21世纪初步入职场。因此在轨道交通众多30岁的乘客中，独生子女占有相当的比例，有必要对独生子女的心理进行较深入的分析。从他们出生、成长的环境，研究他们的心理，从而掌握独生子女乘客共同关心和思考的问题，方能提高我们的服务质量。

独生子女不是我国特有的现象，在国外也很普遍，因此国内外对于独生子女的教育和个性心理都有较成熟的研究，也一致认为，由于独生子女成长环境不同于一般多子女的家庭，因此在个性心理的形成方面的确有其特点。

独生子女在物质、精神和社会等诸多方面一般都有着较强烈的占有或参与欲望，并表现出较高的渴望度。例如：在物质方面，由于独生子女的衣、食、住、行等条件往往比较优越，因此形成相互攀比的氛围，进而就逐步形成了一个以"质高物新"为追求目标的生活圈。

独生子女由于从小生活在父母和祖辈的溺爱娇宠形成的过渡溺爱环境中、在家庭里又没有年龄相近的伙伴，因此缺少与兄弟姐妹共同生活和交往的经历；同时由于家长对孩子过多的关爱，也使孩子在得到超量的爱和呵护的同时，严重淡化了家长的教育效果，因此养成大多数独生子女独有的一些共性的心理特点。

独生子女的个性心理的特异性已成为社会关注和心理学家们研究的热点问题之一。现实情况表明，独生子女获得的物质生活条件、教育条件都优越于非独生子女。其身体健康、智力水平等都得到较好的发展。而在心理状态、个性特点等方面则表现得与非独生子女有所不同。许多独生子女在独立性、合作精神、同情心、耐挫性及自理能力等方面，往往表现得与他们的年龄不相称。现代心理学研究已证实，独生子女在个性心理发展上，产生某些消极特征的主要原因，是家庭环境的消极影响及家庭教育的方法不当。主要表现在以下几方面。

1. 正面心理特征

独生子女的个性心理不全都是负面的，在社会生活中，毕竟正面的、积极的、正能量的教育是孩子成长的主流环境，在这样的环境下，包括独生子女在内的绝大多数孩子都有着良好、积极的心理特征。

(1)聪明开朗、善于思考，创造力强

独生子女的家庭一般人口较少，经济比较富裕，能充分提供孩子身体发展需要的营养品，较大限度地满足他们吃、穿、玩和学习用品等要求。

因是独子，家长望子成才之心尤为强烈，重视教育投资。同时由于教育对象集中，目标专一，父母双方心往一处想，劲往一处使，教育意见容易统一，而且家长有充裕的时间，充沛的精力和热烈的情感来精心教育培养孩子。这种得天独厚的优越条件，使独生子女性格开朗，体格健壮，智力发展良好，且具有较强的进取心和好胜心，优越感与自豪感。据统计，在"世界名人录"中，头生子女和独生子女占有统治地位。美国宇航员中的多数人也是独生子女。

人智力的高低与遗传有一定的关系，后天的教育起着决定作用，独生子女在家里受到的教育的机会多，父母也舍得投入，因而智力普遍较非独生子女好，才思敏捷，一项研究成果表明，一对夫妇子女的智力，与其所生子女数目有很大关系。孩子少的子女平均智力高于多产的家庭的孩子们。多数科学家诊断独生子女或长子的智力高于非独生子女及次子。如牛顿、伽利略、爱因斯坦等都是长子。独生子女性格孤独。这种孤独的性格在长大后，容易独立自主，思考力强，想象力较为丰富。

(2)同情心强，乐施好善

独生子女从小受到爱的抚育，性格善良，富于敏感，善于观察，能够理解别人的感受，因而有较多的同情心，对于一些无关紧要的问题，能够表示理解与体谅，也会大方地接受道歉，他们还喜欢亲近年纪比他小的孩子，表现出关注、爱护与忍让，很希望体会一下当大哥哥或大姐姐的滋味。

(3)办事认真，有进取心

在独一无二孩子的家庭里，父母对于子女期望高，普通重视早期智力开发和知识教育以及多种训练，对于孩子能力的培养与训练也颇注重实效。因而，使独生子女逐渐形成做事认真的习惯，无论做什么事，都非常用心，并且尽可能做得好一些，在上了小学之后，进取心也强，这是独生子女所能够取得成就的一个不可忽视的因素。

当然，就某一个具体的独生子女来说，其日常表现，可能与上述说的不完全同，但对大多数的独生子女而言，以上7条，则是共同的。从总体素质看，独生子女一般要优于非独生子女。

2. 负面心理特征

城市中大都数的独生子女从小就生活在予取予求的环境中，尤其是生活在三代同堂的家庭中，爷爷、奶奶、姥姥、姥爷对第三代的孩子往往宠爱有加，孩子想要什么大人就给什么，如果缺少正确的教育，往往就会造成独生子女性格上的的负面心理特征。

(1)依赖性大

随着生活条件的改善，在独生子女的家庭里，父母们也更是把全部的心血都倾注在唯一的孩子身上，家人往往对子女过分溺爱、纵容，有关孩子的事都大包大揽下来。孩子衣来伸手，饭来张口，自己什么也不用做，像个小皇帝。长此以往孩子就认为自己受到这些特殊礼遇是理所当然的，感到自己生来就应当受人关心、由人侍侯的，因此自己什么事也不干，也不会干，对大人的恩爱，完全不懂得珍惜，稍有不顺心如意，还会大发雷霆，发泄对大人的不满。平时在家里娇气十足，遇上什么难题也不想如何自己解决，总想依赖家人。

另外还有的家长对子女呵护太多，因为怕孩子出意外，限制孩子的户外活动，不让孩子做自己想做的事。甚至因为怕孩子被人欺负，而不让孩子与小伙伴一起玩耍，使孩子失去了与伙伴交往的机会，失去了学习、模仿各种社会技能的机会。这种过度保护下成长起来的儿童就像温室里的花朵，禁不起挫折、打击、胆小怕事、畏畏缩缩、事事依赖别人，一旦离开父母的怀抱，就难以独立地生活。

(2)任性专横

独生子女的特点就是独。没有兄妹同伴，独来独往，独吃独住独玩，因而也独尊，缺乏集体生活的经验，不懂得合作分享。

在家中父母唯恐独苗子女有意外，因此在生活上往往过度照顾，过度保护，使孩子生活自理能力差，具有较强的依赖性；在思想感情上，父母又视孩子为掌上明珠，百般宠爱娇纵，使孩子养成唯我独尊，娇气十足的个性；在劳动方面，父母唯恐独子累坏了身体，影响了学习，宁可事事自己动手，让孩子小小年纪就养尊处优，不爱劳动，不会劳动，不珍惜劳动成果，甚至不尊重劳动人民，包括不孝敬父母。

一般地说，独生子女家庭的经济条件较多子女家庭为优，独生子女自出生之日起，就得到家人很多的照顾，父母对孩子的吃、穿、用，玩都会尽量地满足。正是由于家人的宠爱、事事姑息迁就，孩子要什么就给什么，从而逐渐养成他们放任狂妄、自私、不合群等不良习惯。有的甚至稍不如意，就对父母随意打骂。

(3)自我中心

因其孤独，家长又自觉不自觉地迁就溺爱，日久天长，孩子会形成孤僻、任性的性格。在家里盛气凌人，在外面胆小如鼠，不善于正确处理人际关系，自私、冷漠，一切以我为核心等心理，导致心理的畸形发展。

溺爱是一种畸形的，丧失理智的爱。为了爱，对孩子一味迁就，甚至姑息孩子的缺点错误。由于家中只有一个孩子，孩子就成为家的中心，为全家人所关注，凡事任性而为。许多家长对独苗孩子呵护备至、宠爱有加，千方百计地满足孩子的一切要求，该管不管，该教不教，过度溺爱，一切围绕孩子转，事事处处以孩子的意愿为转移。在这种氛围的感染下，孩子心目中便形成了周围的人都得听我的，都受我支配的唯我心理，在与别的孩子相处时，也依然以自己为中心，生事任性而不考虑别人如何，养成自私、骄横、惟我独尊的性格。

(4)性格孤僻

由于没有兄弟姐妹，生活在单子女的家庭里，得到父母的爱过多，事事代为安排，加上都市生活格局的普及，多数人家都是各守各户很少往来。因此，孩子失去了群乐的机会，没有同伴间融洽的思想感情交流，没有同伴间健康的互相帮助和团结友爱的氛围，不知道什么叫手足之情，也很少理会朋友的关心和友爱，漠视一切。把自己藏在蜗居中，使得孩子逐渐养成孤僻、内向的性格，不知道如何合群与讨人喜欢，性格孤僻，待人冷漠，不合群，更不懂得关爱、谦让和分享。其实独生子女们也是十分渴望走出孤独，融入集体，但常常发现自己做不到也做不好，为避免受到他人讥笑，就更加远离集体、性格也更加孤僻。

7.2.4　年轻乘客的心理特点

年轻乘客具有年轻人的心理特点，而其中的独生子女乘客，尤其是本地的年轻独生子女乘客，更是不可避免地体现出青年人和独生子女的心理特征。

(1)热情好动、独立性强

年轻乘客的身上处处洋溢着青春的气息，活泼好动，在正常情况下并不与人有过多的交往，往往不是玩手机就是玩 ipad 或者就独自看书报杂志，浑身透出一股旁若无人、拒人于千里之外的神情。

但是一旦遇到意外事件，例如：有人问询或为遗失物品着急时，他们一般都会热情的予以帮助，至少会告诉他们向地铁管理和服务人员求助。

(2)维权意识强、态度固执

由于从小养成了以自我为中心的倾向，走向社会后也要求别人的尊重。在心理上往往自觉或不自觉地会表现出一些任性的心理迹象，当感觉到自己的合法权益受到侵犯，甚至有些是自以为受到侵犯，都会表现出一种强烈的维权言行，如果感到维权言行未被人重视，行为态度的表现就会逐步强硬起来，如果认为问题没有得到合理的解决，一般都会坚持已见，态度较固执。

(3)服务要求高、肯提意见

一分付出一分收获的思想是年轻乘客的想法，因此他们觉得自己出钱购票乘车，就应当享受应该的良好服务，换言之他们比较重视实际的服务质量。如果他们认为实际服务质量低于他们的心理期望目标，就会产生不满情绪，提出口头意见或建议或形成投诉意见都是常见的现象。

这种情况在城市轨道交通突发运营事件时尤甚，需要引起地铁管理和服务人员的重视，耐心听取他们的意见，本着有则改之无则加勉的态度，对于乘客的误解可以耐心地进行解释、对于提出的意见就应当态度鲜明地表示接受。

(4)自尊心强、情绪易偏激

年轻乘客的自尊心较强，尤其在大庭广众的场合，一般都不愿意接受批评或当众认错，因为这严重伤害了自尊心，因此地铁的管理和服务人员要避免在大众场合对年轻乘客的批评或呵斥，必要时可以请进办公室进行个别处理。

年轻乘客一般脾气性格都比较急，在自己认为正确的事情上往往难以听从别人的解释或意见，过多的解释有时反而会激化矛盾。

(5)尊重权威、能服从管教

年轻乘客对于来自乘客的规劝一般并不会放在心上，即使是乘客中的年长者的意见，一般也听不进去。年轻乘客总认为大家都是乘客、都是购票乘车，在乘车出行的方面是完全平等的，轮不到谁来教训谁。

但是对于地铁管理区域内穿制服的地铁公安、地铁管理者或服务人员，甚至地铁安保人员的规劝一般还是能接受的，尤其对地铁公安人员，甚至带有一种敬畏，在年轻乘客与其他乘客发生争吵或纠纷时，掌握这一点是很有用的。

掌握了城市轨道交通年轻乘客群体的心理特点，地铁的管理者和服务人员就应当以车站管理的权威身份，明确指出乘客应尽配合管理的义务，同时根据年轻乘客群体的心理特征和年轻乘客的个人性格特点，辅以针对性地的服务态度，往往就能对年轻乘客群体施行有效的管理，取得预期的客流组织效果。

7.3 本地乘客群体的心理特征

任何城市的轨道交通乘客中，本地乘客几乎总是最大的乘客群，尤其是作为缓解城市轨道交通拥堵的主要公共交通工具，地铁在早晚上下班、学的高峰时段，更是以本地乘客为主流的乘客群体。

这里所说的本地乘客不是指户籍意义上的本市居民，仅是指在当地生活了一段时间，而且经常乘坐地铁出行或以城市轨道交通作为首选公共交通工具的乘客群体。例如：进城务工人员虽然不一定有本城市的户籍，但是只要他们在这座城市中已经有了固定的住所、工作或在这座城市中已经生活了一段时间，在生活或工作中经常是乘坐地铁出行的，经过多次的实践后，对城市轨道交通的熟悉程度丝毫也不亚于有本市户籍的当地乘客，本文就将他们归入本地乘客群体的范畴。

由于经常乘坐地铁，本地乘客群体对于城市轨道交通的乘车环境、管理模式、规章制度、乘客须知等与乘车有关的事宜一般都比较了解。即使是当地居民，如是果不经常乘坐地铁，在乘车流程和业务的熟悉程度方面，明显不如这些虽然没有户籍，但是经常乘坐地铁的乘客们，因此本地乘客群体的区分，仅限定在是否经常乘坐地铁、对乘车业务和流程是否熟悉的范围内，与户籍无关。

7.3.1 本地乘客是高峰客流主体

在任何开通了城市轨道交通的城市中，本地乘客都是主流的乘客群体，在全部客流量中的比例一般都在50%以上，因此掌握和理解这部分乘客的心理和由此形成的行为特点，就是轨道交通客运管理和服务人员必需掌握的基础知识。

1. 高峰客流主体与特点

作为运送市民出行的公共交通工具的客流分布是不可能一直保持均衡的，其中客流最集中、客流量最大的状态就称为客流高峰。这种客流高峰状态发生的时段就称为高峰时段;客流高峰的最大客流量就称为高峰流量。

(1)高峰客流主体

人们在社会上生存,就要养家糊口、就要工作上班、子女就要上学接受教育,工作单位和学校就在家门口的情况并不多,除了自由职业者或居家工作者以外,人们大都需要定时出门,赶往工作单位或学校,因此上班或上学是城市居民家庭生活中的最频繁、最普通也是最日常、不可或缺的日程之一。

工作单位或学校都是人员集中的场所,有着严格的作息时间,要求企业的员工或学校的教职员工按照时间表,准时到达,人们就根据家庭所在位置与路途所需时间,规划自己离家时间。

市民如果集中在某一时段、选乘坐某一同类的公共交通出行,就会形成该公共交通工具在该时段的高峰客流,如果城市公共交通的运能不足,市民就会选择其他交通工具,交通工具数量的增加往往就会造成城市交通的拥堵。

通勤客流一般是构成早晚高峰客流的要素,高峰客流量越大,说明通勤客流搭乘的比例越高,因此城市轨道交通的早晚高峰客流量数值,在很大程度上也可以判断其在解决城市交通拥堵方面发挥的实际作用。例如:高峰客流量较小,就表明轨道交通主要以观光旅游客流为主、只有当高峰客流量较大时,才表明城市轨道交通已经成为城市居民通勤或出行时首选的公共交通工具。

早、晚高峰时段的大客流是城市公共交通客流的一个明显特征,城市越大、城市人口越多、高峰大客流的特征就越明显,一旦处理失当就会造成城市交通拥堵。由于城市交通拥堵归根结底是由于公共交通的运能不足引起的,因此运量较大、快速便捷的城市轨道交通才会被选中作为解决交通拥堵的重要手段之一。

(2)高峰客流的特点

有上班客流就有下班客流、有上学客流就有放学客流,因此在工作日或寒暑假以外的日子里,一天中总有2个客流集中的时间段,发生在上午的客流集中时间段就称为早高峰时段、发生在下午的就称为晚高峰。

① 高峰时段因地而异

城市轨道交通早晚高峰发生的时间段完全与该城市的生活节奏有关。在我国中、东部的大多数城市,单位或机关的上班时间,一般都定在8:00～10:00之间,因此早高峰时段一般发生在7:30～9:45,但是在我国的西部城市,由于地理位置造成的时差,一般比东部城市晚1～2 h,因此上班时间较晚,当然高峰客流的发生时段也就相应的推后了。例如:乌鲁木齐的上班时间一般定在上午10:00,则高峰客流发生的时间段一般就在9:00～9:45的时间段中。

② 早高峰客流量大于晚高峰

工矿企业、机关学校、商店银行等城市中的各行业，在上工、上班、上课或营业的时间上，基本是相同的，据不完全统计，市民能接受的计划路途耗时，一般为30～90分钟，于是在上班时间前的30～90分钟内形成的城市早高峰乘客群体最为集中，其中又以上班前30～45分钟的断面流量为一天的最大早高峰流量。

有去就要回，这是指公共交通上下行客流量在整体上的平衡，并不意味着晚高峰的客流量一定与早高峰相同，一般而言，城市轨道交通的晚高峰客流量要小于早高峰的客流量，而且晚高峰持续的时间相对也比早高峰时间短。

外出公干、业务联系、临时请假等各种原因都会造成企业或机关人员提前离开单位，此外一般学校的放学时间也要早于机关、企业、商店，这些因素的综合效果就是在客观上造成了晚高峰的客流量小于早高峰的客流量。

此外。由于下班后的时间完全是个人的私人时间，因此晚高峰乘客已经没有了赶点的必要了，早一点或是晚一点都无所谓，对于追求舒适的乘客，也有了充足的时间可以等待，因而大大缓解和降低了晚高峰时段的拥挤度。

③ 其他特点

客流集中、运能紧张也是高峰客流最显著的特点，此外，早、晚高峰乘客的出行期望也有所不同，前者将赶点作为第一要务；而后者一般更希望舒适些，如果列车过于拥挤，晚高峰乘客并不急于挤车，如果下一班车相对不太拥挤，他们在心理上也愿意等下一班车。

2. 高峰客流乘客的心理特征

通勤乘客是高峰客流的主体，正是因为他们将轨道交通作为上下班、上下学的首选交通工具，因此高峰客流乘客具有明显的通勤乘客群体的心理特征。

(1)赶点心理

通勤乘客由于预留的上班路途时间较紧张，往往是走出家门就直奔单位的2点1线式的出行路线，因此他们追求的是化最少的路途时间就能到达单位，他们对交通工具的选择也是基于这一点。

只要在覆盖范围内，城市轨道交通所具有的安全、快捷、准时、时间容易掌握等特点，必然就成为市民通勤的首选。

早高峰乘客群除了占较大比例的通勤乘客外，还有一批必须在早高峰时段出行的乘客群，例如：赶飞机、赶火车或赶班车的赶点乘客。与通勤客流相比，赶点乘客希望列车运行正常的心理期望比通勤乘客群更高，因为赶点乘客如果不能及时到达，其贻误后果远比通勤乘客严重。

由于列车的运行速度与运行状态是乘客不能掌控的，因此列车上的乘客大多只能用一种听天由命的心理安静的度过路途的时间。

城市轨道交通发生影响较大的非正常运行，并造成运行列车的贻误，经媒体曝光后，一般都能获得乘客工作单位的谅解，有些单位甚至规定，由于地铁的原因造成的上班迟到可以不算，因此通勤乘客一般并不太担心因地铁原因造成的迟到，于是通勤乘客的心理期望就变成按时登上列车。

与赶点乘客群体相比，列车上通勤乘客群体的行为表现基本上是安静的，即使遇到突发的运营故障，一般通勤乘客的态度也比赶点乘客缓和得多。

(2)将就心理

通勤乘客每天的出行规律一般都相对固定，例如：几点几分出门，几点几分到达地铁车站、从某出入口进站后通过某进站检票设备进入收费区、从某座楼梯进入站台、乘坐每天准时会出现的某一班车，如果没有特殊情况，他们在工作日基本上总是这样重复着这一乘车过程，并逐渐形成了固定的乘车规律。他们对每天都要光顾车站的布局、乘车线路、服务设备位置、设备性能等都非常熟悉，因此养成了乘客在候车时间、位置上基本固定的习惯。

轨道交通的进站、购票、候车、出站是必须履行的乘车程序，对于熟知车站布局的通勤乘客而言，必然希望在每一个环节都花费最少的时间，如果由于服务设备数量不足，在上述各环节都不能顺畅、快速地流动，往往就会引起乘客的急躁情绪，但是囿于时间的局限，他们没有时间与车站管理方争论，为了赶时间，他们一般也不愿意花费时间与服务人员理论，只要能尽快登上列车，他们对于非原则性的问题，一般都采取得过且过的将就策略，此时乘客的将就心理占主导地位。在乘客的行为表现方面"就近心理"、"从众心理"和"自我心理"的倾向就比较严重了，伴随着的是较明显的"焦虑"和"疲劳"的表现。

如果遇到突发运营事件时，更容易产生"怀疑"和"恐惧"心理。

7.3.2　非高峰时段的本地乘客

本地乘客一般都有主人情结的心理，尤其在遇到非本地乘客问询或求助时，只要时间允许，自己又恰好是知道的，一般都会给予热情的帮助，但是高峰时段例外，因为高峰时段往往没有足够的时间为求助者提供帮助。只有在非高峰时段，本地乘客不用赶点，在心态上也比较放松，于是为非本地乘客热情的提供帮助就成为一种主人情结的具体体现。

这种心理指导下，他们的行为表现可以是热情、耐心、周到和不厌其烦的，也可以是简单明了的语言或体态指示，这完全取决于个人的个性特征。

由于本地乘客熟知自己经常乘坐线路的运营规律，因此在城市轨道交通运营正常时，他们一般并不关心车站广播、通告，而往往是一如既往的按照自己的经验完成出行和乘车，因此他们对车站导向、广播、告示等一般都采取"熟视无睹"或"充耳不闻"的心态;但是在遇到突发事件时,由于自认为熟知轨道交通的运营规律,因此是激烈的批评者,所提意见往往"激烈而又尖刻",因此车站服务员必须了解他们的心理特点,进行及时引导和指点。

7.4 非本地乘客的心理特证

非本地乘客群体是城市轨道交通客流的另一重要组成,在城市轨道交通建设初期,非本地乘客在轨道交通乘客群中所占比例往往不高,但是随着城市轨道交通的发展日益加快,非本地乘客在客流整体中的比重将不断提高。作为衡量轨道交通服务质量和城市文明程度的重要指标,轨道交通管理者和服务人员必须了解他们的心理和可能发生的行为,才能提高整体的服务质量。

7.4.1 非本地乘客的分类

非本地乘客可以按不同的研究需要进行分类。例如:根据国籍可以分为:中、外乘客群体;从出行目的分为:旅游、因私、公务等;从在本市的居住时间分为:短期(1天~2周)、中长期(2周以上);根据从事的职业可分为:白领、蓝领和无职业等等。

乘坐轨道交通的非本地乘客最大的特点是流动性大,有些出差的或前来旅游的人群、也有些进城务工的人群,由于种种原因,未能在城市落脚,他们乘坐地铁就有可能是一过性的。

并不是所有非本地乘客对城市轨道交通都不熟悉,有些非本地乘客在城市居住的时间已经相当长,对轨道交通的熟悉程度丝毫也不亚于本地乘客,甚至比某些不经常乘坐地铁的本地居民可能还要熟悉地铁运营的规律,对这一部分非本地乘客就应当等同地视为本地乘客。

本节只对不熟悉轨道交通乘坐规定的非本地乘客心理进行基本的研究分析。

7.4.2 乘客的文化修养

非本地乘客群体中,不乏文化修养层次较高的人群。文化修养层次较高的乘客,可以很容易地从乘客个人的衣着打扮、风度气质、言语谈吐、行为举止等外观上进行识别,其中较具有代表性的是白领族。

因公出差或度假、旅游等乘客群体,也可列入文化修养层次较高的一类。由于文化背景、风俗习惯的影响,外宾和高级商务人员等非本国乘客也可归在这一类。他们的共同特点是:不需要考虑一日三餐的温饱和担心生活的无着落,他们追求获得人们尊重,在遇到突发事件时能以自身行为影响周边的人群,以体现自身价值、表现自己的潜能,在需要层次理论中,这是人们追求的最高层次。

1. 需要层次理论简介

需要层次理论亦称“基本需求层次理论”，是行为科学的理论之一。

需要层次理论是由美国心理学家马斯洛最先提出的。马斯洛（Abraham H. Maslow 1908—1970）是美国社会心理学家、人格理论家和比较心理学家，是人本主义心理学的主要发起者和理论家，他在上世纪40年代提出的需要层次理论和自我实现理论是人体主义心理学的重要理论，对心理学尤其是管理心理学有着重要的影响。

（1）低级需要和高级需要

在马斯洛看来，人类价值体系存在两类不同的需要，一类是沿生物谱系上升方向逐渐变弱的本能或冲动，称为低级需要和生理需要。一类是随生物进化而逐渐显现的潜能或需要，称为高级需要。

（2）5种不同的层次需要

马斯洛认为：人都潜藏着这5种不同层次的需要，即：生理的需要、安全的需要、社交的需要、尊重的需要、自我实现的需要。在不同的时期表现出来的各种需要的迫切程度是不同的。人的最迫切的需要才是激励人行动的主要原因和动力。人的需要是从外部得来的满足逐渐向内在得到的满足转化。

（3）需要层次的依次发展

马斯洛认为：人的5个需要层次是由低到高，依次发展的，在高层次的需要充分出现之前，低层次的需要必须得到适当的满足。在低层次的需要基本得到满足以后，低层次需要的激励作用就会降低，其驱动人们努力的动力就会下降，作为激发人们行为的动机就会减弱，由于不再能长久地保持人们努力的原动力，就必然被高一层次的需要所取代，高层次需要就成为推动行为的新的原动力。

有些需要一经满足，便不能再成为激发人们行为的起因，往往被其他需要取而代之。例如：从沙漠走进城市的人，一旦进入到随处可以讨到饮用水的城市，原先在沙漠中的找水的需要就不复存在了，取而代之的将是较高层次的需要：寻找一个安定的工作，以便能较长久存在的需要。

人类的5种需要不可能都实现或完全得到满足，想要的层次越高，需要被满足的百分比就愈少。例如：想要的最高层次是自我实现，然而世界上究竟有几多人能真正实现自己的最高需要层次！

（4）需要是激发行为的动力

人的行为产生于动机，而动机的产生在很大程度上依赖于人的需要。例如：当某人在饥饿的时候，就有吃食物的需要，为了满足需要，有人通过工作挣钱以便换取食物，有人就想走捷径，然后就会发生偷或抢食物的情况，当然也有人会采用其他的办法来获取食物，这就是行为—动机—需要三者的关系。

人的任何一种需要并不因为下一个高层次需要的发展而就宣告消失，各层次的需要往往是相互依赖的，高层次的需要发展后，低层次的需要因素仍然还是存在的，只是对行为影响的比重减轻而已。例如：当某个人找到了一份比较安定的、能保证收入的工作，他只要不被单位除名，应当是衣食无忧的，他的需要已不再是追求温饱，而是追求工作上能出成绩，这说明高层次的需要在发展，但是在市场经济的大环境下，一旦失去工作就会重新退回到解决温饱的需要层次去，因此保持工作稳定和解决温饱 2 个不同层次的需要，相互交织在一起、相互依存，只是在有工作的时候，解决温饱的需要被减低了或被或略了而已。

(5)满足需要才能实现提升

马斯洛认为：人类的 5 个层级是“逐级上升、较低级需要满足后，较高级需要才会产生并具有推动力。”具体的关系如图 7.1 所示。

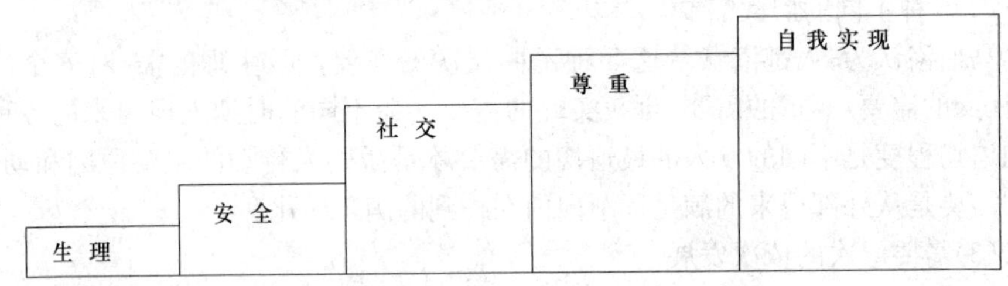

图 7.1　5 个层级的关系图

一般而言，前 3 种需要称为基本或低级需要，后 2 种需要称为高级需要。人们总是在满足基本需要后，才会追求高级需要。难以设想一个连自己的温饱问题都没有解决、没有基本人身安全保障的人，就要追求获得他人尊重，甚至就开始为实现自我设计的理想境界去奋斗，如果是这样，在其他人看来他就是在“痴人说梦”，很少会有人甘愿去追随他，他的自我实现的需要也更难以实现。由此可见，人的需要必须在低级需要满足的基础上，才能进一步产生高一级的需要层次。

2. 需要层次与文化修养

一般认为，需要层次较高人群的文化修养一般也比较高。当然不能排除在朝不保夕、过了今天不知道明天如何和没有广泛社会交际的人群中，也不乏文化修养较高的人，但是他们往往由于缺少机会或不需要显示，因而不被重视。

(1)需要层次与人的自尊

追求实现高层次需要的顾客，往往自尊心也比较强，所谓“文化人”往往就是追求这些需要层次的乘客的特征。追求高需要层次的人们最想要获得其他人们的尊敬，因此当他们感觉受到了侮辱或自认为受到不公正的待遇，往往表现得不依不饶地要求道歉，以满足自己的自尊心理。城市轨道交通的管理者和服务人员一定要了解他们的自尊心理，避免扩大矛盾。

一般而言，文化层次越高，需求的层次也越高，他们已经超越来生理的需要、安全的需要、社交的需要，进入尊重和自我实现的需要阶段，在外表上衣着整洁、行为上则谨慎而少言给人一种清高的感觉、有种与众不同或不屑与大多数人合群的感觉。但他身处一个新的环境，观察四周、寻找导向或告示是一种本能的行为，当前流行的说法就是"DIY(Do It Yourself)"译成中文就是"自己动手"。他们对车站的导向、公示、车站周边示意图等最为关注，一般在理解其含义后，就会"照章办事"，很少再向他人求助。

他们还有一个较显著的特点：有较强的社会责任感。他们对于自己认为有利于提高工作质量的建议，会立即向有关部门提出。如：为方便外国乘客，在车站一般都对导向、车站周边信息等标有相应的英文对照，他们往往会对其中的表示方式、语气、用词等提出许多有益的改进建议，其中尤以华侨为代表。

在城市轨道交通遇到突发事件时，车站管理者和服务人员就可以充分发挥他们的社会责任心，加强客流组织效率，因为有时候来自乘客的规劝更有实效。

(2)需要强度与追求热情

高层次的需要一般比低层次的需要具有更大的价值。热情往往是在人们追求高层次需要的过程中激发的。人的最高需要是个人的自我实现，也是最能有效和完整表现个人潜力的方式，惟此才能使人得到高峰体验。

马斯洛认为：在人自我实现的创造性过程中，产生出一种所谓的"高峰体验"的情感，这个时候是人处于最激荡人心的时刻，是人的存在的最高、最完美、最和谐的状态，这时的人具有一种欣喜若狂、如醉如痴、销魂的感觉。试验证明，当人呆在漂亮的房间里面就显得比在简陋的房间里更富有生气、更活泼、更健康；一个善良、真诚、美好的人比其他人更能体会到存在于外界中的真善美。当人们在外界发现了最高价值时，就可能同时在自己的内心中产生或加强这种价值。总之，较好的人和处于较好环境的人更容易产生高峰体验。

需要的强度越大，意味着对需要的追求欲望越加强烈和迫切，态度上表现得也越固执。过分的固执往往就难以理喻，在车站的客流组织和管理过程中，有时就可能会遇到一些顽固坚持己见、认为自己才是真理化身的乘客。对此就需要车站管理者和服务员在尊重的前提下，用事实说服乘客。

(3)需要的有意识转变

人的5种基本需要在一般人身上往往是无意识的。对于个体来说，无意识的动机比有意识的动机更重要。对于有丰富经验的人，通过适当的技巧，可以把无意识的需要转变为有意识的需要。

人的本能往往就是人的无意识动机引起的行为，例如：需要出行的人本能地首先会考虑便捷和准点的需要，然后就会转化为乘坐地铁的愿望。

2. 一般的非本地乘客

此处所谓一般的非本地乘客是指:非本地的、位于较低需要层次的、不熟悉轨道交通乘坐规定的乘客。初次进城打工谋生的、文化程度不太高的"打工族"就是典型的代表。

由于他们一般文化层次都较低、大都只能从事体力劳动,从社会分工角度看,他们从事的是比较简单、机械的工作,因此容易产生心理上的自卑感。又由于他们基本上不会讲本地话(能讲一点本地话的非本地乘客,一般在城市都已生活了一段时间,对轨道交通的乘坐规定已比较熟悉,就不在此列),难以在短时间内与本地居民融合,处在"人生地不熟"的环境中,自然还会产生一种较强烈的"戒备心理",对于陌生人善意的提示,往往只相信一部分,这是一种本能的"戒备心理"在作祟。

他们往往对车站的文字或图形类的提示或导向的理解不够,较多的体现出"从众"的心理现象,对于从未见识过的车站服务设备,如:自动售票机、查询机、进、出站闸机等往往不敢首用,希望有其他乘客使用后,才敢试用。

戒备心理形成了他们如下的行为特点:不敢轻易相信其他乘客的提示,更愿意服从车站服务员的提示;他们更愿意听从穿着制服的工作人员或车站民警的指挥。在遇到非正常运用的突发事件时,他们不会是领头闹事者,仅是"察言观色"和"人云亦云"的大多数。

他们处处要求与其他乘客的"平等对待",唯恐受到不公正待遇的心理,主要是"自卑感"的心理造成的。因此,车站服务员在回答他们的问讯时,必须有极大的耐心和诚恳,在态度和语气、用词方面一定要考虑他们的心理,避免引起误会。过分的关心和漠视都很容易引起他们的反感和误会。

尊重乘客、消除他们对"排外"心理的担忧,是对非本地乘客最基本、最关键和最重要的服务态度。对首次乘坐地铁的非本地乘客更要为他们提供耐心、细致和周到的服务,才能获得他们的信任和良好的口碑。

7.5 排队乘客的心理特征

排队是日常生活中经常可以看到的现象,在城市轨道交通的服务过程中,也不乏需要乘客排队的场合,在排队的队伍中,此时此刻的乘客是何种心理,不在排队队伍中的乘客又有何感想,如何化解排队乘客的心理纠结是城市轨道交通管理者和服务人员必须掌握和深刻研究的课题。

7.5.1 排队是最普遍的现象

排队是古今中外最普遍存在的现象。排队就是有目的地、一个跟着一个的列队，去从事于某项活动如图 7.2 所示。排队不仅只局限于人群，也可以是其他物体一个跟一个地的列队。图 7.3 就是排队等候乘客的出租汽车。

在人类社会中，一般认为排队是文明的一种表现。与有序的排队现象相对应的是无序的、混乱的争先恐后聚集的现象。

图 7.2　排队购物的人群

图 7.3　排队等候乘客的出租车

1. 排队现象产生的原因

大多数的排队产生于人们为了获得某种资源。资源的紧缺往往会造成分配的困难，人们在资源分配的实践中，逐步形成了“先到先得”的共识，进而就形成了按照先后次序列队的“排队”现象。因此排队是将有限的资源进行公开分配的一种较为公正的、人们也能够接受的方法之一。

有时候资源并不紧缺，但是囿于资源分配的速率跟不上人们涌入的速度，也会在短时间内造成混乱，形成局部或瞬时的排队现象，例如：地铁车票的发售应当说并不是稀缺资源，相反地是一种相对无限的资源，如有充足的时间，完全可以做到人手一张车票，即使如此，也难以保证售票设备前就不会发生排队现象。例如：某车站只有 5 台售票设备，而车站在瞬时涌入大量的乘客，往往就会在短时间内形成排队购票的队伍，可能这样的排队现象很快就会消失，但是至少说明即使资源并不紧缺，由于分配速度小于人们的需要，有时也会出现排队现象。

2. 资源分配的几种常见方法

人类社会常见的资源分配一般有以下几种方法。

(1)指定分配

某些资源只能分配给符合某些特定条件者，换言之，资源是指定分配给某些人群的。例如：在我国的改革开放以前，由于物质匮乏，很多商品是凭票供应的，也就是说某些商品是指定供应给某些指定的人群。由于购物票券一般都是按照市民的户籍发放，于是大量的非城市的消费者就成为了非指定的人群，无法获得相关的资源。

解决人民群众日益增长的物质需要就成为改革开放的动力之一，随着资源越来越充沛，凭票购物早已成为历史，但是指定分配作为紧缺资源的一种分配方法，在很多国家都有实施记录，例如：前苏联在十月革命胜利后，由于西方资本主义国家的经济封锁，造成资源极其匮乏，也在国内实行过凭票供应的指定分配方法。

(2)有条件分配

对紧缺资源的分配，还可以采取有条件分配的方法，即：资源获得者必须在符合某些条件后，才能获得所需的资源。例如：在我国改革开放前，有些城市曾经规定，病人家属必须凭医院的证明才能购买西瓜；在福利分房的年代，有些单位规定夫妻双方必须都是本单位职工才有资格分配住房。

资源的有条件分配完全是根据资源的多寡而设置条件的，虽然可以确保满足条件者一定能够获得相关资源，但是由于所需条件是人制定的，因此在条件制定的过程中，人为因素太过明显，容易引起新的不公。

(3)价高者得

在市场经济中，对于紧缺资源的分配还有一种方法就是：谁出价高、资源就归谁所有，最典型的就是拍卖。由于现代社会还是没有完全消除贫富差距，因此很显然这种资源的分配方法，完全取决于财富的多寡，而不考虑对资源需求的紧迫性。

(4)亲疏有别、私相授受

握有资源分配权利的部门或个人，利用手中的分配权，将利益授予亲戚的分配权，将利益授予亲戚熟人或将利益私下相授。也有人千方百计地通过托人情或利用职权等不正当的途径，谋取通融或利益。这也就是人们通常说的走后门。

这种方法与其说是资源的分配，还不如说是对资源的非法侵占，是一种不正之风，是需要反对和消除的现象。

(5)先到先得

先到先得的实质就是排队。在人类社会中，一般认为排队是文明的表现。在不同的社会中，虽然存在一定的文化差异，但是排队的现象基本都是相同的，都要遵循先到先得的原则。

排队是对有限资源的有效分配方法之一，是以顺序确保公平。排队是在公开的场合推行的先到先得原则，这原则人人都需遵守，且置于全体参与排队的人群的监督之下，任何人都没有特权。排队的顺序不因财大气粗而得以提前、也不因与资源分配者有亲戚关系而有所照顾，所以排队排除了“价高者得”或者“亲疏有别”、“私相授受”等的不公平行为，由此排队现象也被大众所接受。

3. 解决排队现象的几种途径

排队现象的产生有两大原因：资源不足与分配速度太低，因此要解决排队现象也必须从这两方面着手。

(1)资源不足从理论上讲只要有足够的资源，能满足所有的资源需要者，就不需要人们再去排队获得资源，然而在实际上却行不通。例如：为了确保城市轨道交通的全体乘客,不在检票设备前排队,就需要按照车站最大的客流量进行设备配置,但是车站客流量并不是恒定不变的,服务设备的数量如果满足了高峰时段客流的需求,就必然造成其他时间段的设备闲置;反之如果为了提高设备利用率而减少设备数量,就必然会造成高峰时段的乘客排队现象,因此研究客流量与服务设备配置数量的关系,就成为客运组织的一个重大课题,即使如此也难以完全消除乘客的排队现象,至多只是将乘客排队的等候时间控制在乘客能接受的范围。

(2)分配速度

有了足够的资源如果分配的速度不高,往往也会造成排队现象,区别仅在于这个排队现象将随着资源分配速度的提高而逐渐消失。苹果新款手机推出的最初阶段,尤其是首日,往往造成消费者连夜排队,这与制造商削减销售门店、人为地降低产品销售速度不无关系。虽然这是制造商的商业效应,但是客观上也的确造成了消费者的排队现象。

同理,当车站仅有的3个售票处需要接待一群乘客时,必然会造成售票处的排队现象,就是因为售票速度跟不上乘客涌入的速度,最好的解决办法就是增设临时售票处,加快售票速度,就可以尽快消除排队现象。

7.5.2　排队人群的心理

排队是人们以一种公开的、人人得以监督的、先来先得的、公众一致认同的方式来获取资源,因此排队现象体现出的是公开、公平、公正、受监督和合理的资源分配精神,并被社会认可和接受。排队需要消耗时间,排队消耗的时间,实际上也就是消费者为获得资源所付出的时间代价。

时间是每个人先天就拥有的基本资源之一,然而这一资源是不可再生、一去不返的,因此也是最宝贵的资源。正因为时间是人人都拥有的,所以当消费者愿意以排队的形式,用时间去换取其他资源,就显示了公平和自愿的基本原则。

人们为获取资源的排队是以消耗人们大量宝贵的时间为代价的,在排队等待资源的过程中,消费者的心理会发生波动,人们在排队时的情绪变化和心理表现就称为排队心理。

心理学家研究发现:在排队等待过程中,人们情绪的变化包括:压力、无聊和浪费生命的感觉。在生活节奏紧张的现代社会中,休闲时间已经变得越来越少,人们最不愿意的就是把它浪费在停滞中。

生活中永远都无法根除排队现象,城市轨道交通当然也不可避免地会存在排队现象,如果能够更好地理解排队乘客的心理,采取想要的服务措施,就可以让乘客在心理上接受某些不可避免的排队等待。

1. 焦急心理

在资源紧缺、不能做到人人有份的情况下，排在队伍后面的人就会有一种担心，惟恐自己花费了时间的代价而没有收获，或为此花费的排队时间超出原先的心理预期。这种担心与排队所花费的时间成正比。我们称之为结果的不确定性。排队的结果不确定往往是发生在排队的过程中，结果的不确定性在情绪上的流露就是排队者的焦急心理。

结果的不确定性往往会放大等待的压力和心理上的焦急程度，有效缓解排队者心理压力和焦急情绪的办法是：在排队前就明确告知排队的结果，或者为获得资源所需要等待的时间。事实证明提前告知排队结果或排队所需时间，往往可以改善人们对等待的感觉。

城市轨道交通如果由于运能不足，为确保乘客的人身安全，有时候需要对大客流车站采取限流或临时关闭车站的措施，即：限制乘客进入车站，待车站滞留的乘客疏散后，再重新开放车站。在限流期间，站外乘客就会排队等候，由于不知道车站重新开放的确切时间，就会产生焦急心理。车站管理者和服务人员如果不能有效疏导，就很有可能激化乘客的焦急情绪，酿成群体性事件。如果能够明确告知排队等候的乘客，车站将在半个小时以后重新启用，往往就能安抚乘客耐心等待，当然也会有一部分乘客不愿意花费时间等待，就会主动设法寻找其他交通工具，车站的客流组织压力往往就可以得到有效的缓解。

乘客一般总希望能尽快地登上列车，因此在等候列车的过程中，往往也会有焦急心理产生，采用预告列车进站时间的方法，客观上也可以起到缓解乘客焦急心理的作用。

2. 无聊情绪

等候的时候会感觉无聊，总要找点事情做来打发这段闲暇的、无聊的时间，所以我们可以看到站台上候车乘客的千姿百态：玩手机、看书报、来回踱步、坐而假寐、倚柱休息等等不一而足。当人处在无聊情绪中的时候，往往就会觉得等待的时间特别长，也就特别容易发怒，等人心焦就是指的这种状态。变无聊为有事可做是缓解无聊情绪的有效手段。

目前城市轨道交通的车站都有乘客信息显示屏，除了运营信息外，还有时事新闻等信息，此外有些城市的轨道交通车站还会发送一些宣传资料、企业报等供乘客免费取阅，也可以缓解乘客候车时的无聊情绪。

3. 先到先得

人无分男女老幼、中外贫富，只服从先到先得的服务原则，最能体现出排队的公平。排队的人群最不希望发生的就是后到先得，即：后来的人先得到服务。不参加排队的不外乎 2 类人，先到而不参加排队者和后到者，他们的心理与排队者完全不同，希望不排队而能立即获得服务，如果他们的希望得逞，排队的秩序和公平就不复存在，立刻就会引起现场的混乱。车站客流秩序的混乱极易造成乘客人身安全事故，是必须避免的。

如何才能在确保车站客流秩序的同时，确保排队乘客的利益，并缩短排队等候的时间，这是每个车站管理者和服务人员必须思考的问题。

例如：某车站开启的一个售票窗口前，排有几十位乘客在等待购票，为了提高服务质量、缩短乘客等候购票的时间，最好的办法是再开启一个临时售票窗口。这个临时售票窗口应当如何开启呢？

(1)随意开启可能引起不满

看到后来的人先于自己得到服务，人们会特别愤怒。有时候，这种记忆会保留很久。插队现象还会引发全体参与排队人群的集体不满。

按理增开一个临时售票窗口可以加快售票速度，减少排队等候时间，应当获得排队人们的欢迎，然而贸然处理往往会造成售票窗口前原先有序排队人群的骚动和不满。究其原因就是原先排在队伍后面的人，可能因为新开的服务窗口服务而获得优先的，造成部分人群的不满，严重的还可能造成局面失控。

(2)拆分队伍后再开启窗口

如果在临时售票窗口启用前，先由一位服务人员将排队人群前1/3后面的一部分队伍，引导到即将开启的临时售票窗口前，上述的混乱和乘客不满的状况将获得极大的改善，虽然不可能使人人满意，但是可以将不满意的人群尽可能地减少到最少的限度。在这种状况下，不满意的人群仅限于服务人员引领人群的前1/3这些人，一方面由于他们也即将获得服务、另一方面在人数方面也不占优，更何况由车站服务人员的指挥，因此他们的不满情绪一般处于可控的范围。

4. 提高服务质量

如果乘客的实际感受超出心理预期，在乘客的心理上表现得就比较愉快。例如：乘客预计的排队等待时间变短，往往会使乘客的情绪高涨；反之就会不满意。在其他条件不变的情况下，等待时间比预计更短的人在离开时，比那些等待时间比预计更久的人表现得要更愉悦些。

(1)心理期待与排队忍耐度

长时间的排队，为什么有人可以忍受，有的人却容易烦躁焦灼？

从心理学的动机理论分析，这是由于对排队后的体验有不同的期望。排队后的体验对于个体的诱惑力越大，个体愿意承受的排队时间就越长。比如去迪斯尼，每个游乐项目排队等候的时间都很长，可排队的年轻人还是显得很兴奋，少有怨言，因为他们的心理状态是为了游玩、甘愿排队，他们在潜意识中认为花时间排队是值得的。但中老年游客一般就不太愿意为了游玩而花费许多时间去排队，他们更愿意在茶肆中消磨时间，而这恰恰又是年轻游客所不愿意的。

可以说，期待感和可以忍受的等待时间是成正比的。反之，那些没有很高期待的游客，对花费较多时间排队容易产生负面情绪。

城市轨道交通的许多排队现象是不可避免的，要使乘客认识到为了顺利出行，眼下的排队是必须的、也是值得的，往往就能减少乘客的负面抵触情绪。

城市轨道交通车站的自动扶梯设施较多，在客流高峰时段，自动扶梯的入口端由于乘坐人数较多而经常会发生排队现象，服务人员需要高度关注，确保有序排队，唯此乘客才会根据愿意花费的时间，自己选择乘坐自动扶梯还是走楼梯。

(2)注意力与烦躁情绪

烦躁情绪与人的注意力过分集中有关。一般而言乘坐电梯比走楼梯节省时间和体力，可为什么有的人在等电梯时会表现得非常不耐烦，表现在情不自禁地不断按按钮？如果改走楼梯，尽管付出体力、且花的时间更多些，倒反而不烦躁了。这其实与人的注意力有关。在等电梯时，人的注意力相对集中，等的时间越长就越烦躁；在走楼梯时，人处于运动状态，在行走时要看台阶、注意力比较分散，也就不容易产生烦躁情绪。

心理学根据人的神经系统特征将人分成：胆汁质、粘液质、多血质和忧郁质等4种气质。4种气质肯定各有长短，但从排队这个活动来看，可能胆汁质的人反应会比较大，而粘液质的人则比较能忍受等待。

城市轨道交通的垂直电梯一般仅在数层楼层间运行，虽然乘客等待的时间一般都不会太长，但是服务人员仍然要了解乘客在等候电梯时易产生烦躁情绪。

(3)分散注意力弱化等待感觉

排队时，能合理安排时间的人比较容易安心，因为他们善于分散注意力。如一些乘客在等候列车时或在列车上就做好了等待的心理准备，带上了图书、杂志、报刊、mp3等，尤其在智能手机已经大量普及的今天，乘客们转移注意力的手段越来越丰富。人的注意力分散后，对时间的概念就会弱化；而那些空等的人，时间概念则往往会被强化，容易产生一种度日如年和浪费时间的感觉。

城市轨道交通可以利用免费发放的乘车须知、乘车安全等宣传品和车站的乘客信息显示系统进行乘车常识或信息发布，有意识地转移乘客的注意力，尽量设法帮助乘客消磨候车的时间，可以有效弱化等待的烦躁情绪。

城市轨道交通的乘客群体的心理是动态变化着的，管理者和服务人员需要在掌握心理学基本原理的基础上，因人而异地进行分析，了解他们的服务期望和服务需要，才能提供优质高效的服务，获得乘客的满意。

思　考　题

1. 何谓乘客的“三老”特征，有何特点？
2. 年轻乘客群体有哪些心理特征？
3. 本地乘客群体有哪些心理特征？
4. 非本地乘客群体有哪些心理特征？
5. 排队乘客群体有哪些心理特征？

第8章　提高车站工作人员的心理分析能力

轨道交通管理和服务人员往往只能看到乘客的外在行为，而人的行为是由其动机和需要决定的，因此需要运用心理学基本原理，对乘客进行心理分析，才能理解乘客的行为、动机和需要。

通过对心理学基本概念、理论和对轨道交通主要乘客群心理分析的学习，车站服务人员应该已经具有一定的心理分析能力，并可运用心理学知识，对大多数乘客外在的行为表现进行分析，获知指导乘客行为的动机，进而可以准确地判断出乘客的需求，为乘客提供所需的相关服务。

理论研究是为生产力服务的，理论的实际效果归根结底还是要在实践中进行检验，心理学的理论当然也不例外。城市轨道交通的管理者和服务人员每天要面对成千上万的乘客，乘客的行为又都带有各自的个性特征，即使是同一位乘客，受到本人心情的影响，很有可能在其行为表现也会有异常，为了使管理者和服务人员能够及时了解乘客需要、及时提供他们所需的帮助，就必须提高车站服务人员和管理者的心理分析能力，同时车站管理者和服务人员也需要在工作实践中不断总结和尽快提高对乘客需要的心理探索，才能真正提高乘客对城市轨道交通的满意度。

8.1　提高业务技能

城市轨道交通的管理者和服务人员的首要职责是组织车站客流、维持车站正常的客运秩序，为此就需要根据轨道交通运营特点组织乘客有序地流动，在整个客流组织的过程中，要使乘客服从安排，首先就要提高组织者自身的业务技能。

心理学告诉我们：乘客的行为取决于动机，而动机就是乘客的想法或者是要达到的目的。乘客能否服从管理者的指挥，也取决于乘客是否明白或知晓自己为什么要这么做，以及这样做的后果是有助于自己实现目标的。

正因为动机与行为是一种因果关系，因此在某种程度上可以说有什么样的动机就有什么样的行为，不同的心理会形成不同的动机，也就会产生不同的行为。

车站管理者和服务人员可以从车站常见的现象着手，提高自己的管理技能。

8.1.1　排解围观人群

围观是公众场合最常见的现象之一，城市轨道交通车站也难以幸免，尤其在城市轨道交通突发意外事件时，乘客的围观现象更是屡见不鲜。例如：乘客间发生纠纷甚至斗殴、乘客与车站服务人员发生争论或争吵、有乘客跌倒、不适甚至受伤等等，往往都会造成大批乘客的围观。

车站的围观现象不但影响到车站正常的客流秩序，严重时还可能影响到客运组织的正常进行，因此车站管理者必须及时排解发生在车站的围观现象，才能维持车站的正常客流秩序，确保乘客安全，实现顺利出行的目标。

1. 好奇心是形成围观现象的重要因素

好奇心是造成群众围观的重要因素之一，实际上人类性格中，先天就有好奇心，从某种意义上说，好奇心是人类探索未知世界、促进学习的原动力之一，当然有时候好奇心也会闹出笑话。有这么一个例子：

马路上出了一件交通事故，大家都在围观，有一个人没能挤进去，光听见里面的人在议论："呀！真惨，都压成这样了。""可不，我看是活不成了。"他灵机一动，大喊一声："麻烦让个道，我是死者的哥"，人们让开一条道，他进去一看，地上躺在一只猫。

这位"猫哥"行为的出发点是为了满足自己的好奇心，因此想了解围观人群里发生的事，由于难以挤进人群，因此才造成了他产生冒充"猫哥"的想法和行为。以此类推，如果有人为了了解围观人群的中心发生了什么事情，而冒充围观中某位乘客的亲戚，应该也是可以理解的。

(1)好奇心是人的本性

人的本性先天就有一种求知欲望，有一种希望自己能知道或了解更多事物的不满足心态。好奇心就是人在遇到新奇事物或处在新的外界条件下所产生的注意、操作、提问的一种心理倾向。

当人们面临新奇的、神秘的或自相矛盾的事物时，好奇心往往会产生3种形式的探究行为：

① 感官探究

感官是人们感受外界事物刺激的器官，包括眼、耳、鼻、舌、身等。人类最初认识世界，就是通过人类的感官进行的，因此听觉、视觉、嗅觉、触觉、味觉都可以成为探究外界事物的手段，好奇的人们往往自觉或不自觉地就会采用自己的感官。例如：我们常常可以看见围观人群最外层的人们：有的踮起脚拼命地想看清楚里面发生了什麽事；皱着眉、使劲地嗅，总想闻出些特殊的味道；伸长耳朵拼命地想听听周围人们的议论，从而判断出事情的大概。围观人群的行为林林总总，但是不外乎就是利用自身的感官去探究事物，以图满足自己的好奇心。

② 动作探究

动作是指：人们具有一定动机和目的，并指向一定客体的个体运动。人的动作不是孤立的，总是包括在人的整体活动之中，是活动的组成部分。人的动作是以自觉的目的为特征，并且总是由一定的动机所激发，因而具有社会的性质。

需要指出的是：行为与动作2个词虽然有时可以连用，称为行为动作，但是人的动作与行为实际上是2个概念：前者强调的是肢体的运动，后者则偏向于可能造成的结果。例如：某人仅用语言进行漫骂，其行为结果就可能对他人造成伤害，但是他可以是没有任何动作的。又如：在朋友需要帮助的时候，你无动于衷，沉默着，不说话也无动作，虽然你没有任何动作，但你的行为结果却会让朋友很伤心。因此没有动作，也可以是一种行为。

一般而言，行为往往带有一定的感情色彩，而动作的感情色彩就要少些。例如：在舞蹈练习室里，教练说你的动作不好，希望再练习几次，但教练不能说你的行为不对，你的行为是为了学习，所以此时行为是对的，动作是错的。

好奇者为了探究事情发生的原因，往往会采用动作进行探究，这种动作往往并不带有任何感情色彩，不计动作可能带来的行为后果。例如：城市轨道交通车站有许多紧急设备是禁止乘客擅动的，但是在好奇心的驱使下，有些乘客就会去触动这些设备，造成列车运行的不正常，这就是不计后果的行为。

③ 言语探究

语言是以语音为物质外壳，由词汇和语法构成并能表达人类思想的符号系统。语言的功能可以分为社会功能和思维功能两方面，其中社会功能包括信息传递功能和人际互动功能。为了满足人的好奇心，人们首先想到和习惯性使用的办法就是询问。我们经常可以看见后到的好奇者向其他围观者问长问短地打听，就是在进行言语探究。

无论是感官探究、动作探究还是言语探究，这都是好奇者为满足自己的好奇心而经常和习惯性采用的一些方法。

(2)善于引导实现管理目标

好奇心是一种内在动机，主要由外界刺激物的新奇性所唤醒。好奇心也反映了人们认知的需要主要由外界刺激物与预期的不一致所唤醒。这种被唤醒的好奇心具有情感的力量，但是对于要改变人们已有习惯，往往需要加以合理的引导。

例如：初次进城乘坐地铁的乘客，对地下开行的火车就会产生好奇，对于人们有序乘车的过程也会产生好奇，对于城市居民已经习以为常的乘坐地铁出行也会感到新鲜，这就促使他们认真观察其他乘客出行过程中的每一步骤，在学习和摸索中提高和熟悉乘坐地铁的规律，并最终成为一名熟练的、合格的乘客。

城市轨道交通管理者和服务人员，应当充分利用乘客对新生事物的好奇心和探究精神，经过精心安排和合理诱导，为客流组织的目标服务。例如：某车站的换乘通道做了调整，或某出入口外的周边环境发生了变化，车站管理部门就应该在客流必经的关键地点，设置引导性的导向标志，不可否认的事实是：首次按照引导标志行动的乘客，心中或多或少的带有好奇心——“怎么与原来的乘车习惯不一样啦？且跟着走一回。”在引导标志为乘客出行带来方便，并使乘客改变了原有的乘车习惯的过程，也是就使车站的客流组织目标得以顺利地实现的过程。

(3)信息公开才能消除好奇心

不同的个体面对同样的认知信息，会产生不同水平的好奇心，这是由个体对当前认知信息的兴趣、信心与期望不同造成的。好奇心的强度与个体对相关信息的了解程度有关，与个体的信息缺失产生的不愉快感有关。

人们之所以会产生好奇心，主要还是为了探究未知，也正是通过这些探究行为，人们才能有选择性地了解周围事物，并由此积累大量的经验。应当说如果这些探究行为如果能够给以正确的引导、强化与满足，就会逐步内化为乘客们良好的心理品质。当然为了消除人们不必要的好奇心，及时公布信息，使人们了解事件的真相是十分重要的。

信息滞后往往造成流言四起，而流言的危害是严重的，最好的解决方法无疑是及时发布准确的信息。

早在我国的古代，人们就已经认识到流言的危害，有一则成语故事叫“曾参杀人”讲的就是流言的危害。这则成语的大概意思是：

孔子有个学生名叫曾参，在其家乡费邑，有一个与他同名同姓也叫曾参的人。有一天在外乡杀了人。顷刻间，一股“曾参杀了人”的风闻便席卷了曾子的家乡。

第一个向曾子的母亲报告情况的是曾家的一个邻人，那人没有亲眼看见杀人凶手。他是在案发以后，从一个目击者那里得知凶手名叫曾参的。当那个邻人把“曾参杀了人”的消息告诉曾子的母亲时，并没有引起预想的那种反应。曾子的母亲一向引以为骄傲的正是这个儿子。他是儒家圣人孔子的好学生，怎么会干伤天害理的事呢？曾母听了邻人的话，不惊不忧。她一边安之若素、有条不紊地织着布，一边斩钉截铁地对那个邻人说：“我的儿子是不会去杀人的。”没隔多久，又有一个人跑到曾子的母亲面前说：“曾参真的在外面杀了人。”曾子的母亲仍然不去理会这句话。她还是坐在那里不慌不忙地穿梭引线，照常织着自己的布。又过了一会儿，第三个报信的人跑来对曾母说：“现在外面议论纷纷，大家都说曾参的确杀了人。”曾母听到这里，心里骤然紧张起来。她害怕这种人命关天的事情要株连亲眷，因此顾不得打听儿子的下落，急忙扔掉手中的梭子，关紧院门，端起梯子，越墙从僻静的地方逃走了。

以曾子良好的品德和慈母对儿子的了解、信任而论,"曾参杀了人"的说法在曾子的母亲面前是没有市场的。然而,即使是一些不确实的说法,如果说的人很多,也会动摇一个慈母对自己贤德的儿子的信任。由此可以看出,缺乏事实根据的流言是可怕的。

设想一下,如果在第三个人向曾母报告前,官府就派人告诉曾母,这是同名同姓的误会,曾母还会匆忙逃走吗,因此及时发布信息是消除流言的有效手段。

城市轨道交通往往在发生突发事件的时候,有些不明真相的乘客,往往就会根据自己的臆测,一传十、十传百地将原先的猜测变成了流言,造成其他不明真相乘客们的恐慌。由于城市轨道交通车站的空间有限,群发性的恐慌将是十分危险的,也是车站管理者必须提防和避免的。采用广播和人工宣传的方法,及时发布车站公告和相关信息,能有效和迅速地恢复车站秩序。

8.1.2 乘客性别差异

男性和女性的心理表现也有不同。例如:到了一个陌生的环境,男性喜欢独自寻找标识、导向、阅读说明或告示,而女性则向人询问、打听,又如:同样是问路,男性一般喜欢问清东南西北的方位,而女性则偏重于往左还是往右,这些都是男女心理差异造成的行为差异。

男女在心理上也有鲜明区别:男青年直率、雄心勃勃、大胆、争头精神强,对爱的要求强烈而且主动,喜欢与美丽、聪明、活泼的女子交朋友;女青年则羞涩、腼腆、胆小、多愁善感、温文尔雅,对爱的要求被动,对被爱的要求强烈,喜欢与可靠、成熟、能体贴人、有男子气的男性为友。这种男女性格和行为上的心理特征被心理学家称为第三性征,即性别程度,简称性度,指的是男性气质与女性气质的明朗化。

传统观念认为男子气质的突出之处是刚强、女子气质的珍贵之处是温柔,也在一定程度上影响着男女的心理培养。当然随着时代的进展,男女的气质内涵也发生了较大变化。如女性中也不乏热情泼辣、豪爽刚烈、精明强干者;男性中也涌现出不少刚柔共济、感情丰富、务实稳重者。

在城市轨道交通的管理和服务工作中,也往往可以从服务人员的工作实践中印证上述事实。例如:如果有一群男乘客问询,则他们一个比一个问得仔细,人人都不愿意盲从;相反,如果是一群女性乘客问询,则基本上大家都不开口,任由她们中较有个性的乘客问询后,带领其他乘客行动;如果有男女乘客同行,则一般都是由男乘客问询,女性乘客往往是听从于男性同伴。这倒并非是"大男子主义"在作祟,主要还是男女性别差异的缘故。

城市轨道交通的管理者和服务人员应当认识到男女乘客在心理上的差别和对服务的不同需求,对于女性乘客的问路,车站服务人员在回答时,要避免用东南西北等方位术语，简单明了地指出方向即可。只有理解男女性别在问询时可能发生的区别，服务人员才能更好地满足他们和她们对服务的需要。

8.1.3　乘客文化修养差异

人们习惯于将一个人的精神面貌和整体形象用文化修养来描述，实际上文化与修养得分开解释：

文化是人文文化与科技文化各学科的总和；修养的"修"具有吸取、学习的含义，为的是打下知识体系的基础、所谓"养"则是在"修"得的知识基础之上的提炼、批判、反思乃至升华。因此个人的文化修养就是指：随着个人文化的提高而逐渐养成的待人处事的正确态度。

由此可见每个人综合素质的形成，是一个不断学习、总结和提高，并最终形成具有个人特色处事风格的过程，换言之，修养与人的文化程度密切相关，因此人们往往是通过观察人的文化修养来判断其人的综合素质。

不同文化修养的人有不同的行为和处世方式，先看一则小幽默：有一杯啤酒中落入一个苍蝇，各国游客文化背景的不同，各有其处理方式：

美国人叫来侍者说："下次再倒啤酒时，请把有苍蝇的啤酒和没苍蝇的啤酒分开倒，让喜欢苍蝇的顾客喝这一杯。"

日本人叫来了经理狠狠地训斥："你们是怎么做生意的，怎么能给客人提供这种服务呢?"

英国人则很有绅士风度地将钱压在啤酒杯下，然后悄悄地离去了。

瑞士人毫不在意地将苍蝇一倒，照样喝。

某国人则连苍蝇也不倒，喝到还剩一小口时，叫来服务员："这里面有苍蝇，换一杯。"

更有某国人，将没有苍蝇的啤酒喝剩下一口后，就将刚才瑞士人倒出来的苍蝇往杯里一扔，然后喊来服务员："你看，有苍蝇，快换一杯"。

上述文化修养上的差异，造成的不同行为，体现出不同的文化修养形成不同的心理，进而产生了不同的动机，并最终形成了各种不同的外在行为表现。

上述杜撰的小幽默，实际上是在集中萃取了世界各国的民族特征和文化后，拼凑而成的，仅为博得一笑而已，但由于文化修养的不同，而造成后来人们处世方式的差异，却是被大家认同的。

城市轨道交通的乘客来自世界，乘客的文化修养本身就有区别，更由于我国文化教育和广阔地域造成的风俗习惯的差异，造成了轨道交通乘客的文化修养差异巨大，其差异性主要集中表现在以下 2 个方面。

(1)文化程度的差异

文化程度是表示一个国家、一个民族人口素质的重要指标，它标志着一个国家的文化教育普及和发展程度。虽然我国法律规定，适龄儿童和青少年都必须接受义务教育，作为国民教育的重要内容，国家、社会和家庭也必须保证他们有受教育的权利，但是地区经济发展的不平衡往往制约了经济后进地域教育活动的开展，造成同龄的一代人间的文化差异。

随着我国城市化进程的加快，大量的农村人口进入城市生活，使城市轨道交通乘客中的文化差异迅速扩大。不同文化修养的人在相应的层次上是有区别的。

一般而言文化程度越高、其个人修养也应该越好、社会地位也越稳定，在需要的层次方面也位居高端，获得人们尊重是其最基本的要求。

城市轨道交通的管理者和服务人员应当学会识别不同文化修养的乘客，最常见和通用的识别方式是：听其言、观其行。

文化修养较高者一般都具有以理服人和以身作则的基本素质。他们对获得尊敬的愿望甚至超过他们对服务的需要，他们对服务提供者的服务态度更为敏感，他们的说话用词也比较婉转，给人是一种文绉绉的“文化人”的感觉。同样的文字，由于服务员说时语音语调的不同，给他们的感觉都不同。例如：对于问路的乘客，服务员回答“往那边走”如果语音语调升高，就带有一种命令和指挥的口气，敏感的乘客就会产生反感。

对于文化修养较低的乘客，他们更加追求的结果，同样是上述问路，如果服务人员说：“关于您问的问题，其实对于您一点也不困难，您瞧这儿的导向标志都清楚地标着呢，……”可能性急的乘客已经把你还没说完的话打断了。对于他们只有知道下一步如何行动，并不太追求服务的形式。他们的说话用词往往也是直接明了，不太考虑他人的感受。在城市轨道交通车站经常可以听到刚进城打工乘客向服务人员的问询：“喂，换乘 4 号线怎么走？”。如果我们的服务人员必须了解这些乘客并不是对服务人员的不尊重，仅仅是习惯使然，丝毫也不带有歧视的意思，心理上也就可以释然了。

特别需要指出的是：目前有些人简单地将文化修养的差异归纳为“乡下人”和“城里人”，前者以进城务工的农民工为代表、后者则简单地认为是白领阶层。实际上这是很大的误区，在浩浩荡荡进城谋生的打工人群中，不乏有文化和修养的人士；同样在所谓的有教养有文化的人士中，也不乏素质低下的人，只不过将自己的粗鄙掩藏在文化的外表下而已。因此必须了解不同文化修养的乘客对服务的不同要求和他们的处事方式，才能理解乘客对服务的需要，提高服务质量。

(2)中外文化的差异

从历史文化的角度来说，中西方文化无论从萌芽、发展到现在的格局无疑是各具特色的。一个偏重群体关系和整体作用，提倡大家庭理论；一个偏重个体能力和英雄主义，提倡自由万岁。在两个文化理念截然相反的作用下，培养出中西方不同的处世方式和行为特点。不可否认中西方由于文化和风俗习惯的不同，必定形成在思维、行为方面的差异。就以儿童教育为例：如果中国城市里的儿童，在学步时，摔倒了，别说孩子的父母，就是孩子的爷爷、奶奶、姥姥、姥爷都会赶紧上前搀扶，惟恐把孩子摔坏了；可是在西方遇到这种情况，大人不但不会去搀扶孩子，反而认为这是孩子在成长过程中必须要付出的代价，其结果是造成了长大后的成人在独立性方面的巨大差异。在城市轨道交通中西方乘客中，这种差异就特别明显：中国乘客一有困惑就找车站服务员问询、而西方乘客遇到同样问题往往是首先寻找是否导向标志或相关的指示说明；在行动上西方乘客更多的信奉“DIY”（Do It Yourself），译成中文就是“你自己设法解决”的意思。

只有了解了中西方乘客的文化差异，才能为他们提供所需的服务，下面是发生在上海地铁某车站真实的一件事，很能说明中西乘客的差异。

某天笔者巡视上海地铁的人民广场车站，发现在6台自动售票机前，每一台设备前都排起了近20人的长队，购票排队的队伍已经堵住了正常进出站的通道，影响到持卡乘客的检票进站与验票后的出站客流，于是就与站长商量，请她增设几个临时售票点，用加快购票速度的方法，临时性地解决一下影响乘客进出站通道的问题，很快由二张桌子和二位身挎售票袋的二个临时售票点就忙开了，自动售票机前的乘客拥向临时的人工售票点，自动售票机前的队伍缩短了，乘客流动的拥堵状况也得以缓解，笔者欣慰地往其他地方去巡视了。

当笔者巡视其他地方后，再次回到这里时，被眼前的一幕惊呆了：6台自动售票机前，只有3台设备前各有一位国外乘客在自主购票，在2个临时的人工售票点前排起了2条长龙，排队人数比原先自动售票机前的队伍还要多，还都是国内的需要购票的乘客，而3台自动售票机前则空无一人。笔者百思不得其解，走到一位正在排队等候购票的戴眼镜乘客前，好奇地问：“自动售票机不是闲着吗，为啥还要花时间排队呢”，得到的回答完全出乎意料，乘客不屑一顾地回答：“有人服务，为啥不享受，还要自己忙活。”哦，天哪！原来某些国内乘客对人工售票持有这样的想法，这就难怪自动售票机前只有外国乘客了。

知晓了乘客的想法后，上海地铁就做出来决定：除了位于火车站、汽车站等个别的地铁车站还部分保留人工售票措施以外，其他车站一律撤销人工售票点，撤下的售票人员在自动售票机前担任购票业务的导购员，培养国内乘客的自助服务意识，业务上由导购员指导，取得了理想的车站管理效果。

上述二则真实的案例，可以充分说明由于文化背景和风俗习惯的不同，中外乘客的行为是存在巨大差别的，轨道交通管理者和服务员必须在掌握他们心理特点不同的基础上，才能提高服务质量。

8.2 分析乘客的服务需要

需要和动机是有区别的:需要是人积极性的基础和根源;动机则是推动人们活动的直接原因。

8.2.1 需要转化为动机的条件

我们已经知道人的行为是由动机驱动的,而动机是由需要而产生的,但实际上并不是所有的需要都会顺利转化为人的行为动机,需要转化为动机还必须满足以下2个条件:

1. 动机的强度

产生动机的需要,必须要有一定的强度,换言之,人们的需要要具有一定的迫切性和强烈的愿望;正如一个强烈希望出国深造的人,才会激发出刻苦学习外语的动机。

2. 动机的诱因

将需要转化为动机还要有合适的客观条件,即:需要只有在某种诱因的刺激下,才能激发动机的产生,这种诱因包括物质的和社会的刺激。例如:置身在荒无一人的孤岛上,即使有强烈的谈话愿望,还是难以实现,因为客观上缺少与你交谈的人,你可以对着荒岛上的一棵树说话,但是这不是谈话而是倾诉,谈话的欲望无法实现的主要原因是不具备进行谈话的客观条件。

8.2.2 动机更替与强度

人类的动机还可进一步分为自然动机、社会动机、内部动机和外部动机等等。人的动机还可以更替。例如:在某单位年终联欢会上,有一个抽奖活动。在活动开始前,几乎每一个人都会有自己心仪的奖品,希望能中奖。随着抽奖活动的开展和发展,每个未中奖的人也在不断地、自我调整着自己的希望,随着对物质需要愿望的调整,人的动机和行为也会发生微妙的变化。

1. 动机的属性

自然动机是物质性动机,由人的自然属性引起,以个人生理需求为基础;社会动机是精神性动机,为人类特有,是在一定的生活条件下形成和发展起来;内部动机是人们对活动本身感兴趣,由于可以从活动中获得满足,因此无需外加奖励就能激发人的行为;外部动机是与活动本身无内在联系,而由外部刺激或原因诱发出来的动机。

动机是可以自己调整,转换的,这称为动机更替。更替后的动机往往对个体行为有着直接的影响。

2. 动机的强度

动机在强度上有强弱之分，动机强度与工作效率有着十分密切的关系。一般而言，人在中等动机强度下活动效率最高，过强和过弱的动机都不可取。以考试为例：在考试复习中作了充分准备的学生，虽然一心想考出好成绩，但往往事与愿违，就是因为动机过强，反而降低了效率；当然动机过弱，根本就不准备复习应考的也不可能取得好成绩。因此，为了使活动卓有成效，就应避免动机强度过低或过高。

动机对人的行为有激励作用，想考上大学的学生，在强烈的动机激励下，自然就会努力刻苦地学习。

动机对人的行为还具有调整和维持作用。强烈的动机能促使一个人持之以恒的努力直到取得成功。

8.2.3　动机与个性特征

既然动机是激发行为的原动力，为什么动机相同的、强度也接近的2个人，会有不同的行为表现呢，这说明除了激发行为的动机外，每个人不同于其他人的个性特征，也会造成行为表现的不同。

1. 乘客行为表现受控于个性特征

城市轨道交通的每一位乘客，各人的外在表现实际上也都是这个乘客个性心理的体现，从心理学基本理论我们知道：乘客的个性心理主要有：能力、气质、性格等，因此客运服务员就要从这些方面对乘客进行观察和分析。

(1)仔细观察、分析乘客心理

人们在初次接触某事物，尤其在公共场合和众目睽睽之下时，往往会产生一种由于“怕出丑”、“怕被人嘲笑”而产生的“自卑”和“戒备”心理，陌生的环境又使他们不敢轻易相信他人，其结果往往导致乘客形成一种普遍的、自发的自我保护心理现象。下例就是乘客自卑心理的一种体现：

某次车站服务员发现在火车站有许多非本地乘客正围着自动售票机在议论，但没有人在使用这些设备，显而易见他们是不会使用。服务员判断这是因为他们不会使用这些设备，而又缺少懂行的人员进行具体的操作指导。此时他们最需要有穿着识别服的车站服务员给以操作指导。因为他们的共识是：穿着识别服就说明该工作人员是轨道交通车站的服务员，车站的工作人员就是为乘客提供服务的，这就抵消了他们的“自卑”和“戒备”心理，因此他们会乐意接受服务员的业务指导。

(2)运用知识、解决乘客疑难

这个事例是从观察到“许多非本地乘客正围着自动售票机在议论，但没有人在使用这些设备”的外在行为表现，进而分析出“他们之中无人会使用这些设备”，又分析出这些乘客需要有人进行操作业务指导。乘客的动机是“操作这些设备”、乘客的需要是“实现购票的愿望”。由此车站服务员找到了乘客心中的需要，下一步就可以提供有针对性的业务指导，使他们实现使用设备、顺利购票的愿望。

2. 分析心理特征，提高服务质量

上述乘客要购票，又不会使用自动售票机设备的案例告诉我们，可以从乘客外在的行为表现，运用心理学的知识，找出乘客内心的需要，实际上在实现乘客的利用设备购票的愿望方面，有2个不同的解决方法。

(1)提供代购服务

是服务员代他们每个人进行购票操作。从效果上讲，他们每个人的购票需求是满足了，但是由于是服务员的“代为操作”，他们未能实现自己动手购票的愿望，从心理上讲，他们会产生另一种心理感受，即：缺少了克服困难后的“心理满足”感。同时由于缺少自己动手的环节，心理上的“自卑心理”往往难以得到充分的纠正；其次由于“非本地乘客群”人数较多，若他们中的每一位乘客都由服务员“代劳”，则其他乘客等候的时间较长，也不利于车站的客流疏导。

(2)指导自主购票

自主购票是：由服务员仅仅为其中的一位乘客示范一套完整的购票流程，并利用这次购票的过程作示范，身体力行地教其他乘客如何操作自动售票机。此后服务员就在一旁，由乘客各自进行购票操作，对不正确或不熟练的乘客，服务员也不提供代购服务，而仅仅是站在旁侧进行语言提示。

这种做法不但可以使乘客学会对自动售票机的操作使用，满足其心理上对克服困难和征服设备后带来的愉悦感，还为乘客售票常识进行了“普及教育”，收到可以事半功倍的效果，也更符合车站客流疏导的要求。乘客们由于掌握了自主购票的知识，心理上产生的克服困难后的自豪感，也足以克服原先的自卑心理，无形中还起到了心理治疗的作用。

3. 掌握方法、满足乘客自尊

上述案例仅是从心理学的原理分析，告诉服务员应该如何根据乘客的外在表现，找出乘客需求，进而提供有效服务以满足乘客需求，但在具体实践中还要根据心理学的理论，进行有效的操作。

(1)尊重乘客、满足乘客心理需要

无论乘客的文化修养、需要层次如何，城市轨道交通的管理者和服务人员都应该一视同仁地提供无差别的服务，学会尊重乘客就是首当其冲的服务要求。

如果我们的服务员开口就是：“你们不会使用自动售票机吗？我来教你们。”往往就会在无形中伤害了乘客的自尊心。再次激起他们的“自卑”心理，从而达不到所追求的高质量服务要求。

由于城市轨道交通管理者和服务人员从事的就是客运管理职业，整体围绕着这些服务设备转，因此在他们的眼里，将任何自动化服务设备都看得很简单，久而久之在说话的语气语调上，就会不自觉地、或多或少地带上一种教师口吻，对于敏感的、个性心理特征强的乘客，心中就会产生抵触或反感，严重时甚至吵架。

例如：在上海地铁车站首次推出交通卡内所余金额的验证设备时，很多乘客由于首次接触这类设备，往往显得有些手足无措，而车站服务人员在经过了第一天的实践后，已经初步掌握了设备的性能，于是在不经意间，对前来问询乘客的服务语气上，就发生了自己也没注意到的变化。有位服务员在接近下班的时候，由于一天中回答了太多的相同问题，于是在接待某位乘客的询问时，脱口而出："这是很简单的啦，连3岁小孩也会使用"。这种明确贬低乘客智商的服务用语，性格内向的乘客可能也就是在心里嘀咕："怎么这样说话"，可是对于某些敏感而又性格外向的乘客，可能就会发生不必要的争吵了。

(2)选对方法、寻找服务突破口

在面对一群不会使用服务设备的乘客群时，比较适当而又能满足乘客们心理需要的方法可以是：

由于年龄大一些的乘客一般性格就不那么偏激、而外观和善一些的老年乘客使他们更善于与他人沟通，因此服务人员可以悄悄地在乘客群中，选一位外观和善、年龄较大的乘客，用关心和为其服务的口吻征求这位乘客的意见："请问您要购票吗？去哪？我替您操作可以吗？"。在常规状态下，较年长的乘客在受到尊重的前提下，一般都会愿意接受由服务员提供的服务，此时，服务员按设备操作要求大声进行"说明和讲解"，如："大爷您看，先选择要到达的车站，您要去'人民广场'车站，需要4元；然后在这儿投币；在这儿拿车票；这是找零；好了大爷您走好"，至此，通过服务员对购票全部过程的缓慢"演示"，其他乘客也就学会了设备使用，就能自己购票了。在实例中，此时周边的其他设备就响起来一片使用声。事实上在"非本地乘客"比较集中的车站，此类"购票演示"式的客流疏导，屡试不爽，目前还在许多地铁车站、尤其是靠近火车站的地铁车站中发生着。这也可算是乘客心理学在客运服务方面较成功的运用实例。

(3)正确运用心理学知识

在上述案例中，车站服务员是从"非本地乘客聚集在设备前又无人在使用设备"的外在表象，分析后可知"乘客们需要购票"的行为动机，进而就可知道他们"需要服务员进行指导"的服务需求。服务员在进行具体指导讲解设备使用知识时，又要根据"非本地乘客"的个性特点采用"购票示范"的指导模式，本例中选定一位"外观和善，年龄较大的乘客"就是充分考虑到非本地乘客的"自卑"和"戒备"心理。

客运服务人员能够观察到的仅仅是乘客的外在行为表现，但是乘客的行为实际上是受到其内心对服务的需要而激发的，因此只有经过服务过程中的反复实践和不断总结，才能从乘客的行为分析出他们的内在需要、才能提高服务质量。

8.3 五官的使用

车站的管理者和服务人员要观察、分析乘客的行为，首先就需要多观察乘客的行为，尤其是对与众不同的行为有所察觉或感知。人类感知外部世界最常用和最基本的就是人类与生俱来的五官。

早在战国时代，有名的思想家、教育家荀子(约公元前313－前238，名况，字卿)在《天论》中就提出："耳目鼻口形，能各有接而不相能也，夫是之谓天官"。也就是现代人所说的：耳、目、鼻、舌、肤，分别能感觉到听、视、嗅、味、触等五种感觉。由此可见五官是人们感知外界事物的重要途径。

即使是现代人在与他人交流时也还是通过：语言、行为举止、文字等手段进行的。城市轨道交通客运管理者和服务人员应当学会使用这些感官和技能，并结合学习过的心理学基本知识，就能比较迅速和准确地对乘客行为进行分析，并从中找出乘客需求，进而为乘客提供他们所需的有效服务。

8.3.1 重点关心行为异常的乘客

城市轨道交通具有：乘客出行目标明确、乘车程式固定简便、乘客流动路线固定、车站环境轻易不变等特点，因此对大多数乘客而言，几次乘坐以后，一切就变成驾轻就熟，在运营正常的情况下，并不需要他人的服务，换言之，大部分乘客并不要求车站单独提供特殊的服务，乘客具有自主完成乘车出行过程的能力。这也为城市轨道交通承担大客流运送奠定了基础。

1. 乘车流程的固定性

乘客的乘车行为和必须完成的乘车步骤包括：进站、购票(持卡乘客除外)、检票进入收费区、进入站台候车、登上列车、下车进入到达车站站台、验票离开收费区、出站等环节，在每一个环节都有其常规的行为表现，例如：对于熟悉车站结构的乘客，其常规的动作行为是：进站后就会直接走向售票处或走向进站检票设备处，对于犹豫不决、四处张望、见人欲言又止的乘客，十有八九是不熟悉车站结构或首次乘坐地铁的乘客，这时车站服务人员就应该考虑是否需要主动上前为乘客提供帮助；又如：熟练的乘客在检票设备前很快就能顺利通过，对于在检票设备前耽搁的乘客，一般就是需要服务人员提供帮助的乘客。

2. 关心乘车行为非常规的乘客

正是基于城市轨道交通乘客具有自主出行的能力，因此对于乘车行为正常的乘客并不需要服务人员过多地关心，对于需要帮助的乘客，他们在出行的过程中总会在某一环节受阻，其行为表现也就必然与其他乘客不同，因此车站的管理者和服务人员可以从乘客的行为上发现乘客的需要，因此要求车站管理者和服务人员熟悉乘客日常的行为，并能区分行为异常的乘客。

正因为车站管理者和服务人员在车站管理和巡视过程中，可以对大部分正常流动的乘客群体不过多地加以关注，而只需重点关注那些外在行为与其他大多数乘客不同的乘客，因为他们才是真正需要重点关心的人群。

事实上在运营正常的情况下，这些对乘车流程不熟悉或需要向服务人员咨询的乘客，与整个客流群体相比只占极小的比例，正是由于数量不大，因此服务的工作量就不会太大，完全可以从容应对；另一方面也正是由于这些乘客的行为有别于其他乘客，因此是很容易被察觉的。当然为了及早发现外在行为表现上有别于其他大多数的乘客、以便及早准备主动为他们提供服务，是需要服务人员在工作中进行自我训练和经常进行分析和总结的。

8.3.2　服务与五官的运用

视觉和听觉是客运服务员最常用到的，车站服务人员每天要面对大量的乘客，必须做到“眼观六路、耳听八方”。当发现有乘客表现为：“四处张望”、“止步不前”、“欲言又止”、“犹豫不决”或“大声询问”等外在表现时，往往就是有了“需要帮助又不知向谁求助”的需求。

对于需要帮助的乘客，服务员要观察其“言行举止”、“风度修养”、“外貌”等其外在的表现，估计乘客的“受教育程度”、性格特征、按照马斯洛“需求的层次理论”，初步确定乘客的需求层次，然后才能“有的放矢”地提供服务。

1. 了解乘客个性的差别

我们已经知道每个人在反应客观现实时，都会表现出不同的行为特点和方式，这些不同的特点和方式就构成了人与人之间的心理上的差异，这就是人的个性差异。个性差异主要表现在：人的个性倾向性和个性心理特征两个方面。

(1)个性倾向性

个性倾向性是指一个人所具有的意识倾向和人对客观事物的稳定的态度，其中包括需要、动机、兴趣、理想、信念和世界观。

城市轨道交通的乘客在出行过程中，他们对服务的需要、行为的动机、对周边发生事件的兴趣等基本上都是差不多的，因此在乘客们的个性差别中，乘客的个性倾向性并不成为主要的影响因素。

(2)个性心理特征

个性心理是指一个人身上经常表现出来的本质的、稳定的心理特点，这种稳定的心理特征是个性倾向性稳固化和概括化的结果,包括每个人在能力、气质和性格等方面的不一致。虽然城市轨道交通的乘客都有顺利出行的需要,但是不可否认的是每一位乘客在能力、气质和性格方面均各不相同,因此必然就构成了乘客们在个性方面的不同。例如:遇到列车误点时,有的乘客表现是默默地耐心等待列车恢复正常运行、有的乘客是四处打听何时才能恢复运行、有些乘客则大声埋怨、甚至还会有个别极端的乘客企图煽动其他乘客一起寻衅,造成上述种种不同的乘客行为表现,很大程度上与乘客本身的性格、气质、修养、处世态度有关。

2. 区别对待不同个性的乘客

在车站每天接待的成千上万名乘客中,不同个性的乘客表现出来的行为特征也是不同的,车站管理者和服务人员也应该有所区别地应对,在应对的过程中,就必然需要用到最基本的听、说、肢体语言等与五官有关的服务技巧。

(1)了解个性特征、提供公平服务

仍以上述发生的列车误点为例:

① 内向型的乘客

内向型性格特点:内向的人比较关注个人内心,并不热衷于参加各种聚会。由于他们有很强烈的自我意识,所以身处人群中时,他们会格外在乎别人对自己的看法,这也使得他们在人多的场合会显得有些不合群。

内向的人在处理他们的情绪,思考和观察时都是默默在心理完成,外人觉察不到。他们也可以是很会社交的人,但一般不如外向型的人那么轻易向别人透露自己的内心;他们相对有些孤僻,不是很开朗;他们在应对某种情况之前都需自己思量一会儿;他们都爱自己琢磨,然后得出某个想法。

当然,内向性格也可以是充满热情的,但通常不是那么富有野心。内向的人很容易集中精神于某件事上,而且可以持续很久,但他们一旦认定了某件事,别人很难说服他们。车站的工作人员应该了解内向型乘客的这一特点,不要试图轻易地说服他们,在向他们解释时,须有足够的耐心。

在遇到突发事件时,依然能够保持默默地耐心等待的乘客,其性格大都属于内向型的。在等待列车恢复正常运行的过程中,这些乘客的外在行为虽然表现得比较含蓄,并不代表他们的内心不着急,只不过他们的性格、气质和修养决定了他们不会轻易地暴露自己内心的真实想法。从性格特征和他们的外在行为分析,这些乘客也符合内向型性格的特征。

车站的管理者和服务人员不能因为内向型乘客没有激烈的询问就置之不理,不能造成“会吵的孩子多吃奶”的影响,实际上在这些沉默的乘客们的内心,他们想了解的与那些嚷嚷得最凶的乘客所要求的是一样的,即:还需要等待多长时间列车才能恢复正常。

利用车站广播或人工解释的方法，对他们进行说明，语气要诚恳和用词要简洁，脸部表情应表达出说话者的歉意，最大限度地争取取得乘客们的谅解。

② 性格外向的乘客

具有外向型性格的人，其特点一般有：常将自己的想法不加考虑地说出来，也就是常说的思维外露，具有心直口快、活泼开朗，善于交际、感情外露、待人热情、诚恳，且与人交往时随和、不拘小节，适应环境的能力较强。也正是由于外向型性格的人比较率直，因此这类人也比较缺乏自我分析与自我批评的精神。

在遇到突发事件时，四处打听、大声埋怨的乘客，大都属于外向型性格，这些外向性格的乘客，只要获得相关信息后，一般并不会胡搅蛮缠，他们虽然心直口快，但是并无恶意，车站的管理者和服务人员要善于与他们沟通。

及时发布信息，让乘客知道车站管理者也与乘客一样，希望尽早恢复正常运营，往往就可以让乘客安心，这种焦急、歉意和同情的心情同样需要运用五官和语言向广大乘客传达。

特别需要指出的是：内向与外向是性格的一个维度，没有好坏优劣之分。内向和外向是一个连续体，内向和外向处在这个连续体的两端。在实际生活中，这个连续体的两侧我们都会用到，在一个人的身上，往往同时兼具内向和外向两面，根据需要，展现出相应的一面。就象有的网友问："为什么我有时候开朗爱说话，而有时候却不喜欢说话呢?"其实这就是在一个场合用了偏这一侧的东西，另一种场合用了偏另一侧的东西。

我们会有一种天生的倾向于这一侧或是那一侧的偏好。如果我们更倾向于外向的一侧那我们就是外向的人，倾向于内向一侧就是内向的人。有人偏外向一侧的多些，那么他的外向性就明显些；有人偏内向的多些，那么他的内向性就明显些。可以这样理解：内向和外向就像我们的左手和右手，在生活中我们的左手和右手都是必须用到的，只不过我们更习惯于用哪只手罢了。

外向的人思考的路径很短能够做出很多短时的反应，而内向的人思考的路径很长往往需要很长时间。所以在我们熟悉的场景中，外向的人能够在聚会上频繁切换话题左右逢源，好像什么都知道，但是内向的人却总是欲言又止。其实外向的人习惯的是在说的时候思考，而内向的人必须思考好后再说，仅此而已。内向的人做任何事会经过深思熟虑而外向的人则是做了再说。正是这种差异造就了内向与外向。

内向的优势在于其慢的一面，能够把事情考虑清楚、考虑周全，所谓三思而后行。内向的人更能够抵御诱惑、耐住寂寞，过多的社交会使其丧失精力而不能将更多精力用于内心的思索；而外向的人必须从外部刺激中补充精力，不停的赶场子、不断的求新求异。

车站管理者和服务人员可以通过观察乘客的言谈举止，将乘客性格进行分类，然后对内向型和外向型的乘客，提供针对性的服务。

③ 性格急躁的乘客

性格急躁是指：碰到不称心的事情易于激动，没耐心的一种性格特征。性格急躁者大都属于外向型性格，由于易激动、少耐心，又急于要表达，因此给人们一种性格急躁的印象。

对于性格急躁的乘客，首先需要使其情绪安定下来，服务人员的耐心态度和和颜悦色的语言往往可以平息他们的急躁情绪。

在车站遇到突发事件时，有时也会发现有少数乘客，以急躁的形式，煽动乘客闹事，此时车站的管理者就要及时予以制止，将局面控制住，对那些带头挑事的乘客就要语气严厉的提出警告，必要时应当请求民警加强车站的治安管理。

④ 其他性格的乘客

在众多的乘客群体中，并不只是简单地将乘客区分为内向型、外向型、急躁型等，从处世待人接物的态度上，还可以分为态度和善型、严谨自律型、神经敏感型、性格开放型等等，不同性格特征的乘客，在行为表现上各有特色。例如：和善型和外向型乘客就是较容易接近的乘客、严谨自律型乘客就是能自觉遵守车站规章制度的乘客、神经质型的乘客则是敏感的乘客、开放型的乘客则经常会提出一些改进服务的建议，了解和善于区分乘客的个性特点，车站的客流组织往往就能收到事半功倍的管理效果。

3. 授人以鱼不如授人以渔

授，在这里是教，给予的意思；渔：本义为捕鱼，是一种海边捕鱼者所进行或从事的生产劳动。“授人以鱼不如授人以渔”是一句古话，意思是说，给人家鱼吃，还不如教会人家钓鱼的方法。道理其实很简单，鱼是目的，钓鱼是手段，一条鱼能解一时之饥，却不能解长久之饥。“鱼”只能满足一时之需，而“渔”却让人有谋生的本钱。如果想永远有鱼吃，那就要学会钓鱼的方法。

后人还经常引申：教人知识，不如教人学会得到知识的方法；传授给人既有知识，不如传授给人学习知识的方法。

英语中相仿的谚语：给人面包不如给他猎枪！也与上述“授人以鱼不如授人以渔”的意思相近。

(1)授鱼与授渔需要因地制宜

乘坐城市轨道交通出行具有：程序固定、流程一致、操作简单、单调重复、自主性强等特点，一旦掌握了乘车常识，乘客就完全不需要他人协助，可以自主地完成乘车出行的全过程。正是由于城市轨道交通具有这一特点，因此当乘客在需要车站服务人员提供帮助的时候，车站服务人员是简单地直接为其提供服务，还是教会他如何乘坐地铁的基本知识，实际上这也是“授鱼”与“授渔”的关系，前者虽然能满足乘客当时的服务需要；但是后者往往可以使乘客在今后乘坐地铁的过程中，发挥自主能力，因此显然后者更合理些。

例如：有一群乘客在车站，由于不知道如何操作自动售票机而求助于车站服务人员，车站服务人员可以根据每位乘客的需要，亲自操作售票机，为每一位乘客购买一张车票；也可以指导每一位乘客，由乘客动手操作完成购票。从时间方面而言，显然前者所化的时间要少些，但是乘客依然不会操作自动售票机，待下一次需要购票时，依然需要求助于服务人员；后者虽然多花费了一些时间，但是教会了乘客自己操作售票机，下一次就可以自己操作了。所以，前者仅解决了乘客当时的需要；而后者则教会了乘客购票技能。

车站服务人员在为乘客提供服务时，是采用前者还是后者，还需由当时的情况决定。例如：当车站有大量乘客需要购票时，尽快使乘客购得车票以免发生人群拥堵就成为第一要务，此时就应当采取代为购票的方式，尽量缩短乘客购票时间；相反，如果售票处乘客不多、售票处的人群并不影响车站的客流组织，采用购票示教，让乘客自己操作完成购票过程，既有助于普及乘车基础知识、为今后的客流组织带来方便，也由于乘客完成了自主购票，在乘客的心理上也可以产生一种克服困难所带来的满足和愉悦。

审时度势、因地制宜提供服务应该是对车站管理者和服务人员的基本要求。

(2)分析乘客需要提供相应服务

根据马斯洛德需求层次理论，不同需要层次的人所追求的要求是不同的，他们对服务提供的要求也就不同。例如：同样是“不会在自动售票机上购票”，高需求层次的乘客，追求的是社会认同和自我实现，因此他们可能会要求提供车票购买的使用方法说明；而较低需求层次的乘客可能只要你代为购票，甚至认为服务员代为购票是“天经地义”的服务项目。

服务员应当为满足乘客正当需求而提供服务，但是提供的服务如何才能满足不同需要的乘客呢，显然千篇一律的服务模式与不同的乘客需要是不相适应的。试想在本例中，服务员为高需要层次的乘客提供“代购车票”的服务，这些乘客可能就会在心理上会感到受到服务人员的轻视：“服务员小瞧人，难度我连买个车票都不会吗？”；同理如果服务员为低需要层次的乘客进行“设备使用方法的详细解释”他们也会不耐烦：“不就是买个车票，说了半天你替我买不就得了”。

为提高服务质量，就应当分析乘客需要，分别提供相应的服务。

8.3.3　运用心理知识提供服务

乘坐轨道交通的乘客在心理上都有一种“快捷需求”，从心理和心态上就容易产生急躁情绪，在心理表现上就容易产生焦虑情绪。当他们有服务需求时，也希望在第一时间就能获得解决。在早高峰时段，乘客的心理表现更是如此，因此这个时段是车站客运服务的重点时段。

对乘客的外在表现首先在“观”，仅是“阅人无数”是不够的，还要学会根据心理学的知识进行分析、总结。我们可以将构成乘客个性的气质、性格作为观察重点，结合常见的心理表现进行观察训练。

早高峰时乘客为赶时间，一般容易产生焦虑情绪，在此时段再遇到非正常运营事件，容易激发歇斯底里；对年轻乘客而言其独生子女的自我牵挂心理和“维权”心理会较强，对服务员的解释往往容易产生怀疑情绪，但是在大多数乘客都能接受的情况下，又会表现出“从众心理”。

晚高峰时段的乘客，赶时间已经不是他们的第一需求，他们需要“乘坐的便捷”，“疲劳感”是心理表现之一。遇到非正常运营事件，乘客表现中“就近”和“从众”心理较多，服务员能及时提供解释和服务，乘客也会比较配合。

在其他时段，包括双休日，乘客中的非本地乘客往往占有相当大的比例，非本地乘客的心理需要是获得尊重和热情的服务，他们内心的自卑感往往是敏感的，追求的是与本地乘客“一视同仁”的服务待遇。

在非本地乘客群中、文化程度不太高的年轻乘客，其“自卑”心理和渴望获得尊重的心理更为强烈，在与他们交流时，五官和语言的使用必须使他们能体会到服务人员态度上的尊重和服务的公正性。

8.4 交 流 技 能

城市轨道交通的管理者与服务人员面对着每天成千上万的乘客，必然少不了交流和沟通。如何与乘客进行有效的沟通，就需要技巧。

8.4.1 倾听与换位思考

有效沟通在我们的工作中，同家人、朋友的交往中，以及日常生活的方方面面，都扮演着极其重要的角色，但是我们的沟通并不总是有效的，无效的沟通成为我们在工作中取得成功和生活中获得满足的障碍。下面两个小故事恰恰说明了在与乘客的沟通过程中需要掌握的技能：

1. 学会倾听

在一个研讨会上，一位专家在探讨到自己涉及的领域时显得十分激动，滔滔不绝，其他与会者发表意见时时遭到他的打断，整个会场只有他一人口若悬河地发表意见，引起了大家的不满，研讨会在很尴尬的气氛中草草结束了。

这个故事告诉我们:作为一个好的聆听者是成为一个成功的沟通者的重要特质之一。那位专家就是没有注意双方沟通时"注意倾听"这个细节才引起公众的不满。人们常说:"成名的捷径就是把你的耳朵而不是舌头借给所有的人。"就是强调了倾听在有效沟通中的重要作用。

城市轨道交通管理者和服务人员与乘客的沟通要想获得预期的效果,首先就要学会倾听,让乘客倾诉,并不时地用询问的提问,促使乘客倾诉,往往会发现当愤怒的乘客讲述完了的时候,他们的火气也降下来了、态度也缓和了,原先蛮横的态度也变得更能听进他人的解释了。从心理学角度分析,这位乘客倾诉的的过程也就是心理压力释放的过程、是回归常态的过程。

2. 换位思考

这是一则寓言:一把坚实的大锁挂在铁门上,一根铁杆费了九牛二虎之力,却无法将它撬开。一个瘦小的钥匙来了,它把身子钻进锁孔,只轻轻一转,那大锁就"啪"地一声打开了。铁杆奇怪地问:"为什么我费了那么大力气也打不开,而你却轻而易举地就把它打开了呢?"钥匙说:"因为我最了解他的心。"

这一个寓言故事说明:打开锁其实很容易,只要你有钥匙。人与人沟通不难,需要的是你如何既准确又不失巧妙的方式打开它。

乘客与车站管理者的沟通与交流其实并不复杂,乘客只要能感受到车站服务人员是在真心实意地帮助他们和在尽力为他们提供力所能及的服务,他们往往就会敞开心扉,毕竟大部分乘客是不会提出过分和不切实际的服务要求的。

沟通需要从心开始,人与人的沟通要取得实际效果,往往是从彼此能够感受到对方的诚意开始的。车站管理者与乘客的交流和沟通同样需要从心灵的沟通开始。只有了解乘客的内心想法,我们才能真正实现与乘客的沟通。

站在对方的立场上进行思考,就可以基本了解乘客的内心想法,因此换位思考是与乘客进行沟通交流的有效技巧。

8.4.2　熟练运用语言

人类语言是指人们相互之间由于沟通需要而制定的具有统一编码解码标准的声音讯号。语言就广义而言,是一套共同采用的沟通符号、表达方式与处理规则,严格来说,语言是以语音为物质外壳,由词汇和语法构成并能表达人类思想的符号系统,因此语言是人类最重要的交际工具,是人们进行沟通交流的各种表达符号。

1. 语言是一种符号

在一种认知体系中,符号是指带有一定意义的意象,可以是图形图像、文字组合,也不妨是声音信号、建筑造型,甚至可以是一种思想文化、一个时事人物。例如"="在数学中是等价的符号,"紫禁城"政治上是中国古代皇权的象征,"中国"是中华人民共和国的符号,“布尔什维克”是共产主义者的符号。总的来说,符号的意思就是一种“特征纪念”,例如给人起的绰号。你记张三李四可能麻烦,但你记“大胡子”、“小眼镜儿”就方便多了,所以符号也可以说是由人的认识习惯造成的。

语言是符号系统,是以语音为物质外壳,以语义为意义内容的,音义结合的词汇建筑材料和语法组织规律的体系。语言是一种社会现象,是人类最重要的交际工具,是进行思维和传递信息的工具,是人类保存认识成果的载体。语言具有稳固性和民族性。

2. 语言的特征

语言具有:创造性、结构性、意义性、个体性、指代性和社会性等特性;语言的结构包括:音位、语素、词、句子;语言可以分为:对话语言、独白语言、书面语言、内部语言等种类。

语言表征:就是语言材料所负载的信息在头脑中存在的方式。语言的表征具有层次性。

语言加工:就是对输入的语言信息进行编码、转换、存储、提取的过程。语言的加工可分为自动加工和受控制加工、系列加工和平行加工、模块化加工和交互作用式加工。

3. 语义与语音、语调

语言要依托声音,这种媒介来表达所指,所以说语言也是声音的映像,声音是语言的另一个侧面,也就是说语言具有能指性。

(1)语义

语义可以简单地看作是语言所对应的现实世界中事物的含义,以及这些含义之间的关系,是语言所要表达的含义。

(2)语音

语音,是指人类通过发音器官发出来的、具有一定意义的、目的是用来进行社会交际的声音。在语言的形、音、义三个基本属性当中,语音是第一属性,人类的语言首先是以语音的形式形成,世界上有无文字的语言,但没有无语音的语言,语音在语言中起决定性的支撑作用。

语音具有:音高、音强、音长与音色等物理性质。

语音和语义的联系是人们在长期的语言实践中约定的,这种音义的结合关系体现了语音有重要的社会属性。

(3)语调

语调就是说话时语音高低轻重配置而形成的。

一个人说话时给人的印象,肢体动作占 55%,语调占 38%,内容只占 7%。所以,说话时语调非常重要。说话的语调如果从头到尾都是平的,听话的人就会觉得很枯燥。就像听歌，如果一首歌曲的旋律非常优美，抑扬顿挫，大家就会觉得好听；如果从头到尾都是一个调子，人们就没有听的兴趣了。说话也是如此，如果你的语调一直都像死人心电图中的那条直线没有任何波动，那么听话人的兴趣也就到了尽头。

(4)语音语调与语义的关系

人们对语音语调有着约定的语义理解，同样的词句采用不同的语音语调，可能就会造成不同的语义的表达。例如：带有怀疑含义的"是吗？"；带有惊奇成份的"是吗！"；轻描淡写、带有完全不上心的"是吗。"就有着3种完全不同的语义，也表达着说话者的不同情绪。

此外不同地域的方言有时也有些特殊的含义，因此为了保持统一的理解，我们统一采用普通话的语音语调和语义。

8.4.3　说话技巧

只要不是哑巴，经过一段时间的学习后，几乎人人都会说话，但是所说的话能够做到准确、清晰、生动、得体并不是一件容易的事，是需要经过严格培训的。城市轨道交通的管理者和服务人员在为乘客提供服务的过程中，基本上是将"说话"做为主要服务工具的，因此需要讲究说话的技巧。

中国人自古就讲究说话尺度和办事分寸，人们常说：说话要尺度，办事要分寸，指的就是人们在说话或办事的时候，都要有一个度。

古人还说："遇沉沉不语之士，且莫输心；见悻悻自好之人，应须防口。"大意是说："对沉默寡言、表情阴沉的人，不要轻易地推心置腹；碰到固执己见、自以为是的人，则一定要管住自己的大嘴巴。"可见，自古以来，不管是与人说话、与人交往、与人办事，都蕴含着分寸的玄机。

说话办事要讲究尺度、分寸，那么这种尺度和分寸主要表现在哪些方面呢？

1. 说话到位

说话不到位，说不到点子上，别人可能悟不明白，理解不透，琢磨不出你的真实用意，你提出的想法或要求也不会被人重视和接受，非但事情办不成，也常常不被人瞧得起。这样怎么能换取别人的欣赏与亲善呢？怎么能赢得别人的友谊和器重呢？

同样的道理，城市轨道交通的服务人员在与乘客交流时，说话也要到位。例如：由于工作不到位，在某些时候，车站管理者或服务人员也会受到乘客的责问或指责，这时候应该大度的承认工作的不足，取得乘客的谅解，千万不能"枉顾左右而言他"用语言搪塞推诿，反而得不到乘客的谅解。

2. 不说过头话

在日常生活中，但凡一个人好说大话，言辞太尖刻，往往就会让人听了后觉得不愉快，觉得你不识大体，不懂规矩，不知好歹，这样的人常常被人敬而远之，也同样无法与人正常交往。

说话有尺度、交往讲分寸、办事讲策略、行为有节制，别人就很容易接纳你、喜欢你、帮助你；举止失体、不识深浅；不知厚薄；就会人人讨厌、时时难过、事事难为、处处碰壁。

城市轨道交通的管理者和服务人员在回答乘客问询时，就更不能随意地、以自己的经验回答，要对自己说过的话负责。例如：车站发生列车贻误事件时，乘客问得最多的问题往往是：何时可以恢复正常运营，此时服务人员的回答就不能为了应付就随意地敷衍乘客，而应据实相告。对于不确定的信息，不要随口回答。

3. 留有余地

城市轨道交通管理者和服务人员对乘客说的每一句话，在乘客看来都是运营企业的代言，是有一定的严肃性和权威性的。虽然不能要求像国家的外交部发言人那样严谨，但是说话还是要留有解释的余地。例如：城市轨道交通的运营特点决定了：行车业务的指挥权和管理权归属于线路的行车控制中心，因此在回答乘客有关行车方面的问询时，可以用“接上级通知……”开头，既是实情，也为以后的情况变化留有了解释的余地。

对于难以回答或超出车站工作人员解释范围的问题，也不应贸然地以“不知道”回应，可以请对方留下联系方法，并保证将其问题向上转达，由有关部门与其联系和解答。

总之，在为乘客服务的过程中，要将自己视为企业的代表，处处注意维护企业的良好形象，使乘客能够从语言中感受到真诚、耐心、热情的服务精神。

8.4.4 服务语言

服务人员在工作中经常使用的语言就是一种服务语言。服务语言既然是一种工作语言，就必然有一定的规范。例如：在与乘客交流时，要用“您好、请、对不起、谢谢、再见”等文明礼貌的“十字用语”，用词要准确。以免引起误会。

语言是人类传递、交流情感的手段，说话者通过词句、语气，表达出需要传递给他人的信息。例如：您好——尊敬；哼——轻视；提到他就烦——憎恨；给我吧——乞求等等，因此服务人员在说话时的遣词造句必须准确、适当；语气要符合所传达的思想。

语言是服务员与乘客的交流的主要手段之一，并构成了乘客对服务员的基本印象和乘客对企业的满意度。因此轨道交通客运服务员必须能“熟练”和“准确”地使用语言。

轨道交通具有多工种、多专业联动体的特点，其所包含的专业知识绝非某一个人所能全部掌握的，因此也决定了客运服务员难以对发生的所有事件都能用简单的语言向乘客解释，更何况还要取得乘客的配合和理解，因此可以将一些常见的非正常运营状况发生时，需要向乘客解释的话语，统一制成广播语，在需要时向广大乘客解释，以取得他们的支持和配合。

向乘客释疑和回答乘客询问是服务员的本职，也体现了一个服务员的基本功，服务员做到了：一视同仁、接待热情、礼貌周到、言简意赅，再配以适当的礼仪举止，就能为乘客提供他所需要的服务。

上述只是对服务员提出了基本能力训练要求，在实际工作中，服务员还要综合考虑到每个乘客特有的个性心理，结合心理现象和心理表现的基本知识，有的放矢地提供服务。

思　考　题

1. 什么因素会造成车站围观现象的产生？
2. 为何要强调提高车站服务人员的业务技能？
3. 举例说明文化修养的差异对乘客个性心理特征的影响？
4. 结合自己的体会，举例说明由乘客行为可以分析出其对服务的需要？
5. 简述服务人员五官使用的重要性？
6. 如何运用心理知识为乘客提供服务？试举例说明。
7. 在与乘客进行交流时，要掌握哪些技巧？
8. 何谓服务语言，为什么要使用“十字文明用语”？

第3篇 管 理 篇

第9章 管理心理学

运输业属于服务性行业,服务是指为他人做事,并使他人从中受益的一种有偿或无偿的活动,该类活动不以实物形式而是以提供活劳动的形式,以满足他人的某种特殊需要。

城市轨道交通有偿运送乘客,在本质上就是为乘客提供人的位移需要,因此城市轨道交通归于服务行业。

那么城市轨道交通的服务与管理又有什么联系呢?

城市轨道交通运营企业中的每一位工作人员平均大约要为数百位乘客提供服务。具体落实到车站,大约每一位服务人员每天要为数千位乘客提供服务。当巨大的客流在乘客流动时,就必须要有良好的组织和管理,因此每一位车站的管理者和服务人员都承担着车站管理的职责。此外,车站的最高管理者对下属还有着管理的职责,要充分调动每位员工的积极性,才能圆满完成车站客流组织的任务。服务人员学习管理心理学有助于提高乘客管理的服务质量、车站管理人员学习管理心理学将有助于调动员工的生产积极性和通过车站管理水平,因此管理心理学对于城市轨道交通的管理者和服务人员也是这样的专业基础知识。

在社会组织中,为了实现预期的生产或服务目标,就需要以被管理者和服务对象为中心,进行一系列的协调活动,这种活动就称为管理。

管理工作的重点和核心是对人的管理,而心理学正是研究人的心理现象发生、发展和活动规律的一门科学,因此把心理学的知识应用于管理,即应用于分析、说明、指导管理活动中的个体和群体行为、研究管理过程中人们的心理现象、心理过程及其发展规律,就形成了管理心理学,因此管理心理学实际上是管理学和心理学相结合而形成的一门心理学分支,是研究管理过程中人的心理活动及其规律的一门应用科学。

现代管理心理学要实现的目标是:以人本思想为前提,运用心理学原理调动人的积极性,改善组织结构和领导绩效、提高工作生活质量,建立健康文明的人际关系,达到提高管理水平和发展生产。

9.1 管理心理学发展史

管理心理学是和现代生产力、生产技术有关以及社会化大生产的需要分不开。

由于生产力的飞跃发展和生产关系中劳资矛盾的尖锐化，在资产阶级提出寻求新的管理理论与方法的同时，科学的进步与发展，也为管理心理学这一新的学科理论的形成提供了可能条件。在这个时期，心理学、社会学等学科理论均有了长足发展，相继出现了心理技术理论、群体动力学理论、社会测量理论及需要层次理论等。在 20 世纪初期，社会心理学及社会学等均已发展成为独立学科。上述这些学科理论的形成与发展，为管理心理学奠定了比较充分的理论基础，从而使管理心理学的产生由必需变为可能。

9.1.1 管理心理学的形成与发展

顾名思义，管理心理学就是管理学与心理学的结合。然而对一个企业而言，管理心理学究竟有何用处。

1. 管理心理学的发展源于管理需要

要了解管理先来看二则报道的摘要。

(1)被砍掉的椅背

据《环球人物》(2012 年第 34 期)报道：上世纪 70 年代麦当劳许多门店销售额大幅下滑，总裁雷·克洛克经过对亏损门店的现场调研后，发现门店负责人整天坐在办公室靠椅上，不下基层餐厅，自视为管理者，有一种高高在上的心理优势，对现场发生的问题不能及时了解和处理，凡事都采取“下级汇报、自己决策、基层实施”的处理方法，存在效率低下、程序繁琐的弊病，于是决定将他们办公室的椅子背砍掉，办公室也不放热水壶，使他们明白自己既是管理者也是服务人员，只有走下基层餐厅，才能提高效益。

正是因为找到了基层管理者不当的心理特征，并采取措施予以纠正，从而加强了对基层门店的管理力度，很快，麦当劳门店的销售业绩就得到提高。

这位快餐业巨头说：“一个管理者要善于运用智慧，有时自上而下、单纯的命令不如找到问题的症结，巧妙地解决，也许效果更好。”

找到问题的症结，采取有效的解决方法，这就是管埋者的作用。

(2)心态不同效果也不同

《羊城晚报》(2012 年 12 月 31 日)记者根据亲身经历报道：某日赴某大学架机采访，突遇十多个保安围上来阻拦，口称：“不能拍”，语气粗暴让人非常不快……。又一日，该记者在上海虹桥机场推行李车至安检处，遇一保安礼貌地劝阻：“对不起，行李车只能到此为止。”记者遵命弃车而行。事后该记者深有感触：保安的职责就是提醒人们遵守规则、维持公共秩序，由于小有权力，一旦心态不同，态度也随之发生变化，某大学的保安给人的感觉是“我就是说了算的人”；而机场的保安就给人留下了为你服务的感觉。

上述二则报道就说明了:管理和管理者的心态在实际管理中的重要性。心态的变化虽然属于心理学研究的范畴,但是任何管理都离不开对人的管理,于是在生产实践中,管理者越来越重视心理学的运用,进而形成了管理心理学。

2. 管理心理学产生的社会背景

管理心理学理论的形成与发展,与社会化大生产的需要密不可分。生产力的飞速发展和生产关系中劳资矛盾的激化,促使资产阶级追求新的管理理论与方法。同时,科学的发展与进步为管理心理学理论的形成提供了必要的条件,这一时期心理学和社会学等学科有了很大发展,出现了心理技术学、群体动力学、社会测量理论及需要层次理论等。这些学科理论的形成与发展,奠定了管理心理学的理论基础,使管理心理学的产生成为可能。

对管理心理学的研究,是从19世纪末20世纪初开始的。1959年美国心理学家海尔(M·Haire)提出把工业心理学划分为人事心理学、人类工程学和工业社会心理学,他的观点得到学术界的公认。工业社会心理学就是我们现在所说的管理心理学。

1)管理心理学是生产斗争的产物

19世纪70年代开始,资本主义由自由竞争逐步向垄断转化,到19世纪末、20世纪初,垄断资本主义已经形成。资产阶级为了巩固垄断地位。获得更多的剩余价值,在商品生产中击败自己的对手,便物色了大批心理学家,专门从事提高工作效率和经营决策的研究。1961年。美国心理学年鉴发表了美国心理学家弗鲁姆(Victor Vroom)和海尔撰写的综述评论《工业社会心理学》。在这篇评论中指出了工业社会心理学的两个基本研究模型,一是以个体为分析单元,研究劳动的社会环境对个人动机态度和行为的影响;二是以社会系统为分析单元,研究工业系统的结构和功能、企业中上下级的关系、生产班组和较大组织系统的社会心理现象与规律。此后,相继又有很多管理心理的论文和专著出现,迎合了垄断资产阶级的需要,客观上也促进了生产力的发展。

2)管理心理学是阶级斗争的产物

随着垄断资本主义的形成,无产阶级和资产阶级的矛盾日益尖锐,资产阶级为了缓和阶级矛盾,掩盖更加残酷的剥削方式,达到笼络人心的目的,于是借助心理学家集中研究人际关系、团体组织与领导行为。这方面的研究成果,也是形成管理心理学的重要组成部分。

阶级斗争的最高表现形式是战争。在两次世界大战中,各国的统治阶级,为了取胜都大大加强了心理学在军事管理上的应用。美国1917年4月6日对德宣战后,马上成立了17个战争心理研究委员会,对招募、训练士兵,选拔、培养军官等进行了系统的研究;在第二次世界大战中,美国国防部明确要求心理学家准确提供士兵的能力、智力参数,以作武器装备设计的依据。到1943年美国就训练了1 200多名高级人事心理学工作者,在政府内设立了心理参谋团,直属最高统帅部指挥,对军事动员、军事领导、军事生活、战斗心理等方面综合进行研究,使管理心理学在军事领域中已具雏型。

3)管理心理学是科学试验的产物

20世纪20年代。在美国芝加哥郊外有一个属西方电器公司的制造电话交换机的霍桑工厂。该厂有较完善的娱乐设施、医疗制度和养老金制度等,尽管如此。但工人仍愤愤不平,生产效率也不够理想。为了探求工人不满、生产效率不高的原因,美国国家研究委员会组织了一个由心理学家等多方面有关专家参与的研究小组,于1924年11月进入霍桑工厂进行试验研究,试验研究的中心课题是:生产效率与工作物质条件间的相互关系。在两年多的时间里,研究小组作了多个试验,但并没有找到问题的症结。1927年美国哈佛大学著名的心理学教授梅约(E・Mayo)应邀重新组织了一个试验小组,到霍桑工厂继续搞试验研究,直到1932年"霍桑实验"才告以结束。历时8年的霍桑试验主要有以下4方面的内容:

(1) 照明试验

照明试验的目的是研究照明条件改变与生产效率间的关系。研究小组选择了两组工人,一组为试验组,一组为对照组。试验组的照明情况不断呈现多种变化,如照明度从24烛光逐渐递增到46烛光、76烛光;或逐渐下降到10烛光、3烛光。以至0.06烛光。而对照组的照明度一直保持常态,稳定不变。试验的结果是:试验组在照明度高或照明度低乃至降低到相当于月光的程度,生产效率并没有显著变化。而在试验中却意外地发现:不论试验组还是对照组,在整个试验过程中与非试验时相比较,生产效率均有大幅度上升。梅约经分析断定:照明度与生产效率之间没有什么线性的因果关系;试验组、对照组在试验过程中生产效率之所以提高,其原因是参加试验的工人们认为,让他们参加试验是管理当局对他们格外重视。同时在试验中管理人员与工人的关系比平时融洽。从而梅约认为:工人良好的心理状态、管理者与工人良好的人际关系,是提高生产效率的原因所在。

上述试验告诉管理者:管理者与被管理者间的良好关系,重视员工、保持员工们良好的心态,对于提高管理效率是十分重要的。

(2) 福利试验

福利试验的目的是研究工人福利条件的变化与生产效率的关系。梅约将5名装配女工作为被试者,让其在试验室里装配继电器零件,在试验中逐步增加一些福利措施,如缩短工作时间、延长工间休息时间、工间免费供应茶点等。生产效率不断提高。试验进行两个月之后,取消了上述福利措施,产量还是继续上升。

为了探求工资支付方式与工作效率的关系,试验小组以继电器装配小组和云母片剥离小组为被试。继电器装配小组原先实行集体奖励工资制,试验后改为个人奖励工资制。生产效率持续上升,最后稳定在原来产量的112.6%的水平上。9个月以后,奖励制度再复原到集体奖励工资制,又试验了7个月。产量下降到原产量的96.2%。从这里看,工资支付方式似乎是影响工作效率的因素。但是,云母片剥离小组在试验的14个月中,一直保持个人奖励工资制不变,生产效率一直上升,平均产量比原产量提高了15%. 显然该组生产效率的提高与工资支付方式是无关的。

试验证明:在试验期间福利条件不管如何变化,生产效率基本上是在不断提高。分析其原因有以下3点:

① 监督的性质发生了变化:管理人员放松了对工人传统的高压监视,使工人能够自由地从事工作;

② 工人参与了管理:每当改变工作条件时,管理者都预先同工人协商、倾听他们的意见,不强制执行他们所反对的办法;

③ 形成了"一体化"精神:因为在管理中重视了工人的意见,促进了管理人员与工人间的互相往来和情感交流。

梅约的结论是:重视人的因素所产生的效果,远远超出了工作条件或物质因素变化所产生的效果。

这个试验告诉管理者:在所有的管理要素中,人永远是第一重要的。

(3) 谈话试验

谈话试验的目的是了解工人的工作态度、思想情感与工作效率间的关系。为此,梅约研究小组用了2年的时间与工人交谈调查20 000多人次,广泛了解工人对工作、工作环境、对监工和公司当局的看法。梅约规定:在谈话过程中,试验人员要耐心倾听工人对厂方的各种意见和不满,并作详细记录。对工人的不满意见,不准反驳和训斥。通过广泛地谈话发现,工人普遍对监工制度不满,要求参加管理,认为自己对工作量和工作环境有自我控制的能力。

谈话试验收到了意想不到的效果——产量大幅度提高。分析产量之所以提高,原因在于工人长期以来对工厂的各项管理制度和方法有许多不满,无处发泄,通过谈话使他们将这些不满发泄出来了,因而使工人感到心情舒畅,从而大幅度地提高了产量。

通过这个试验,管理者应当明白:被管理者的心理与情绪对管理效果有着直接与本质的联系。

(4) 计件工资试验

该试验原来的目的是探求计件工资与生产效率间的关系。梅约选择了接线板布线小组为被试,该小组是由14名男工组成,试验前是以小组集体产量计算支付工资的。试验开始后,改为个人计件工资制。梅约原认为这样可以刺激工人的生产积极性,促进生产效率的提高。但经9个月的统计,该组产量总是维持在一定水平上不变,每个工人日产量平均都差不多,而且发现该组成员有能力超过这一实际产量,既然能超产为什么又不超产呢?经试验小组深入考察发现,这个班组为了保护他们群体的利益,自发地形成了一些规范。他们约定,谁也不能为了赚钱突出自己,干得太多;同时谁也不能偷懒干得太少,影响全组的产量。

所以当有人超过日产量或达不到日产量时,群体成员就会给他们以暗示,即效率高的要放慢速度,效率低的要加速追赶。梅约等人进一步深入了解发现,工人们之所以默契维持中等产量水平,是担心产量提高了,管理当局会改变现行奖励制度或裁减人员,使部分工人失业。同时也担心,有人干得快,会使干得慢的伙伴受到惩罚。工人们为了维护班组的团结,使自己能够在班组里站住脚,不受排斥,不被孤立,可以放弃物质利益的引诱。梅约由此提出"非正式群体"的概念,认为在正式的组织中存在着自发形成的非正式群体,这种群体有自己不成文的行为规范,控制、调节着成员们的行为,影响着生产效率。梅约提醒管理者要认识到,工人达到被同事接纳、喜爱等社会性需要的满足,往往比经济上所得到的报酬更能激励职工的积极性和创造性。

这个试验告诉管理者:被管理者心理上的满足就能创造管理上的高效率。

梅约通过霍桑实验提出了人群关系理论,为管理心理学的形成奠定了实验的理论基础。在西方心理学界,他被公认为工业社会心理学的创始人和管理心理学的先驱。

较为详细地介绍上述4个试验,主要是为了证明,在人机料法环五大管理要素中,人是最重要和必须被高度关注的,只有重视被管理者的心理因素、平等对待他们,才能充分发挥被管理者的工作积极性,实现提高管理效率的目标。

3. 管理心理学产生的历史背景

由于生产力的飞跃发展和生产关系中劳资矛盾的尖锐化,在资产阶级提出寻求新的管理理论与方法的同时,科学的进步与发展,也为管理心理学这一新的学科理论的形成提供了可能条件。在这个时期,心理学、社会学等学科理论均有了长足发展,相继出现了心理技术理论、群体动力学理论、社会测量理论及需要层次理论等。在20世纪初期,社会心理学及社会学等均已发展成为独立学科。上述这些学科理论的形成与发展,为管理心理学奠定了比较充分的理论基础,从而使管理心理学的产生由必需变为可能。

(1)中国古代管理思想

中国古代就有丰富的管理心理学思想。例如,图9.1春秋末年军事家孙武在《孙子兵法》一书中就写道:“道者,令民与上同意也,故可与之死,可以与之生,而不畏危。”孙武强调领导与下属之间意愿协调一致的重要性,这在今天看来也是十分重要的管理心理学原则。

图9.1 古代兵法家 孙武

中国古代的管理哲学思想充分反映在关于人性的争论上。荀子认为“今主人性,饥而欲饱,寒而欲暖,劳而欲休,此人之性情也”(《荀子·性恶》)。孟子则认为,“人之善也,如水之下也”。中国古代管理心理学思想已经受到管理心理学家的广泛重视,中国的有关古籍也成了一些国家培养管理人员的必读书目。

(2)西方管理思想的发展

19世纪末,资本主义得到发展,生产规模日益扩大,对企业的管理也更为复杂,劳动组织和合理安排也提到科学研究的日程。这时出现了科学管理的学院,其代表人物是泰勒。泰勒着重研究了工人操作合理化的问题,但他把人看成是经济人,忽视了人的社会性。

第一次世界大战对管理心理学的发展起了促进作用,参战各国都力图利用心理学原则来改进管理,提高生产为战争服务。例如,制定人员选拔和训练的方法,研究最有效的组织形式,调整工人与管理人员的关系等。战后,工业生产的发展提出了一些新的问题,如人在生产中社会性因素的作用等。以社会心理学家梅奥为首的一批专家进行了霍桑实验,提出了“社会人”的思想。他们认为,单靠物质刺激不能保证调动工人的积极性。良好的人际关系,有利的社会条件与工作效率有更密切的关系。此外,他们还提出了非正式组织在群体中的作用。

9.1.2 管理心理学的应用

管理活动是人类活动的一种特殊形式,物和人是管理的两个主要对象,据此就可以将管理活动分为两部分:一方面是对劳动工具和劳动过程的管理,即人对物的管理;另一方面是对劳动者的管理,即人对人的管理。

这两方面的管理都涉及人的心理问题。例如:人对物的管理涉及人和机器的关系,主要探讨用什么方法使人适应机器的特点,以及使机器更好地适应人的心理生理特点,从而达到人机之间相互适应、更好地发挥机器的性能、提高劳动生产率的目的;而人对人的管理,更是涉及到人和人的关系,需要探讨用什么方法可以最大限度地调动人的积极性和创造性。这些虽然都构成了管理心理学所需研究的内容,但是研究的最终目的还是为了有效提高管理的效率。

管理心理学主要研究与组织行为有关人员的个体特点,如动机、能力、个性特征等;人的群体特点,如群体的分类、人与组织的相互作用等;领导行为特点,如领导风格,领导的评估与培训等;组织理论与组织变革,如组织的模型,组织变革与组织开发研究等;工作生活质量研究,着重从改善工作环境,工作丰富化、扩大化方面调动职工的积极性,提高生产率;跨文化管理心理学,比较不同的地区、国家、社会制度,文化背景下管理行为的异同,为国际间的经济交流、合作经营企业提供科学依据。

以城市轨道交通的管理为例:人对物的管理涉及到运营管理者和服务人员对运营设施设备的管理;人对人的管理涉及到运营管理者对乘客的管理和对内部员工的管理。对乘客的管理是为了维持正常的运营秩序;而对内部员工的管理则是研究如何调动员工的工作积极性,研究员工的行为、动机、需要,采取措施使员工融入到企业文化的大环境中,提高运营服务质量,实现企业生产目标。

在研究方法方面,管理心理学并没有一种适用于解决一切问题的通用的方法。它主要以心理学及社会学的研究方法,如观察法、访谈法、问卷法量表法、个案分析、准实验研究、社会调查、公众意见调查等方法为基础,结合管理实际,根据不同的情况、不同的问题,采用适宜的方法,使问题的解决有客观的科学的根据。因此,管理心理学是一门具有实践意义和需要不断分析总结的学科。

9.2 管理心理学研究对象

心理学主要是研究人的心理活动及其规律,而管理学主要研究管理活动的基本规律和一般方法。管理心理学的研究对象又应该如何确定呢。

9.2.1 管理心理学研究人与人的关系

管理活动是人类活动的特殊形式,其管理对象不外乎人与物这两大因素。任何一个组织也都是由人和物这两大因素构成的,两大因素在组织中就形成了3大关系系统:物与物的关系、人与物的关系和人与人的关系。

1. 物与物的关系

这里的物是泛指企业中非人因素的其他物质,例如:材料、设备、资产、资金、技术等,管理学中对物的管理实际上是指:管理者在技术业务中所作的管理工作。

物与物的关系,一般属于工程技术科学研究的对象。

管理者一般应具有较高的技术水平,应能带领自己所管理的团队完成某项技术任务,因此这种管理也称为技术管理。

技术管理强调的是管理者对所领导的团队的技术分配,技术指向和技术监察,而并不过多考虑人的素质问题。管理者是用自己所掌握的技术知识和能力来提高整个团队的效率,继而完成技术任务。因此技术管理是技术和管理的融合,只研究物态的因素,并不研究如何通过发挥人的因素而实现物质效率的提高。

例如:城市轨道交通车站的技术管理者,关于车站服务设备的数量、位置、性能和状态是十分关注的,总希望最大程度的发挥车站服务设备的效率。如果车站突发大客流,因服务设备数量不足而影响到服务质量时,就无能为力了。

2. 人与物的关系

在上述案例中,当车站的管理者遇到服务设备不足以应对大客流时,一般都会安排人员进行人工服务,这就涉及到人与物的关系,即人与设备、环境的关系,因此人与物的关系,也就是人与机器、人与工作环境之间的关系是工程心理学与劳动心理学研究的对象。

人与物的关系是一个交叉系统,物的部分列为技术管理的对象,人的部分则主要是劳动心理学与工程心理学的研究对象。

3. 人与人的关系

人与物的关系和人与人的关系都涉及到人,而人总是具有某种心理活动的,因此都与心理学有关,尤其是人与人之间的关系,基本上排除了物化的因素,只涉及到人对人的管理,因此成为管理心理学的主要研究对象。

作为一门从现代管理科学和行为科学中派生出来的新兴独立学科,管理心理学主要研究人的行为激励问题,其主要任务是提高激励人心理和行为的各种途径与技巧,以达到最大限度地提高工效的目的。

9.2.2 管理心理学研究人的管理

1. 管理的核心是对人的管理

管理心理学虽然将组织中的人作为特定研究对象,但其重点仍然是:提高管理效率、实现在一定的成本控制条件下，最大限度地调动人们的积极性和创造性。

在很大程度上，管理的科学性就在于用人的科学性，管理的艺术性就在于用人的艺术性。要知道只有“人”才是企业之根本。管理心理学之所以关注人的心理活动，以人的心理活动规律性为研究对象，主要是基于这样几个原因：首先，“企业管理就是对人的管理”。企业要靠人来实现企业的目标。即使是未来社会的管理，最主要的仍然是对人的管理，因此研究人的行为和心理规律，以调动人的积极性，必然成为管理心理学的研究对象。其次，人是企业的首要资源。在现代企业管理中，企业资源包括人、财、物等，而人是最重要的资源，随着现代科学技术的发展，重视人的因素，发挥人的主动精神，挖掘人的潜在能力显得更重要。再次，人是企业管理的主体。现代企业管理强调以人为中心，科学技术越发展，就越要重视人的因素，建立以人为中心的管理制度。因此，管理心理学着重研究人的心理活动的规律性，将有助于在科学分析的基础上，了解人的心理规律，采取科学的管理方法，促使企业管理取得最佳的成绩。

在城市轨道交通运营企业的管理过程中，人的因素包括乘客和企业内部人员两大部分，前者的心理活动及规律属于乘客心理的范畴；后者的心理活动及规律就属于管理心理学的范畴。本章所指的管理心理学主要就是指：城市轨道交通管理者和服务人员的心理活动及活动规律。

2. 人的管理需要心理学

人要生存，就要工作，就会成为某个组织中的一员，就会成为某一层次中的被管理者。即便没有工作的人，至少也是社会的一员，在公众场合也要服从公共秩序，从而成为一名被管理者。因此现代社会中每个人在不同的场合，都有可能是一名被管理者。

生活在现代社会中的人，每天都会受到感受到外界变化、受到各种事物的刺激，必然就会产生心理活动。由于每个人的成长环境、教育程度、文化修养、风俗习惯各不相同，因此每个人的个性心理也不同，这就是社会人绝不会千人一面的原因。对不同个性人的管理，就要遵循心理学的基本原理，才能实现管理目标。

城市轨道交通有一个最大的特点就是：每一个员工，既是管理者，又是被管理者，这种双重身份的特征是服务性行业所通有的。

城市轨道交通的员工对于广大乘客而言就是管理者，其职责是通过管理，确保乘客安全顺利出行。乘客是由一个一个具体的人组成的，要做好管理乘客的工作就需要掌握心理学，这就涉及到乘客心理学和管理心理学，有关乘客心理学的内容在此不再赘述，但是仅仅了解乘客的心理并不证明就能做好对乘客的管理，管理也是一门科学，有其固有的规律，因此为了做好客流组织工作，除了乘客心理学以外，还需要学习管理心理学。

企业的每位员工在上一级管理层面前，又都是一名被管理者，需要执行上级制定的各项规定和制度，这就形成了服务性行业员工兼具管理者和被管理者的双重身份。一般来说，只要企业的服务对象是人，其员工就具有管理与被管理的双重身份，就必然需要学习管理心理学。

此外，服务性行业的管理者，除了对企业的用户进行组织、提供服务以外，必然还需要对下级员工进行管理，既然是对下级人员的管理，必然也需要用到管理心理学。

综上所述，作为服务性企业，城市轨道交通运营企业的全体员工，都是兼具管理者和被管理者的双重身份，都需要学习管理心理学的一些基本原理，才能做好本职工作。

9.2.3　管理心理学与普通心理学

管理心理学与心理学有何联系与区别，既然管理心理学只是心理学的一门分支，二者间究竟有何关联呢？

1. 研究对象不同

心理学是研究人的心理现象发生、发展和活动规律的一门科学。心理学主要是为了深层次地了解、预测人的心理的发生、发展的规律和研究人的心理现象和心理规律的一门科学。

普通心理学与管理心理学虽然都属于心理学的研究范畴，但是其研究的侧重点有所不同。

(1)普通心理学具有通用性

普通心理学即通常所说的心理学，是关于人的心理现象发生、发展过程的最一般规律的科学，它主要研究人的心理现象的一般本质和心理发展的一般规律。例如：人的感知是如何形成的，影响感知的一般因素有哪些；人的思维一般可分为几种类型，如何评价人的思维；人们记忆一般过程如何，怎样有效防止遗忘；人的气质和性格有哪些类型，每种气质和性格的一般特征如何等等。一般说来，这些规律对任何人以及从事任何活动都是适用的。

(2)管理心理学重在管理

管理心理学是运用心理学的一般规律去解决管理过程中人的心理问题，并使之在管理领域具体化。它主要研究一定组织中人的心理和行为规律，从而提高管理者预测、引导、控制人的心理和行为的能力，更为有效地实现组织目标。例如，调动所在单位员工的积极性是管理中的一个重要问题，作为管理者不能事必躬亲，而应把全体员工的积极性调动起来，使之各尽其责，创造性地完成本职工作，这样才能有效地实现组织目标。而要调动员工积极性，就要运用心理学的一般规律，具体分析一定组织中人的需要和动机，分析产生积极行为的一般心理过程，研究哪些因素最能在员工心理上起到激励作用，如何保持和加强员工的积极行为等。这些就是管理心理学所要研究的问题。再如，决策也是管理中的一个重要问题。企事业的领导人能否采取正确的决策，这对一个企事业单位的发展将起着重大的作用。所谓决策，从心理学角度来看，实际上就是人的思维过程和意志过程。企事业的领导人在作出某项决策之前，首先要对本单位的各方面情况进行去粗取精、去伪存真的加工处理；然后，在此基础上制定出几种可供选择的决策方案，并在这些方案中选出最佳方案。只有这样，才能作出正确的决策。而这个过程实质上就是思维过程，也就是人的高级认识过程。同时，企事业的领导人在作出正确而又及时的决策时，还需要具备当机立断的意志品质。否则，领导人优柔寡断，议而不决，决而不行，缺乏坚强的意志品质，这也是不能及时作出正确决策的。所以，管理心理学就是把心理学的一般规律运用于实际管理，以解决管理中的具体问题。

2. 研究目标不同

管理心理学与普通心理学在研究目标方面也有很大的不同。

(1)普通心理学的研究目标

心理学是研究人的心理现象和主要规律。它包括心理现象的生理基础——脑的机能、心理现象的基本构成、心理现象之间的基本规律、社会心理现象的各种不同规律和应用等等。因此心理学的本质应该是研究人的心理现象与内外因素互相融合和升华的内在秘密的学科，人的心理本质是心理学研究的核心。

普通心理学是以人类心理现象发生和发展的一般规律为研究目标。

(2)管理心理学的研究目标

管理心理学是研究管理活动中人的心理活动及其他规律的科学，其主要研究对象包括个体、群体、领导和组织的具体心理活动的规律性。管理心理学的目的是发展、完善科学体系，深化管理中心理活动的认识、提高管理效率与效益，提高员工的工作满足感。

管理心理学是以提高管理效率和发挥组织中人员积极性为研究目标。

3. 研究范围不同

管理心理学与普通心理学在研究范围方面也存在不同。

普通心理学的研究范围是人类的全部心理现象的发生和发展；管理心理学的研究范围仅限于管理范围内的全体人员的心理现象的发生和发展。

以城市轨道交通为例：管理心理学仅涉及到运营企业内部的员工和全体乘客，其中对乘客的管理还涉及到乘客心理、服务心理等。

由此可见，普通心理学是管理心理学的基础，管理心理学是将普通心理学的基本规律在管理过程中的具体应用。

普通心理学与管理心理学二者就是一般与特殊、主干与分支的关系。

9.3 管理心理学研究内容与任务

管理心理学是心理科学的一个分支，是研究组织管理中人的心理活动规律的一门学科。作为一个在企业管理的改革与发展实践基础上产生的年轻学科，其主要任务就是探索改进管理工作的心理依据，寻求激励人心理和行为的各种途径和方法，以最大限度地调动人的积极性、创造性，提高劳动生产率。其研究重点应当是组织管理中涉及的具体社会心理现象，以及个体、群体、组织、领导中的具体心理活动的规律性。

9.3.1 管理心理学主要研究内容

管理心理学研究的主要内容是管理过程中具体的社会、心理现象，以及个体、群体、领导、组织中的具体心理活动的规律性。因此，一般可以将管理心理学的研究内容划分为个体心理、群体心理、领导心理和组织心理等 4 个方面。

1. 个体心理

任何组织都是由具体的一个一个人组成的，即："组织是由个体组成的"。任何个体也就是具体的每一个人，都是有思想、有感情、有追求的活生生的有机体。个体心理是从人的个性——与其他人在个性上的差别，即：个体差异的分析；以及人的共性——对人而言都具有的共同特性，即：个体共同的心理特征这两个方面的理论出发，对如何激励员工等管理手段进行有效的分析研究。因此可以说，个体心理主要研究个体的心理活动规律、需要、动机与态度、员工的心理健康、激励理论等等，其目的是为了更好地调动、激发员工的工作积极性。

城市轨道交通的各级管理者，同样需要了解和掌握下属员工的个体心理，才能最大程度地调动员工的生产积极性，完成本部门的生产任务，只有各部门生产任务的完成，才能确保组织目标的实现。

2. 群体心理

群体是相对于个体而言的，但并不是任何随意地挑选几个人就能构成一个群体，群体是指两个或两个以上的人，为了达到共同的目标，以一定的方式联系在一起进行活动的人群。

群体是组织中的基本单元，大多数企业中班组就是最小、最基本的组织单元，因为班组中的人们是为了一个共同的目标而聚集在一起的。在现代企业中，管理部门的工作主要是针对群体进行的。

群体心理研究是指：区分正式群体和非正式群体、从群体规范、群体压力、群体气氛、信息沟通、人际关系、群体内聚力等多个维度，对人的心理状态及其对群体活动的影响进行研究，即：主要研究正式群体和非正式群体、群体的内聚力、群体中的人际关系和信息沟通、士气与群体意识等等，其目的是为了更好地解决组织中的协调交流、团结合作的问题。

在任何组织中，除了最基层的管理者，例如班组长，其他各级管理者一般都不需要对最基层的员工进行直接管理，都是通过各级管理层实施管理，形成逐级负责的管理模式，组织中的各级管理层实际上就是一个承担相应管理责任的管理群体，要发挥这一群管理人员的作用、形成管理合力，就需要群体心理学。

城市轨道交通运营管理企业中，同样也存在着群体心理的课题，同样也需要各级管理层发挥作用，管理群体中不能互相不服气、相互拆台，才能形成管理的合力，发挥最大的管理效能。

3. 领导心理

领导心理实际上指的是领导者的心理。领导者是指居于某一领导职位、拥有一定领导职权、承担一定领导责任、实施一定领导职能的人。

领导者所拥有的在职权、责任、职能三者中：职权仅是履行职责、行使职能的一种手段和条件，而履行职责、行使职能才是领导者的实质和核心。

领导者要想有效地行使领导职能，仅靠制度化的、法定的权力是远远不够的，领导者必须拥有令人信服和遵从的高度权威性，才能对下属产生巨大的号召力、磁石般的吸引力和潜移默化的影响力。

领导者是带领员工共同为企业发展的领头人，因此领导心理是企业中影响人的积极性的重要因素之一。

领导心理的研究包括两个范畴，一为静态研究，侧重研究领导者的个性特征与领导集体的结构特点；二为动态研究，侧重研究领导方法，探索不同领导行为、领导作风与领导效率的关系。

一般而言，各级组织的最高管理者就属于本级组织中的领导者，其个人心理可以影响该组织层的管理质量和效率。例如：城市轨道交通车站的站长就是该车站的领导者，其心理特征就可以决定车站管理的质量和效率。

4. 组织心理

现代企业都是以组织形式出现，以组织形式完成生产的全部过程，以组织形式同社会发生关系的，人是任何组织构成的最基本的要素，因此以研究如何调动组织中每个人的积极性，使组织发挥最大效能的组织心理学就应运而生。

组织心理学是一门研究组织管理中人的心理现象及行为规律的学科，强调以人为中心，协调组织中的人际关系，改善组织的环境和条件，调动组织中每个人的积极性、主动性和创造性，从而在实现组织目标的同时，达到个人和组织共同发展的目标。

企业思想工作就是以人为对象，通过教育、疏导、表扬、示范和批评等方式，解决人的思想、观点、政治立场等问题，提高人的思想觉悟，从而为组织发展提供强大的精神动力和思想保证。

随着改革开放的步伐和社会结构的变迁，企业组织形式和管理方式也随之发生了变化而企业内各成员观念及思维的差异化将更加明显。这种变化与差异化的存在要求我们各项管理工作在方式方法上也要有所改变。

就企业思想政治工作而言，学习并运用管理心理学原理，把管理心理学与思想、政治工作有效结合起来，通过对员工的心理特征和行为特点的分析，有的放矢地做好思想政治工作，切实解决好组织目标实现过程中存在的思想上、行为上的矛盾是建设和谐企业的重要途径，也是创新企业思想政治工作的需要。

由此可见，组织心理主要研究组织结构、组织环境、组织变革以及各种不同的领导方式及其效果、领导者的选择与训练、影响领导效果的因素等，目的是为了使组织自身能更好地适应组织任务和组织使命的要求，以利组织目标的实现和维护组织的生存和发展。

在城市轨道交通运营管理企业中，各级运营管理者同样也承担着发动员工、调动员工积极性和做员工思想工作的责任，这就是组织心理的职能。

9.3.2 管理心理学的研究任务

一般认为管理心理学的任务有两个，即提高企业效益和注重员工素质培养。和对劳动者进行心理素质的培养、教育。

1. 提高企业效益

企业效益包括企业的工作效益、劳动生产率两大方面。

管理心理学的主要任务是了解和掌握管理工作中个体、群体、组织的心理活动规律，从而制定出管理个体、群体、组织等符合客观规律的科学管理方针政策和方法，与此同时也可以极大地促进领导者管理水平和领导艺术的提高，这就为提高企业的工作效益和劳动生产率打下了坚实的基础。

吸收、运用包括心理学、社会学、社会心理学、人类学、政治学及其他涉及管理的各相关学科的理论、方法，探讨组织中个体、群体、组织、领导的心理活动规律，研究如何通过调整人际关系、激励动机、提高领导水平和领导艺术、增强组织凝聚力等手段，来协调组织中人与人的关系，才是提高企业效益的保证。

2. 员工素质的培养

管理心理学是一门研究组织中人的行为与心理活动规律的综合性科学。是把心理学的知识应用于分析、说明、指导管理活动中 的个体和群体行为的工业心理学分支，是研究管理过程中人们的心理现象、心理过程及其发展规律的科学。

正因为管理心理学以组织中的人作为特定的研究对象，重点在于对共同经营管理目标的人的系统研究，以提高效率，在一定的成本控制条件下，最大限度地调动人们的积极性和创造性，因此说管理心理学是以研究组织管理中具体的社会心理现象，以及个体、群体、领导、组织中的心理活动、人际关系和人的积极性的一门边缘科学。

当今的管理心理学都是以人本思想为前提的。它有助于调动人的积极性、改善组织结构和领导绩效，提高工作生活质量，建立健康文明的人际关系，达到提高管理水平和发展生产的目的。

由于管理心理学主要研究与组织行为有关的人的个体特点，如：动机、能力、性向等；人的群体特点，如群体的分类、人与组织的相互作用等；领导行为特点，如领导风格，领导作风的评估等，而这些个体特点恰恰就是个人素质的主要构成要素，因此良好的管理企业必有良好的企业文化和氛围，在这样的企业中，员工的个人素质必定会得到熏陶和提升。

例如：一个管理良好的城市轨道交通车站，在管理过程中，必定处处是以服务乘客为中心的管理模式，并形成了一种固定的管理模式，在这样的管理氛围中接受长期熏陶的员工，已经在个人的个性特征中形成了良好的性格，即使是最普通、最基层的员工，在其他车站也会成为一名优秀的骨干。从管理良好的车站抽调老职工，充实其他车站，尤其是新车站的管理，已经成为城市轨道交通保持服务水平、实现企业目标有效的管理手段之一。

9.3.3 管理心理学的研究方法

在研究方法方面，管理心理学并没有一种适用于解决一切问题的通用的方法。主要还是采用心理学及社会学的研究方法，以观察法、访谈法、问卷法、量表法、个案分析、准实验研究、社会调查、公众意见调查等方法为基础，结合企业的实际管理要求，根据不同的管理要求、实际情况和问题，采用适宜的方法，使问题的解决有客观和科学的根据。

西方国家对管理心理学的研究，主要集中在对人力资源的应用和发掘，例如：利用测验方法选拔职工，或应用评价中心提供的方法对领导进行评价；由专家组帮助企业增加自我完善的能力，带动各种组织进行改革；在企业的决策理论应用方面，则主要是协助大企业对重大项目、经营战略等重大事件进行审定等等。

管理心理学虽然没有一套固定的研究方法，但是根据企业的发展需要而进行因地制宜的寻找企业管理中的薄弱之处，尤其是由于人的因素而造成的管理不善正是管理心理学的核心，由于不同的企业有不同的经营特点、组织结构和人员组成，因此管理心理学也必须采用具有针对性的研究方法。例如：采用决策会议方式，在专家指导下，利用电子计算机及专门的决策软件，可以大大加快决策的制定过程和提高决策的质量；在完善工作环境和生活质量的研究方面，可以采用制定更完善的作业制度、环境要求等措施，防止事故的发生和有效减少工作中的失误；公开员工的奖惩、升迁等规定，可以有效激励提供的生产积极性。

企业中凡是涉及到员工切身利益的各种制度规定，无不与管理心理学有关，这也正是管理心理学在企业管理中起到的作用。

思 考 题

1. 何谓管理心理学？管理心理学是如何形成和发展的？
2. 管理心理学的发展有何社会背景和历史背景？
3. 管理心理学的研究对象有哪些？
4. 普通心理学与管理心理学在研究方面存在哪些不同？
5. 哪些是管理心理学的研究内容与任务？

第10章　心理学在运营管理中的运用

管理心理学认为，在组织管理中，最重要的就是对人的管理，因为只有组织中的人，才是企业目标实现的最基本保证。

要实现对人的管理，首先在于充分调动人的积极性，而人的积极性又与人的需要、动机等心理因素有密切关系。只有充分满足人的正常需要，激发人的内在动机，才能使人自觉地去努力完成组织的预定目标，因此组织内全体人员的需要和动机问题，就成为管理心理学的核心。

组织中人员的需要和动机越强烈，激发出的积极性就越高涨，完成目标的努力程度也就越自觉，预定的企业目标也必然完成得越出色，取得的成绩也就越大；反之，没有积极性，缺乏完成目标的内在动机，则工作成绩也就越小。

如何才能促使员工自觉努力，调动员工的生产积极性，为企业目标而自觉奋斗，这就是管理心理学要解决的课题。

不同的企业在经营性质、员工构成、工作要求、生产环境等方面都各不相同，不同组织结构的企业，在管理心理学的运用方面也不尽相同，城市轨道交通作为服务于广大市民的公共交通，应该如何运用管理心理学呢，首先就要了解城市轨道交通运营管理企业有何不同于其他企业的特点。

10.1　轨道交通运营企业的管理特点

城市轨道交通是为广大乘客提供出行服务的，因此列入公共交通的服务性行业。城市轨道交通与其他公共交通形式都不同，例如：列车行走线路不能改变、乘客必须在车站乘降、客流量大和社会影响面广等特点，这些特点就造成了城市轨道交通在管理上的基本特点。

10.1.1　车站是管理的基本节点

轨道交通在城市公共交通中，具有独有的特点，各类城市公共交通的特点见下表：

表 10.1　城市各类公共交通工具的特点

名称	载客量	价格	舒适度	运营线路	乘降位置
轨道交通	大	廉	拥挤	不可更改	不可变
公交汽、电车	中	廉	一般	必要时可更改	必要时可变
出租车	小	贵	舒适	随意变化	可变
自行车	骑行者	无	费力	随意	随意
步行	步行者	无	费力	随意	随意

从上面的表格中就可以发现城市轨道交通具有:乘客必须在车站才能乘坐列车和乘客量大的特点。仅从满足乘客出行的角度看,乘客与城市轨道交通运营管理企业唯一的接触点就是车站,因此对乘客而言,车站的管理就代表了整个操作轨道交通企业的形象。

从城市轨道交通的运营状态来看,如果说:全部运营线路构成了网,则各条独立运营的线路就是构成网络的线,而车站就是整个网络和线路上的点。

从组织结构来看,由于各车站都具有独立完成乘客乘降列车的功能,因此车站之间、车站与线路之间和车站与运营网络之间,在功能上具有相对的独立性、在客流组织方面更是较少关联性,正是囿于这个原因,才使车站成为企业管理结构中的重要节点和在组织层次的设计中处于最基础的管理层。

以上海地铁管理结构的多次变化中,更能看出城市轨道交通车站在管理中的相对独立地位。

1994 年上海地铁第一条轨道交通线路投入试运营,开通运营的全部 13 座车站隶属于同一条线路和一个运营公司管理。至 2003 年,成立上海现代轨道交通有限公司,与上海地铁运营有限公司一起分管当时仅有的 3 条试运营线路,其中 5 号线的 11 座车站隶属于现代公司管理。即使如此,许多乘客尤其是需要与 5 号线换乘的乘客们,并不知道他们实际上是出行在两个互不隶属的运营公司管辖范围内,可见车站管理的归属与乘客的出行并没有太大的关联。

2007 年上海地铁又进行了一次机构改革,将当年的 8 条运营线路分别划归 4 各互不隶属的运营公司管理,这种管理模式一直延续至今,目前上海市城市轨道交通已拥有 13 条线路,285 座车站,依然分属于 4 个运营公司管理。然而对于乘客而言,出行过程丝毫也没有受到车站归属不同的影响。由此可见,在城市轨道交通整个运营管理体系中,车站是最基本的管理层次,以其所具有的独立操作空间和专业管理要求而成为重要的管理节点,只要抓住了车站的管理,至于车站从属于哪一个运营公司管理,对乘客而言无关紧要。

城市轨道交通车站所具有的独立操作空间和较少受到上级管理的影响这一事

实,使车站的管理成为了企业管理组织结构中最基本的管理节点。

10.1.2　站长是管理成效的关键

城市轨道交通车站的最高管理者就称为站长,在组织管理结构中处于最初层次,但是在车站员工的群体中,站长又处于领导者的位置,因此有人形象地将车站站长的管理地位定义为“兵头将尾”。

作为管理的重要节点,车站的工作质量在很大程度上就取决于站长的管理水平。例如:当车站瞬时涌入大量乘客的时候,就需要站长立即组织员工,采取有效的客流组织措施,缓解大客流与运能一时不相适应的矛盾。发生在某车站的大客流,其他车站往往是插不上手、爱莫能助,只能依靠该车站自行解决。

某车站的管理效果不佳,可能影响到整条线路、整个网络的运营效率,甚至影响到其他车站的管理,因此车站轨道交通的每一座车站都要确保组织管理的高效率。从整个运营网络的管理效率来看,也符合“水桶理论”,管理最差的车站就代表了系统的管理水平。

站长作为车站的最高管理和领导者,就要合理地调配车站现有资源。管理学告诉我们,管理的资源不外乎人、财、物,其中人是全部资源中最核心和重要的因素,而站长要调动车站员工的工作主动性和积极性,就必然要涉及到员工的个性特征、行为表现、动机和需要等心理学范畴的因素,因此管理心理学对城市轨道交通车站站长而言就是必须掌握的知识。

10.1.3　站长能力决定服务质量

能力是指:顺利完成某一活动所必需的主观条件。能力是直接影响活动效率,并使活动顺利完成的个性心理特征。

人的能力总是和人完成一定的活动相联系在一起的。离开了具体活动既不能表现人的能力,也不能发展人的能力。城市轨道交通车站站长的个人能力就是指:站长为进行车站管理所必须具备的个人条件,站长的个人能力越强,对车站的管理就越显得驾轻就熟,因此站长的个人能力将直接影响到车站管理的水平,这一点已经为国内各城市的轨道交通运营管理单位所了解,因此站长培训班、站长轮训班、站长业务考核等为提高站长管理水平的管理机制已日显成熟。

根据城市轨道交通车站的规模,一座车站往往配有十几位至几十位员工不等,站长正是通过这些员工来实施管理的,因此调动员工的工作热情和使员工具有正确的服务态度,就成为检验站长管理能力的重要标准。

涉及到人员的管理就离不了管理心理学,因此尽快提高站长在管理心理学方面的实际运用能力,对提升城市轨道交通整体管理水平,具有事半功倍的作用。

城市轨道交通车站的人员配置一般包括车站服务人员、不直接隶属于车站的服务人员和车站驻站人员等三类不同身份和性质的人员，对乘客而言，并不能也不需要具体区分上述三类人员，乘客往往简单地将他们统统归入车站服务人员。作为车站站长，为了提高车站服务质量，就必须要加强对三类不同身份、不同工作性质的人员管理。

10.2 运用心理学知识激励车站员工

车站服务人员是指直接归属于车站站长管辖的，站长依据国家和企业制定的法律法规、条例、规章和制度，对他们实施管理，并实施检查和考核。

“没有规矩不成方圆”这是任何企业管理者都知道的基本常识，因此企业无论规模大小，最常用的管理手段之一就是建立一系列的规章制度。例如：基本的财务管理制度、物品管理制度、人事管理制度、奖惩条例等等。

企业制定规章制度是指：企业制定的组织劳动过程和进行劳动管理的规则和制度的总和。企业的管理制度涉及到企业内部所有员工，因此需要全体员工们能自觉遵守。管理制度本身并没有好坏之分，完全取决于制度能否被员工认可、接受和遵守。制度只有被员工接受和遵守才会发挥作用，因此管理制度在形成过程中，必然要考虑员工的认可度、接受度和遵守度，这就必然要涉及到员工的行为、动机、需要等心理要素，这就需要运用管理心理学的基本原理。

城市轨道交通车站是最基层而又最具独立性的组织管理层，其最高管理者的领导能力直接决定了车站管理的效果，但是管理权限的约束，使站长只能在本车站范围内实施管理，在权限受到限制的情况下，站长如何调动车站服务人员的生产积极性呢，合理运用管理心理学就显得十分重要了。

10.2.1 管理权限的限制

车站站长的权限受到限制，究竟何为权限，权限对于管理者有何作用。一般认为权限是指：为了保证职责的有效履行，任职者必须具备的，对某事项进行决策的范围和程度，因此权限常常用“具有批准……事项的权限”来进行表达。

企业的规章制度是为企业生产和企业经营目标服务的，一般都需要经历高层管理部门负责制定、下级管理层负责贯彻执行的流程。城市轨道交通车站属于最基层的管理层，当然没有权限可以制定超出车站管理范围的管理制度，可见车站的管理权是十分有限的，车站站长基本上没有制定规章制度的权力，只负责贯彻执行上级管理部门已经制定的规章制度，因此无权决定超出车站范围的人员调动、也没有任意嘉奖的权力，站长唯一可以行使的权力就是向上一级管理层报告，至多也只能是附上车站的建议。此外车站的管理经费也不由站长掌握，车站服务人员的工资、奖金等物质待遇的决定权也不在站长的掌控之中，因此在调动员工生产积极性方面，可用的物质手段并不多。

为了确保企业经营目标的实现，各级管理层都制定有相应的职责。城市轨道交通车站站长也不例外。

城市轨道交通站长的职责虽然很多，但是最基本的还是：负责贯彻执行国家和企业制定的各项法律法规、方针政策、规章制度，组织车站员工共同确保城市轨道交通运营生产的正常进行。车站站长要在不具有车站人事调动、资金调拨、设备增添、环境改造等权限的条件下，确保财政运用生产的正常进行，除了依靠车站服务人员外，别无他法。

正因为城市轨道交通车站站长只有运用管理心理学的基本原理，才能调动车站服务人员的生产积极性，因此管理心理学就有了应用的条件和环境。

10.2.2　创建独具特色的车站管理文化

实际上任何企业都自觉或不自觉地在管理中运用着管理心理学的基本原理，作为约束员工、促使员工努力工作的企业规章制度，就是管理心理学的成果之一。实际上企业中任何需要员工遵守的规定，都是企业管理者在运用心理学的基本原理，千方百计地激励员工，调动企业员工的正能量的产物。

心理学的激励理论就是调动员工积极性的理论。激励就是激发员工的工作动机，以促使个体有效地完成组织目标。在现实生活中，一些能力并不怎么强的人，通过自己的主观努力，取得成绩、获得晋升，就是由于他们通过强烈的内驱力的激发而获得的。

缺少物质刺激的轨道交通车站站长拿什么来激励下属的车站员工呢？

1. 开展特色服务

特色是指：事物所表现的独特的色彩，风格，是一个事物或一种事物显著区别于其他事物的风格、形式。特色是由事物赖以产生和发展的、特定的、具体的环境因素所决定的，是拥有特色的事物所独有的。

从字义上说，服务就是履行某一项任务或是任职某种业务，也具有为公众做事或替他人劳动的涵义。

特色服务就可以理解为：企业履行任务过程中或为用户提供的是其他同类企业没有的、具有本企业独特风格和独特色彩的服务。

不同企业有不同的管理特点，每一个成功的企业都有符合自己企业发展需要，有企业独有管理特色的管理模式，有些企业已经将其上升为企业文化。一般而言越是成功的企业，其管理特色和企业文化的标志就越明显，其独特的企业文化往往是其他企业难以复制的。

城市轨道交通车站作为企业中最小的独立管理单元，也需要寻找到具有本车站的特色，进而形成本车站的服务特色，许多车站的服务管理已有成熟的经验。

例如：上海地铁人民广场车站的“指路问不倒”、中山公园车站的“爱心小屋”、静安寺车站的“导游式服务”等已经形成了“名气在外”的服务品牌特色，那些车站的服务人员也已经养成了自觉呵护服务特色的工作态度，站长的管理当然就轻松多了。

城市轨道交通车站开展特色服务与管理心理学有何关联呢？

首先车站开展特色服务需要车站全体服务人员共同参与，其中只要有一位服务人员不能坚持，车站其他人员的努力就都白费了；其次，要使车站全体服务人员，都参加到争创特色服务的过程中来，车站管理者就要充分了解每一位员工的业务状况和心理特征，这就需要有心理学的基本知识；第三，车站全体人员开展特色服务，其最终目标还是落实在车站管理效率的提高，所以说，城市轨道交通车站开展车站特色服务的落实过程中，车站管理者需要有管理心理学基础知识。

车站开展特色服务，作为车站管理者既没有为员工加薪的权限、也没有为员工授予嘉奖的能力，那么车站管理者应该如何来调动员工的生产积极性呢，如何才能促使员工行动起来，以实际行为为车站特色服务的创建而努力呢？

要促使员工自发地采取行动，在缺少奖励的条件下，就更需要车站管理者运用心理学知识来调动员工。根据心理学的知识我们已经知道：人的行为、动机和需要三者之间具有密切的关系。当人产生需要而未得到满足时，会产生一种紧张不安的心理状态，在遇到能够满足需要的目标时，这种紧张的心理状态就会转化为动机，推动人们去从事某种活动，去实现目标。目标得以实现就获得生理或心理的满足，紧张的心理状态就会消除。这时又会产生新的需要，引起新的动机，指向新的目标。这是一个循环往复、连续不断的过程。可见，需要是动机和行为的基础，人们产生某种需要后，只有当这种需要具有某种特定的目标时，需要才会产生动机，从而成为引起人们行为的直接原因。每个动机都可以引起行为。但是，在多种动机下，只有起主导作用的动机才会引起人的行为。

既然需要产生动机，那么如何才能使车站员工具有创建特色服务的需要呢。心理学告诉我们，人的需要是有层次的，已经满足的需求，不再成为激励因素。人们总是处在力图满足某种需求的努力过程中，一旦追求的需求得到满足后，就会有另一种需要取而代之。一般来说，只有在较低层次的需求得到满足之后，人才能产生高级的需要、较高层次的需求才会有足够的活力驱动人的行为。

心理学的需求理论还认为：尊重需求和自我实现需求是人的最高需要层次，对人的行为有较大的激励作用。

车站的服务人员有固定的工作岗位和工资收入，只有本人愿意并且不发生重大的错误，一般也不会被企业除名，因此他们的需求已经超出了生理、安全和社交的需求层次而进入到追求尊重和自我实现的高需求层次。

尊重需求既包括对成就或自我价值的个人感觉，也包括他人对自己的认可与尊重。有尊重需求的人希望别人按照他们的实际形象来接受他们，并认为他们有能力，能胜任工作。他们关心的是成就、名声、地位和晋升机会。这是由于别人认识到他们的才能而得到的。当他们得到这些时，不仅赢得了人们的尊重，同时就其内心因对自己价值的满足而充满自信。不能满足这类需求，就会使他们感到沮丧。如果别人给予的荣誉不是根据其真才实学，而是徒有虚名，也会对他们的心理构成威胁。

在激励具有尊重需求的员工时，应采取公开奖励和表扬的方式。布置工作要特别强调工作的艰巨性以及成功所需要的高超技巧等。站长口头表扬、在车站的交接班会议上或公布上报优秀员工名单等方法，都可以提高人们对自己工作的自豪感。

自我实现需求的目标是自我实现，或是发挥潜能。达到自我实现境界的人，接受自己也接受他人。解决问题能力增强，自觉性提高，善于独立处事，要求不受打扰地独处。要满足这种尽量发挥自己才能的需求，他应该已在某个时刻部分地满足了其他的需求。

自我实现的人有可能由于过分关注这种最高层次的需求的满足，以致于自觉或不自觉地放弃满足较低层次的需求。处于自我实现需求层次的人，会在需求的激励下，会运用最富于创造性和建设性的技巧开展工作。车站站长会发现：有这种需求的员工，无论放在哪个岗位，其工作都具有创新性和创造性，这种能力的激发并非个别人员所独有，而是每个人都可以和期望拥有的。

车站服务人员处于高需要层次地位的事实决定了：只要车站管理者能够采取适当的激励措施就完全可以调动车站全体服务人员的工作积极性。

车站开展特色服务需要车站全体服务人员一起参加，从而形成了一种良好的服务氛围，人人关心、呵护自己车站的声誉，并以自己是车站特色服务团体的一员为荣。车站开展特色服务这种现象，用心理学的需求层次理论分析：在客观上使全体员工处于获得社会认可的“社会尊重和自我实现”的最高层次，对员工的工作激励作用将是十分明显的。

2. 找出车站特色

一座城市的轨道交通车站往往拥有众多的车站，这些动辄以数十甚或上百座并存于一座城市中的车站，如何才能找出自己的服务特色呢。首先要充分了解车站的服务性特征,然后找出与其他车站有何不同,在此基础上才能真正形成符合本车站特征的服务特色。

(1)车站的服务特征

车站服务业提供的是无形的产品,而且不能预先产出,也无法用库存来调节乘客的随机性需求。为了能达到乘客满意的服务水平,在人员、设施以及各种物质性的准备都要在乘客实际使用之前完成,然而当乘客的实际需求高于这种能力储备时,车站的服务质量立刻就会下降。例如:排队等待时间加长、拥挤、甚至因故障造成车站取消服务等等。

此外,作为服务行业的特殊性,表现在与顾客的接触程度方面。乘客需要在出行过程中接受服务,因此乘客本身往往就是服务体系中的一部分。城市轨道交通车站的自动化程度较高,车站布置有大量的自助设备,需要乘客自行操作才能协助乘客完成出行过程。例如:乘客自助购票后,还要自助完成进站检票过程,抵达目的地车站后,仍然需要乘客自助完成出站验票。这些基本的出行流程都证明乘客在车站提供服务的同时,还要亲自介入才能实现出行目标。当然也有些车站的服务岗位并不需要直接与每一位乘客接触,例如:问询处的服务人员、车站的行车调度人员等。正是由于车站各岗位与乘客的接触程度不同,因此车站管理者需要重点关注与乘客接触程度较高的岗位。

服务行业还有一个特殊处是对顾客需求的响应时间。对车站而言,必须在乘客到达车站后及时作出响应。由于乘客是随机到达的,因此车站想要保持需求和能力的一致,难度是很大的。而且,乘客到达车站的随机性在不同的日子里,甚至在同一日内不同的时间段里,都是不同的,这就使得短时间内,在满足乘客的需求方面,尤其在客流量超出车站应对能力时,服务质量就存在很大的不确定性。

车站管理者只有认识到车站服务能力的局限性,清楚地知晓本车站能应对的最大客流量,并有各种应对不同客流量的措施,才能满足乘客出行要求。

(2)寻找车站特点

无论一座城市中设有多少座轨道交通车站,有一点是确定无疑的,就是每一座车站都有自己的地理位置,绝无雷同,因此每一座车站都有自己的站名,这也就构成了每一座车站与其他车站的区别和车站的特色。

① 地域位置与车站特色

城市轨道交通每一座车站都有不同的地理位置,可以从其所处的不同地理位置找出车站特色。例如:位于城市中心的车站,具有客流量大的特点;位于火车站、轮船码头或长途汽车站附近的车站,具有非本地乘客多的特点;位于地方名胜古迹、旅游胜地附件的车站,旅游乘客居多;位于某特色医院附近的车站,求诊乘客和家属居多等等。

从上述的车站特色就可以设定自己车站的服务特色。例如:对客流量大的车站,可以开展“快速畅通”服务;针对大量的非本地乘客,可以开展“宾至如归”服务;对于游客多的车站。可以开展“美景常在”服务;对于求诊乘客,可以开展“求医助医”服务等等。

② 车站服务人员与特色服务

车站管理者也可以有意识地通过服务人员的组合,形成不同的服务特色。例如:女子服务组、老师傅服务组、劳动模范服务组、明星服务组等。

③ 个人特长与特色服务

车站管理者也可以以某位具有个人特长的服务人员为主,发扬光大形成车站的服务特色。例如:“××问不倒”、“××温馨指路”、“××工作法”等车站服务特色。

一般而言,车站的特色服务以一项为宜,围绕这一车站特色服务,全面动员,务必使车站全体服务人员都参与进来,才能全面提高车站的整体服务质量。

10.2.3　激发员工潜在的正能量

“正能量”本是物理学名词,而“正能量”的流行源于英国心理学家理查德·怀斯曼的专著《正能量》,其中将人体比作一个能量场,通过激发内在潜能,可以使人表现出一个新的自我,从而更加自信、更加充满活力。

当下,中国人为所有积极的、健康的、催人奋进的、给人力量的、充满希望的人和事,贴上“正能量”标签,指的是一种健康乐观、积极向上的动力和情感。

在我国“正能量”已经上升成为一个充满象征意义的符号,与我们的情感深深相系,表达着我们的渴望,我们的期待。

实际上每个人的内心都具有“正能量”,只是尚未发挥出来而已。

图 10.1　罗森塔尔

图 10.1 中美国著名心理学家罗森塔尔(Robert Rosenthal)为了验证人的内心具有尚待激发的潜能,曾于 1968 年做了个著名的心理学实验。

罗森塔尔曾经做过一个实验:他将一群小白鼠随机的分成 A、B 两组,并告诉饲养员,A 组老鼠很聪明,B 组老鼠智力一般。几个月后罗森塔尔对这些小鼠进行迷宫测试时,惊奇地发现,A 组老鼠比 B 组老鼠能更快地走出迷宫。对此罗森塔尔深受启发,认为:特别的关注可能会产生激励作用。于是他们来到一所普通的小学,在一至六年级各选三个班的儿童进行煞有介事的“预测未来发展的测验”,然后实验者将认为有“优异发展可能”的学生名单通知教师。其实，这个名单并不是根据测验结果确定的，而是随机抽取的。它是以“权威性的谎言”暗示教师，从而引起了那些教师们，对名单上的学生产生了某种期待心理。8个月后，再次智能测验的结果发现，名单上的学生的成绩普遍提高，教师也给了他们良好的品行评语。这个实验取得了奇迹般的效果，人们把这种通过教师对学生心理的潜移默化的影响，从而使学生取得教师所期望的进步的现象。

这种现象在心理学称为“自我实现的预言效应”或“罗森塔尔效应”。

罗森塔尔本人则根据古希腊神话故事：皮格马利翁是古希腊神话中塞浦路斯国王，他对一尊少女塑像产生爱慕之情，他的热望最终使这尊雕像变为一个真人，两人相爱结合，因此将这一现象称为“皮格马利翁效应”。

实验证明：赞美、信任和期待具有一种能量，它能改变人的行为，当一个人获得另一个人的信任、赞美时，他便感觉获得了社会支持，从而增强了自我价值，变得自信、自尊，获得一种积极向上的动力，并尽力达到对方的期待，以避免对方失望，从而维持这种社会支持的连续性。

车站轨道交通车站管理者应该从罗森塔尔实验中学习到员工管理的有效方法：培养和鼓励员工建立工作自信心。

树立车站服务人员的工作自信心，是车站管理者重要环节。假如服务人员对自己的业务不熟悉、不自信，在回答乘客问询时，往往词不达意、吞吞吐吐，说不清楚，或者是不敢面对乘客，从而使乘客产生车站管理不成熟，服务质量不稳定或不可靠的感觉。

车站服务人员要敢于面对乘客，要有“我提供的就是最好的服务”、“我们车站的服务质量就是最好的”、“我的服务一定会让您满意”的自信心态，首先就需要把员工培训成一个自信人。

经常进行车站的业务技能培训，使员工在业务上建立自信；此外由站长亲自带领员工参与车站服务岗位巡视，可以有效地考察员工业务的不足之处，及时进行补课；组织员工进行业务比武；定期或不定期地进行服务岗位的轮换等管理方法，都是培养和树立员工自信的好办法。

积极的心理暗示实际上只能取得画龙点睛的作用，例如：对于车站的新员工，车站管理者对其成长的过程给予关注和肯定，对于他们的迅速成长是有益的；但是对于容易出现职业倦怠的车站老员工，则要给他们压重担、鼓励他们挑大梁，对他们提出更高的要求，使他们觉得企业是需要他们的、对他们还有着更大的期望。采用正面鼓励的激励方法，可以提高员工的工作热性是已被证明的事实。

管理员工是一件很复杂的工作。中国有句古言：“人上壹佰，形形色色”。各人有各人的思想，各人有各人的行为，一个成功的车站管理者只有了解每一个员工的个性特征，才能在有限的职权范围内，调动起员工的生产积极性。

10.2.4　员工激励的动机诱变

城市轨道交通车站的功能定位就是为乘客提供乘降的场所，因此在经历了最初的开站喧嚣阶段后，各座车站最终都会归于平静。广大乘客在经历了一段摸索后，也掌握了车站的建筑结构、内部布置，进出车站的行为逐渐成为一种自然而然的习惯，于是车站秩序趋于正常。由于城市轨道交通车站配置了具有高度自助性服务功能的、先进的自动化服务实施设备，因此在正常运营状况下，乘客并不需要车站服务人员提供额外的服务项目，于是车站服务人员每天的工作，就成为一种平静的、单调的、简单劳动的不断重复，日复一日，久而久之就会产生心理上的疲劳感。

心理学的心理疲劳，是指人在长期从事一些单调、机械的工作活动时，伴随着肌体生化方面的变化，中枢局部神经细胞由于持续紧张而出现抑制，致使人对工作对生活的热情和兴趣明显降低，直至产生厌倦情绪。

车站服务人员的心理疲劳者往往有如下行为表现：一提上班就无精打采、上班不求有功但求无过、得过且过，自感体力不支、注意力不易集中、思维迟缓，情绪低落，并同时伴有工作效率降低、错误率上升、懒懒散散、无精打采、拖拖沓沓，对身边的事物提不起兴趣等现象。给其他人的感觉是心境抑郁，百无聊赖，心烦意乱，精疲力竭。

根据心理学"行为源于动机"的原理，要改变员工的上述种种行为表现，车站管理者首先就要激发员工产生动机，才会有改变现状的行为。

在车站站长责权有限的情况下，车站管理者能否有所作为呢，能否使员工内心自发产生要改变现状的行为动机呢，心理学告诉我们这是完全可能的。

1. 德西效应

先来看一则有趣的心理学实验。

心理学家德西在1971年做了一个专门的实验。他选取了某大学的大学生做被试者，实验内容是在实验室里解有趣的智力难题。

整个实验分为三个阶段：

第一阶段：所有参加实验的被试者都无奖励；

第二阶段：将被试者分为实验组和控制组，其中实验组的被试者在完成一个难题后可以获得1美元的报酬；而控制组的被试者则跟第一阶段一样不给报酬；

第三阶段：设为自由休息时间，并无解题要求，所有被试者都可以在原地自由活动，他们是否继续参加解题，仅作为衡量个人兴趣程度的指标。

实验结果：

解题可以获得奖励的实验组成员，在第二阶段确实十分努力，但是在将解题纯粹作为个人兴趣的第三阶段，该小组的成员继续参与解题的人数很少，表明该小组成员因个人兴趣，而在自由活动阶段依然参与解题的人数，明显少于另外一个自始至终没有奖励的控制组成员。

图 10.2 德西效应的实验

实验结论：

图 10.2 中有奖励小组成员的表现说明：成员的解题兴趣与努力程度在减弱；而无奖励组的成员依然有更多人，花更多的休息时间在继续解题的事实，表明该小组成员的兴趣与努力的程度在增强。

如果将解题获得的奖励视为外在报酬、将解题后的满足感视为内在报酬，则德西通过这个实验发现：在某些情况下，人们处于外在报酬和内在报酬可以兼得时，不但不会增强工作的动机，反而会减低工作动机。此时的动机强度会变成两者之差。

人们把这种规律称为德西效应。这个结果表明，人们在进行一项愉快的活动，力求获得内在满足的报酬时，如果不适当地提供外部的物质奖励，即：外加报酬，反而会减少人们对参与这项活动的吸引力。

于是根据上述实验结果，德西给大家讲了如下的一则寓言：

有一位老人住在一个小乡村里休养，在他家附近住着一群十分顽皮的孩子们，他们天天在老人的家周围互相追逐打闹，喧哗的吵闹声使老人无法好好休息，日复一日孩子们的吵闹使老人觉得难以忍受。虽然老人多次劝阻、警告甚至威胁，但是仍然没能阻止孩子们的喧闹。

几天过去了，在屡禁不止的情况下，老人想出了一个办法——他把孩子们都叫到一起，告诉他们谁叫的声音越大，谁就可以得到的老人的奖励。

这一日，这群孩子依然在老人的家门口大声喧闹，于是，他出来给了每个孩子10 美分，并对他们说："你们让这儿变得很热闹，我觉得自己年轻了不少，这点钱表示谢意。" 孩子们很高兴，第二天仍然来了，一如既往地嬉闹。老人再次出来，给了每个孩子 5 美分。5 美分虽然比昨天的 10 美分少，但是也还可以吧，孩子仍然兴高采烈地走了。第三天，老人只给了每个孩子 2 美分，孩子们勃然大怒对老人说："一天才 2 美分，你知不知道我们有多辛苦！"他们向老人发誓，他们再也不会为他玩了！结果，由于孩子们认为受到的待遇越来越不公正，认为"都不再给钱了，谁还给你叫"，于是他们就再也不到老人所住的房子附近大声吵闹了。

在这个寓言中，老人采用的方法实际上很简单，他将孩子们的内部动机——“为自己快乐而玩”变成了外部动机——“为得到美分而玩”，由于他操纵着美分这个外部因素，所以也操纵和改变了孩子们的行为。

这就是德西自己对“德西效应”的阐述，它说明：当一个人进行一项愉快的活动时，给他提供奖励的结果，有时往往会减少这项活动对他内在的吸引力。在某些时候，当外加报酬和内感报酬兼得，不但不会使工作的动机力量倍增，积极性更高，反而其效果会降低。

这个寓言给了我们两点启发：首先，人的内在动机是可以进行诱变的；其次，在某些情况下，物质奖励并不是诱变动机的主要因素。

这两点对于责权有限而又迫切需要诱变员工动机的车站管理者而言，无疑有着十分重要的启发作用。

心理学告诉我们：“人的行为源于动机、人的动机缘于需要”，可见通过改变人的需要，也可以改变人的动机，在实践中车站站长究竟应采取哪一种方法呢？

2. 暗示效应

暗示是指：人或环境以非常自然的方式向个体发出信息，个体无意中接受了这种信息，从而做出相应的反应的一种心理现象。巴甫洛夫认为：暗示是人类最简化、最典型的就是条件反射。暗示作用的关键在于接受心理暗示的个体自身如何运用并把握暗示的意义。

生活在社会中的每一个人，其实经常使用着暗示，或暗示别人，或接受别人的暗示，或进行自我暗示。积极的心态，如热情、激励、赞许或对他人有力的支持等等，使他人不仅得到积极暗示，而且得到温暖，得到战胜困难的力量。反之，消极的心态，如冷淡、泄气、退缩、萎靡不振等等，则会使人受到消极暗示的影响，使人承受的不仅仅是暗示带来的痛苦与压力，而且还会波及到人的身体健康。

暗示效应也称为巴纳姆效应，是一位名叫肖曼·巴纳姆的著名杂技师在评价自己的表演时说，他之所以很受欢迎是因为节目中包含了每个人都喜欢的成分，所以他使得“每一分钟都有人上当受骗”。人们常常认为一种笼统的、一般性的人格描述十分准确地揭示了自己的特点，心理学上将这种倾向称为“巴纳姆效应”。

有位心理学家给一群人做完明尼苏达多项人格检查表(MMPI)后，拿出两份结果让参加者判断哪一份是自己的结果。事实上，一份是参加者自己的结果，另一份是多数人的回答平均起来的结果。参加者竟然认为后者更准确地表达了自己的人格特征。

巴纳姆效应在生活中十分普遍。拿算命来说，很多人请教过算命先生后都认为算命先生说的“很准”。其实，那些求助算命的人本身就有易受暗示的特点。当人的情绪处于低落、失意的时候，对生活失去控制感，于是，安全感也受到影响。一个缺乏安全感的人，心理的依赖性也大大增强，受暗示性就比平时更强了。加上算命先生善于揣摩人的内心感受，稍微能够理解求助者的感受，求助者立刻会感到一种精神安慰。算命先生接下来再说一段一般的、无关痛痒的话便会使求助者深信不疑。

古人虽然没有读过心理学，也说不出“暗示效应”的专业术语，但他们却会运用暗示效应。最典型的例子就是《三国演义》中的“望梅止渴”典故。曹操有次率兵远途跋涉，天气炎热，官兵们又累又渴，偏偏又找不到水井和溪流。于是曹操大谈：“前面山上有一片梅林……”因为梅子是酸的，所以一提到梅子，“酸”的心理暗示便发挥了作用，于是，人们的口腔便大量分泌唾液，起到了暂时解渴的效果。曹操不仅是一位政治家、军事家，从这件事说明他还是一位“心理学家”，他在不自觉地运用着暗示效应。

员工队伍中不乏缺少自信或对他人有严重依赖情绪的人，如何调动他们的工作热情，一直以来都是考验管理者能力的课题。

例如：有的车站站长为了提高员工的生产积极性，在布置时，故意暗示员工只要把这件事情办好了，事后少不了有好处。这种“交换式”的管理将会给日后的管理带来无尽的坏处，形成员工对待工作“讨价还价”和“等价交换”的不良态度，久而久之该车站的管理必定失控。

因此当管理者在与他人交往时，如果发现他人有可能受到自己的暗示时，就要注意暗示的方式和度，尽量使他人接受积极的、适度的暗示，防止因为暗示而导致他人心理甚至行为方面出现不必要的问题。

暗示效应不一定是用语言进行的，环境对人也有暗示效应。例如：你打算去商场购买手提袋。一进到店里，你注意到正对着大门的柜台正在销售欧米茄手表，橱窗里摆放着醒目的广告，上面 19 999 元的标价令人咋舌。虽然你并不打算买这款天价手表，但它昂贵的价格会不会对你购买手提袋的心理价位产生影响呢？

设想另一种情况，一进到店里，你便看到大厅里摆放着一排桌子，上面零乱地堆放着一些衣物，醒目的广告上写着“夏装换季，低至 29 元”。当然你对这些过季的衣服兴趣不大，但它低廉的价格会不会对你购买手提袋的心理价位产生一定的影响呢？

在第一种情况下，消费者也许会接受较高价格的手提袋；而在第二种情况下，消费者可能对最低价格的手提袋都会觉得太贵。所以看似无用的价格信息对消费者的决策过程产生了影响。这就是环境的暗示作用。

车站环境对乘客同样具有暗示作用。严格的车站管理给乘客一种“井然有序”的暗示，他们的行为也会有所收敛。我们对被发现的第一位违章乘客予以严格的

“照章办事”，实际上也对其他乘客，用纠正错误行为的方式在进行暗示。

3. 安慰剂效应

所谓安慰剂，是指既无药效、又无毒副作用的中性物质构成的、形似药的制剂。安慰剂多由葡萄糖、淀粉等无药理作用的惰性物质构成。安慰剂对那些渴求治疗、对医务人员充分信任的病人能产生良好的积极反应，出现希望达到的药效，这种反应就称为安慰剂效应。因此安慰剂效应又名伪药效应、代设剂效应，泛指病人虽然获得无效的治疗，但却“预料”或“相信”治疗有效，而让病患症状得到舒缓的现象。安慰剂效应并不是由所服用的药物引起的，而是基于病人心理上对康复的期望。

使用安慰剂时容易出现相应的心理和生理反应的人，称为“安慰剂反应者”。这种人的特点是：好与人交往、有依赖性、易受暗示、自信心不足，经常注意自身的各种生理变化和不适感，有疑病倾向和神经质。

病人期望效应引导病人有意识或无意识地获知病情得到改善，因此导致安慰剂效应的出现。主观的偏见亦可能使病人潜意识相信病情因为得到关注及照料而改善。所以安慰剂起作用的关键在于病人心理上产生的信任。

在实际工作中，被管理者往往并没有获得管理者的实质性许诺，但是潜意识的相信，也会产生良好的管理效果。例如：国内的城市轨道交通并没有公布精确的列车运行时刻表，但是运行列车的准点表现使广大乘客相信轨道交通具有准点特性，出行时愿意首选轨道交通作为公共交通工具。

乘客的信任对于车站管理至关重要，车站管理者必须高度重视。

4. 马太效应

马太效应是指好的愈好，坏的愈坏，多的愈多，少的愈少的一种现象，广泛应用于社会心理学、教育、金融以及科学等众多领域。

马太效应的名字来自于《圣经·马太福音》，其中有这样一则故事：一个富翁给他的3个仆人每人一锭银子去做生意。一年后他召集仆人想知道他们各自赚了多少，其中第一个人赚了10锭，第二个人赚了5锭，最后一个人用手巾包了那锭银子，捂了一年没赚一个子儿，这位富翁就下令后者把那锭银子交给赚钱最多者。该书第二十五章说：“凡有的，还要加给他叫他多余；没有的，连他所有的也要夺过来。”1973年，美国科学史研究者莫顿用这句话概括了一种社会心理现象：“对已有相当声誉的科学家作出的科学贡献给予的荣誉越来越多，而对那些未出名的科学家则不承认他们的成绩。”莫顿将这种社会心理现象命名为“马太效应”。为经济学界所借用，则反映的是“贫者愈贫，富者愈富，赢家通吃”的经济学中收入分配不公的现象。社会学家则引申和扩展了“马太效应”这一概念，用以描述社会生活领域中普遍存在的“两极分化”现象。

在世界的管理工作中我们往往发现：荣誉越多者，工作越努力、取得的成绩越大,这也就是提倡管理者在工作中要多多采取:"表扬鼓励为主,批评教育为辅,慎用公开教训"的方法,可以达到激励员工的原因所在。

管理者必须学会将员工负面的行为动机,诱变为正能量行为,才能实现有效的管理,那么作为城市轨道交通的管理者有哪些切实可用的动机诱变方法呢?

10.2.5 诱变员工动机的几种方法

心理学告诉我们:采用改变人的需要可以改变人的动机,进而改变人的行为,德西效应又告诉我们,在不增加奖励的情况下,只要采取恰当的措施,同样可以实现诱变动机的目标,作为城市轨道交通最基层的管理者,能否双管齐下,通过改变员工的动机,实现改变车站平庸的管理现状的目标呢?

1. 运用需要理论改变员工动机

需要是个体和社会的客观需求在人脑中的反映,是个体的心理活动与行为的基本动力。人们为了生存和发展,必须从自然环境和社会环境中获取某些东西。当人缺乏某种重要刺激时,就会引起有机体的紧张,在人和环境之间形成不平衡状态。例如:缺乏水和食物就会引起口渴和饥饿,产生对水和食物的需要。水和食物就是人与环境保持平衡所必须的物品。

人所缺乏的某种必要的事物在人脑中的反映就是需要。需要常常在主观上以一种不满足之感被人感受和体验,因此需要是人的积极性的源泉,进而转化为动机,并由此激发人的行为发生。

人的需要是多种多样的,根据不同的分类标准可以把需要分为不同的种类。例如:根据起源,可以把需要分为生理需要和社会需要;根据对象,可以把需要分为物质需要和精神需要等等。美国著名心理学家马斯洛的需要层次理论认为,人的一切行为都是由需要引起的,而需要又是分层次的。他把人的需要分为自下而上的 5 个层次,即生理、安全、感情、尊重和自我实现。

马斯洛的需求层次理论,在一定程度上反映了人类行为和心理活动的共同规律。该理论从人的需要出发,探索和研究人的激励与人的行为间的关系,抓住了问题的关键。该理论同时指出了人的需要是由低级向高级不断发展的,这一趋势基本上也是符合需要发展规律的。因此,需要层次理论对企业管理者如何有效的调动人的积极性有着重要的启发作用。

正因为需要层次理论是比较系统地研究需要的理论,探讨了需要的实质、结构、发生、发展以及需要在人类生活中的作用和意义,因此对理解需要的实质、了解需要与动机的联系有着十分重要的意义,也是这一理论在目前的管理学等学科中已得到了广泛应用的内在原因。

如何运用需要层次理论,将车站员工的需要转化为行为,管理者首先就要了解城市轨道交通车站员工所处的需要层次以及它们追求的是哪一层次的需要?

(1)员工所处的需要层次

城市轨道交通车站的员工有着固定的工作和收入、人际关系和睦,基本处于衣食无忧、工作有保障,员工间友好相处的状况,按照马斯洛的需要层次划分,车站员工已经超越了生理、安全和情感的需要层次,处于追求尊重和自我实现的需要层次。他们追求的是希望自己有稳定的社会地位,个人的能力和成就得到社会的承认,这就是对尊重需要的追求。

尊重的需要又可分为内部尊重和外部尊重。内部尊重是指一个人希望在各种不同情境中有实力、能胜任、充满信心、能独立自主。总之,内部尊重就是人的自尊。外部尊重是指一个人希望有地位、有威信,受到别人的尊重、信赖和高度评价。马斯洛认为,尊重需要得到满足,能使人对自己充满信心,对社会满腔热情,体验到自己活着的用处和价值。

有些个人能力较强的员工追求的是最高层次的自我实现需要,要实现个人理想、抱负,发挥个人的能力到最大程度,完成与自己的能力相称的一切事情的需要。也就是说,人必须干称职的工作,这样才会使他们感到最大的快乐。

马斯洛认为,为满足自我实现需要所采取的途径是因人而异的。自我实现的需要是在努力挖掘自己的潜力,使自己越来越成为自己所期望的人物。

员工处于追求尊重和自我实现,但是城市轨道交通车站单调、简单、重复的工作内容与员工的追求差距太大,如何才能将员工的需要转化为动机呢?

(2)需要带来动机改变

车站员工的需要与站长责权也存在着差距,因为人们往往简单地将薪资、升迁等物质的待遇与个人的努力和能力挂钩,以此作为衡量个人社会地位的标准,

事实上车站的人员调动、薪资增加、职级升迁等物质条件,并不在车站管理者的责权范围之内,因此表面上看站长并没有满足员工需要发展的客观条件,站长虽然并不直接具有上述的物质,然而车站管理者作为企业中最基础的管理层,具有向上级管理部门介绍、建议和推荐的职责,完全可以利用这些责权,将员工追求尊重和自我实现的需要转化为积极努力工作的动机。

例如:当上级要求车站推荐一位候选站长、下达有限的加薪额度或要求车站提出优秀员工的候选名单时,站长首先应该公开这一信息,让符合条件的员工看到实现自己需要的机遇、让目前尚不符合条件的员工看到努力的方向,其次通过公平、公开、公正的选拔,将最符合条件的员工,推荐给上级领导,必要时站长应该亲自出面向上级管理层说明推荐理由和过程,才能为良好的车站管理创造一个人人争先的局面,才能真正将员工的需要转变为良好行为的动机。

2. 通过德西效应诱变员工动机

正是由于站长在物质条件方面的责权有限,通过满足员工需要的机会并不经常存在,因此站长需要探索是否存在另一种激励员工动机的方法呢?

德西效应告诉我们:人的内在动机是可以进行诱变的,因此运用德西效应诱变员工的内在动机,并落实到员工的时间行为中去,就可以提高车站管理效率。

对车站管理者而言,具体应该做些什么,才能实现德西效应呢?

(1)拜师带徒

老师在中华文化中享有崇高的地位,老师、老师傅、老法师都是对有学问、有技能、有经验的人的一种尊称,他人发自内心的称一声"老师傅",无异于获得了他人对自己能力的认可和尊重,就能满足其对尊重需要的追求,如果还能将自己的技能传授给他人,更体现出对自身价值,达到了自我实现需要的阶段。

有些单位对带教老师傅实行津贴补助以调动老师傅传授知识的积极性,岂不知实际效果往往适得其反。根据德西效应我们知道,没有津贴的知识传授,是老师傅个人能力显示的内在需要,而有了津贴这种外在的刺激,往往反而弱化了知识传授的实际效果,这种情况与德西寓言中那群顽皮的孩子们何其相似。

车站站长手中并没有多少可用于奖励老师傅,就正好可以运用德西效应的原理,诱变带教老师傅为津贴而带教的内在动机,将其带教行为尊为老师傅的自我实现需要,其效果是:既调动了老师傅的工作积极性、也不需要站长有额外的津贴支出。

为了使实际带教效果更加突出,站长还可以在多对师徒间,展开评比和业务竞赛,形成良好的你追我赶的业务学习局面,当然站长需要在车站范围内对获胜的师徒予以大力表扬,以满足老师傅对最高需要层次的追求愿望,同时也是对其未能获胜师徒的鞭策。正因为通过拜师带徒所取得的效果不依赖或很少依赖物质条件,因此可以说是德西效应在诱变车站员工内在动机方面的一个成功案例。

(2)开展金点子征集活动

为了打破车站平庸、沉闷、简单、琐碎的管理局面,站长还可以调动全体车站员工,参与"金点子"征集活动。

"点子"是指解决实际问题的思路、主意与办法。"金点子"就是好思路、好主意、好做法。

车站站长可以将管理中遇到的难题、客流组织中管理薄弱点或如何提高车站服务质量等问题作为诱导,请全体车站人员动脑筋、想办法,开展车站管理的"金点子"征集活动,就是应用了心理学的基本原理。

在车站范围内公开征求"金点子",实际上就是为全体员工创造了一个展示个人能力的舞台,获胜者将得到全体车站员工的尊敬,极大地满足了获奖者内心对于自我实现需要的追求。此外为其他没有获奖者起到了示范的作用，为他们的自我实现需要，开辟了一条现实的途径，指出了努力的方向，更重要的是将全体员工从被管理者，变换为管理者，更加便于今后的管理。

开展"金点子"活动同样不需要太多的物质刺激，避免德西效应的发生，其理由就不必赘述了。

(3)公开竞聘

城市轨道交通的发展必然会有人员的调动、升迁，在车站中选拔具有实际操作经验员工的方法，在许多城市的轨道交通运营管理企业中并不少见。但是即使需要选拔和升迁的人员再多，为了不影响车站原有的工作秩序，因此具体落实到车站的名额并不会太多，在这种情况下，站长如果处理不当，将会引起内部矛盾，进而影响到车站原有的服务质量。

采用公开竞聘的车站选拔方法，不失为良策。公开竞聘的过程完全可以参照"金点子"征集活动的开展方法，只不过是将具体内容换成人员选拔的要求而已，如此就可以取得与开展"金点子"征集活动相同的效果，在此也不再赘述。

3. 运用掌握的心理学知识

暗示效应、安慰剂需要或马太效应都是心理学上已被证明了的基本原理，只要运用恰当，完全可以为管理者带来意想不到的管理效果。

总之，车站管理者要学会运用心理学的基本知识，树立员工的自信心，激发员工内在的正能量，团结全体车站服务人员，才能做好车站服务工作

10.3　无隶属关系的驻站人员管理

城市轨道交通是多专业、多工种的联动体，客运服务是建立在轨道、线路、列车、供电、通信、信号、行车调度、车站设备等诸多专业提供良好保证的条件下，才能正常开展工作的，其中任何一个专业发生故障，都会影响到客运服务的质量。由于客运服务人员是直接面向乘客、直接与乘客接触的岗位，因此当城市轨道交通由于其他专业的故障，造成乘客出行贻误时，乘客们的指责依然是指向车站服务人员的，因为对乘客而言，无分专业，地铁就是一家，他们唯一能够接触到的就是车站的客运服务人员，所有的指责自然就对着车站服务人员发泄。

城市轨道交通各专业对运营的保障，很大一部分体现在确保专业设备的正常运行，因此就需要由专业人员进行定期或不定期的巡视检查、维修保养。由于各专业的许多设备是安装在城市轨道交通车站的，于是就有了一批派驻车站的专业维修人员，他们的工作岗位就在车站，是具有专业技术的驻车站设备检修人员，而非车站客运服务人员，因此在行政编制上并不受车站站长的管辖。

此外驻车站的人员还包括车站公安、车站商业开发、设备外包维修人员等，由于他们的业务性质与客运服务不同，因此与车站并无直接的隶属关系。

无直接隶属关系驻车站人员的存在，必然为车站客运服务管理带来难度，如何加强对他们的管理，考验着站长的管理能力和水平，为了提高车站服务质量，城市轨道交通车站的站长们只有将无隶属关系的驻站人员也纳入管理范围，才能在服务质量方面取得乘客的认可。

这些驻站人员究竟有何特征，车站站长应当如何对无隶属关系的驻站人员实施管理呢，首先需要了解这些驻站人员与车站服务人员有何不同。

10.3.1　不熟悉客运服务业务

由于从事的专业不同，车站中无隶属关系的驻站人员对客运管理和客运服务的业务知识缺少了解是完全可以理解的。然而由于广大乘客并不明确知晓这些驻站人员的身份，经常会发生误会。例如：当某乘客由于不熟悉车站环境，见到有一位员工正在维修电梯，就上前询问，那是车站中经常会发生的小事，然而由于这位维修人员是驻站人员，并不能解答乘客的问询，自己又正在忙于修理设备，因此没好气地回答："不知道，你去问他们"，乘客满腔热情期望得到良好的服务，结果没想到是被人呛了回来，乘客就会觉得十分不满意。然而站在这位驻站人员的立场上，他并不认为自己的回答有什么不对之处。这是任何一位城市轨道交通车站站长在值勤中必然会遇到的日常管理难题之一。

不熟悉车站的客运服务业务是无隶属关系的驻站人员共有的通病。

上海地铁就曾遇到过此类管理难题：1999 年上海地铁推出由第三方、具有法定资质的用户满意调查机构，对乘客满意度（CSI）进行测评，表 10.2 直接引自当年的 CSI 测评报告。

表 10.2　上海地铁 1999～2002 年的"CSI"数据表

线路名	年度			
	1999 年	2000 年	2001 年	2002 年
1 号线	78.20	79.64	80.03	83.57
2 号线	未开通	79.02	80.57	83.58
3 号线	未开通	未开通	81.22	84.91
平均值	78.20	79.33	80.61	84.02

通过对历年的"CSI"测评结果的分析，可以发现上海市的乘客对车站客运服务的不满意项目，主要集中在以下两项内容：

(1)"对服务质量的投诉结果"的 CSI 分值为 78.64 括弧中的数据分别是 1、2、

3号线的实际CSI分值。(下同)

(2)"礼貌待客、解答耐心"的CSI分值为80.18。

进一步分析造成"CSI"分值不高的原因后,质量管理人员进一步发现,造成这一结果的直接原因与驻站维修人员有关,以下就是当年的分析报告原文:

在车站接待乘客的并不全部是客运服务人员,也有驻车站的设备检修人员。由于分工不同、服务对象不同、业务性质不同,因此,在解答乘客询问的态度就有"天壤之别"。而一般乘客对车站的地铁工作人员,只认制服、不分工种,一律认为是服务人员。我们以前在"礼貌待客、解答耐心"方面,主要抓了客运人员,事实证明是远远不够的。尤其需要加强对非客运分公司的其他各专业分公司驻站人员的"首问责任制"。他们的服务态度已直接影响到客运服务水平。

由此可见,无隶属关系的驻站人员将直接影响到车站的服务质量。

10.3.2　车站推出"首问责任制"

首问责任制最早是政府机构推出的一项便民服务措施,是针对群众对机关内设机构职责分工和办事程序不了解、不熟悉的实际问题,而采取的一项便民工作制度。

该制度规定:群众来访时,机关在岗被询问的工作人员即为首问责任人。要求首问责任人对群众提出的问题或要求,无论是否是自己职责或职权范围内的事,都要给群众一个满意的答复。

对职责或职权范围内的事,若手续完备,首问责任人要在规定的时限内予以办结;若手续不完备,应一次性告之其办事机关的全部办理要求和所需的文书材料,不要让群众多跑或白跑。

对非自己职责或职权范围内的事,首问责任人也要热情接待,并根据群众来访事由,负责引导该人到相应部门,让来访群众方便、快捷地找到经办人员并及时办事。对不遵守首问责任制,造成不良影响的,要给予相应处理。

城市轨道交通客运管理企业套用了该制度的核心内容,尤其对于无隶属关系的驻站人员,更是强调对自己不熟悉的业务,首问责任人应当负责引导乘客到相应的客运服务人员处,让乘客方便、快捷地获得解答或能够及时、方便、快捷地办理相应的业务。

对不遵守首问责任制的驻站人员所造成的不良影响,将给予相应处理。

车站推行"首问责任制"后,有效地解决了无隶属关系的驻站人员不熟悉客运业务的问题。由于"首问责任制"有效解决了业务不熟悉的难题,后来车站管理中又把该制度进一步拓展到对客运服务领域,对服务人员不熟悉的客运业务或车站新进人员,不允许他们拒绝乘客的问询或要求,可以把乘客带到站长或其他老资格的服务人员处，或留下乘客联系方法后，交给上级相关部门处理。

在驻站人员中推行“首问责任制”同样也需要掌握德西效应的示范含义，即：车站管理者并不需要为了加强驻站人员对“首问责任制”的执行效果而采用物质刺激的方法，以免将驻站人员的内在需要——协助车站搞好客运服务的动机，诱变成他们的外在刺激——行为的目的是为了物质刺激，一旦形成了这样的局面，效果就适得其反了。

10.3.3 加强与相关部门沟通

在无隶属关系的驻站人员中推行“首问责任制”固然可以缓解乘客的误会，提高车站的服务质量，然而由于车站管理者与驻站人员之间并没有行政上的隶属关系和管辖权，因此从理论上讲，驻站人员对“首问责任制”的执行完全依靠这些驻站人员的自觉性，车站的客运管理人员对他们没有强制性的制约手段。

根据德西效应的提示，车站管理者不可能，实际上也没有经济来源为他们提供物质奖励，对于那些拒不执行“首问责任制”或者对“首问责任制”执行不力者，车站管理者又能采取哪些措施呢。定期或不定期地与驻站人员行政所属的上级相关部门联系，不失为一种有效的制约措施。

向具有直接行政管辖权的部门反映驻站人员在“首问责任制”方面执行不力的问题，固然能够在一定程度上解决问题，然而也要考虑到这些管理部门的心理感受，不能造成“告黑状”或“与我们过不去”的后果。

在与相关部门的沟通方面，一般有以下两种途径。

1. 向车站所属的上级客运部门反映

车站管理者在屡劝无效的情况下，可以将对驻站人员管理无效的情况向车站所属的上级客运管理部门反映。反映问题时要重事实、讲实例，最好有时间、地点、事由、事发经过、旁证和车站事后采取的补救措施、此类事情发生的数量、对车站造成的不良影响等。

车站所属的上级客运管理部门与驻站人员的行政管辖部门在组织结构中，基本上是处于相同层次的，比较容易沟通。

车站管理者没有直接与驻站人员发生冲突，也便于在今后工作中的沟通。

2. 直接向驻站人员的行政管辖部门反映

车站管理者也可以直接向驻站人员的上级行政管辖部门反映问题，但是应该注意对方在听取一件事的心理感受，在遣词造句、语气语调、脸部表情、肢体语言等方面都要十分注意，以免给人留下“打小报告”的感觉。

通过反映应能获得对方的谅解、同情、支持和歉疚，车站管理者就算达到目的了。一般而言，直接向驻站人员的上级行政管辖部门反映问题是一件比较冒险的事，车站管理者不要轻易采用。

心理学的理论知识和基本原理并不复杂，学习也不困难，最大的难度还在于应用，将学到的心理学知识运用于整个客运管理的过程中。希望城市轨道交通车站的管理者能够在实际工作中，灵活运用心理学知识，不断总结和提高服务质量，才能真正获得广大乘客的赞誉。

思　考　题

1. 城市各类公共交通工具各有哪些特点？
2. 为什么说站长是城市轨道交通客运管理的关键岗位？
3. 如何才能激发员工的生产积极性？
4. 如何创建具有车站特色的管理文化？
5. 应当如何发现和激发员工隐藏的正能量？
6. 何谓德西效应？德西效应对管理有何启示？
7. 无隶属关系的驻站人员有何特点？
8. 何谓“首问责任制”？为何要在车站管理中推行“首问责任制”？

第 11 章　行车组织岗位的职业心理

城市轨道交通乘客以运行列车为载体，完成出行过程，确保列车安全运行的职责就是由轨道交通运营企业内的行车管理部门承担的。

城市轨道交通行车组织是由从事和组织列车安全运行的各级管理和操作人员构成，列车的安全运行完全取决于他们在各自岗位的工作质量，他们的岗位虽然不同，但都是以行车组织为职业的人员。究竟何为职业？为什么要关心轨道交通的行车组织人员的职业心理呢？

职业这一概念在日常生活中应用甚广，不同的学科在使用职业这一概念时，其所指的意义也不尽相同。例如：人文学认为，职业是人们在社会中所从事的作为谋生手段的工作；社会学认为，从社会角度看职业是劳动者获得的社会角色，劳动者为社会承担一定的义务和责任，并获得相应的报酬；从国民经济活动所需要的人力资源角度来看，职业是指不同性质、不同内容、不同形式、不同操作的专门劳动岗位；从行业结构看，任何一种职业均须由行业和职能两个维度构成，其表达公式为：职业＝行业＋职能；也有人认为，职业就是人们参与社会分工，利用专门的知识和技能，创造物质财富和精神财富，获得合理报酬，满足物质生活、精神生活的工作。

无论人们如何从不同的角度对职业进行诠释，职业是人一生从事的、赖以生存的、需要一定技能的工作这一点是明确的。

由于从事职业活动的是人，在其一生的职业生涯中，必定会存在心理活动，研究人们在职业活动中的心理现象，就是职业心理学。

在职业心理学中，职业同样有两方面的含义：一方面职业是一个人一生所从事工作的统称，这就是职业生涯或客观职业；另一方面，职业也反映了人的生涯，它代表了人生命中的价值观、从业态度和动机的变化过程，这就是人们所称的主观职业。因此职业心理学认为：职业是对某一具体个人的反映，是个体活动的一个领域。

职业心理学实际上也是应用心理学的分支。研究主要集中在人们选择、从事和改变职业上有关的个体差异和特点。它包括职业选择、职业指导和职业教育等方面的内容，还包括现代社会中大量出现的职业咨询问题。职业心理学的研究以人的能力概念为基础，以各种心理测验工具为方法和手段，帮助人们选择并确定适合其个性和能力的职业。本章主要是职业心理学中职业适应性研究。职业适应性(Occupation Aptitude)是一个人从事某项工作时必须具备的生理、心理素质特征，它是在先天因素和后天环境相互作用的基础上形成和发展起来的。

11.1　行车组织的相关岗位

城市轨道交通系统是技术密集型的公共交通系统，行车调度是轨道交通企业日常运输组织的指挥中枢，担负着组织行车、提高运营服务质量、确保运输安全、完成乘客运输计划、实现列车运行图的重要责任。它对城市轨道交通日常工作的开展起着决定性的作用。

在生产过程中，为了保证完成乘客运输计划，实现列车运行图，必须进行一系列的运输日常工作组织，城市轨道运输工作日常工作组织就是通称的调度工作。行车调度工作由调度控制中心实施，实行集中领导、统一指挥、逐级负责的原则，以使各个环节紧密配合、协同动作，从而保证列车安全、正点的运行。

在城市轨道交通的行车工作中，车站值班员是一个极为重要的岗位，其业务素质的高低，直接影响到铁路运输安全畅通和运输任务的完成。车站值班员肩负着车站行车工作的重任，是车站行车工作中的组织者和指挥者。并且需要在值班站长领导下，负责行车安全、设备运行管理和维护保养等工作，完成本站行车组织任务。

在轨道交通运输的人机系统中，司机作为列车的驾驶者，其驾驶状态与驾驶效能密切相关，直接关系乘客的出行安全、轨道交通的输送能力和运输效率。他们需要在乘务组长领导下，负责完成电动列车驾驶，完成当日的运行任务、突发事件的处理(包括临时列车加开任务，正线列车的故障排除任务以及正线救援任务等)、列车调试工作以及其他需要配合的工作。

列车运行时，司机右手握在操控杆上，左手拿着对讲机或放在操控台上，随时准备遇到特殊状况时按下“紧急停车”按钮。精神高度集中地目视前方，随时监控异动，“哪怕是一只苍蝇都不放过”。多数时候，列车是在昏暗的隧道里穿行。黑暗是司机们的伙伴。如果说公交司机的辛苦更多地体现在体力方面，那末地铁司机的辛苦更多的体现在列车驾驶员的精神方面。

11.1.1　行车调度员的工作职责

行车运行调度的主要任务是：科学地组织客流，经济合理地使用车辆及其他运输设备，挖掘运输潜力，根据列车运行图和每日的具体状况，组织与运输相关的各部门密切配合，采用相应的调整措施，努力完成运输生产任务，以满足乘客出行的需要，更好的服务于城市人民的生活。具体的行车调度工作的基本职责有：

(1)负责组织各站及有关行车部门，按列车运行计划行车，监督各站及有关行车部门的执行情况，及时正确发布有关行车命令及指示。

(2)监督列车到发及运行情况，遇到列车晚点和突发事件时，及时采取运营调整措施，迅速恢复列车正常运行。

(3)遇列车运行调整时，正确指导车站及有关行车部门进行工作。

(4)负责入轨施工作业的管理。

(5)负责工程车、试验列车等上线车辆的调度指挥工作。

(6)当发生行车事故时，按规定程序及时向上级主管部门汇报，并采取措施防止事故扩大，并积极参与救援工作的指挥。

(7)建立健全运营生产、调度指挥等各项原始记录台账及统计，分析报表，并按规定向上级主管部门报告。

(8)密切注意客流动态，协同有关部门根据客流变化采取相应的组织方案。

11.1.2　车站值班员的工作职责

具体的车站值班员工作的基本职责有：

(1)监控列车运行，正常情况下按列车运行图组织行车，及时准确执行调度命令；异常情况及时通知值班站长或其他相关人员到现场确认，按行车指挥指令处理车站各类运营突发事件；

(2)熟悉行车、机电、售检票、消防等设备性能，掌握操作方法，按规程操作相关设备；严格执行作业标准，确保车站机电、消防等设备的正常运行；

(3)负责车站广播设备、监控设备的操作和使用，随时掌握车站客流动态，适时与相关调度、邻站值班员等通报有关信息，确保列车正常运行；

(4)车站设施、设备发生故障，按规定程序报修并做好报修后的跟进工作，按规定填写相关报表；

(5)掌握 FAS、BAS、SC 及环控制系统设备的性能，负责车站车控室内的消防报警系统和环控系统等设备的监视和操作，一旦遇到车站设备系统发出的报警状况，就需要立即通知相关人员赶赴现场确认和处理；

(6)负责车站检修、施工实施确认和许可工作，及时通知值班站长或其他指定人员到现场监护、配合，施工完成后确认；

(7)负责车站车控室的管理，严格执行人员进出的登记制度，妥善保管、使用行车设备、日常备品、备件和钥匙等；

(8)负责夜间车站安全工作，督促站务员做好夜巡和道床清扫工作；

(9)按时参加水消防、事故风机、消防联动等系统的周期性联动试验；

(10)完成领导交办的其他工作。

11.1.3 列车驾驶员的工作职责

具体的列车驾驶员工作的基本职责有：

(1)负责做好车辆出乘前的列车检查工作，坚持在出车前、回场后，对所驾驶列车的检查；

(2)服从调度指挥，按要求执行运行任务，负责值乘列车的安全正点运行，做好与线路调度及相关人员的信息传递；

(3)在正线载客运行中，按规范服务标准做好对乘客的服务；

(4)发现列车故障或在运行途中遇突发事件，按预案要求迅速采取措施，排除故障，缩短处理时间，减少对正常运营的影响；

(5)按规定做好交接班，正线运行、退勤及其他规范作业内容；

(6)当值人员保持司机室内操作台整洁干净，物品按规定定点存放；定期做好司机室的清洁卫生工作，并做好列车外侧清洗的配合任务；

(7)认真完成新车或维修后列车的各项试车及配合工作；

(8)完成领导交办的其他工作。

11.2 行车组织相关岗位的适应性检测指标

职业适应性测评(Occupation Aptitude Test)则是通过一系列科学的测评手段，对人的身心素质水平进行评价，使人与职业匹配合理、科学，以提高工作效率、减少事故发生。

飞行员、汽车驾驶员、高速列车驾驶员、舰艇驾驶员的岗位选拔指标设定，通常采用文献分析法、类比法、德尔菲法、事件情景分析法等方法。通过综合使用上述方法，可以较为准确地归纳出城市轨道交通关键岗位从业人员的选拔指标。通过对相应研究文献的分析整理、向相应工作领域中的从业者及专家就关键岗位的工作内容与要求进行行为事件访谈与问卷调研，初步认为除专业相关基础知识可作为选拔参考维度外，与城市轨道交通关键岗位的生产运营安全联系紧密、且可作为选拔依据的特质主要集中在与从业者相关心理品质维度中。而在心理品质中，又以认知加工品质与个性特征两个方面最为重要。

认知加工是与个体信息处理过程中有关的一些心理过程，通常以处理信息的速度、质量(准确性)作为衡量指标，其中对城市轨道交通关键岗位从业人员的认知加工品质的考察应从分析判断能力、形象思维能力、注意的集中性与周密性、空间定向能力等角度进行：

分析判断能力是人对事物进行剖析、分辨、单独进行观察和研究的能力，通常采用图形测验等形式来测查；

形象思维能力是用直观形象和表象解决问题的能力，其特点是具体形象性，通常通过与心理旋转实验相类似的图形推测题来测查；

注意力是指人的心理活动指向和集中于某种事物的能力。以列车驾驶员的岗位为例，在驾驶列车运行期间，驾驶员能否将自身当前的心理活动长时间维持在与工作过程有关的方面中对交通安全起着决定性作用。通常可通过错别字核查等形式测查；

空间定向能力反映个体对自身与外部客体间空间关系的把握程度，通常通过方向判断等形式来测查。

个性反映个体对客观现实的稳定态度以及与之相应的习惯化的行为方式。不同个性的个体对相同的刺激在反应速度、反应强度等方面会存在一定差异。依据能岗匹配的原则，从自身职业特征出发，在围绕性格发展健全的基础上，不同的职业、岗位对胜任者的某些性格品质会有一定侧重。在对当前的经典性格测试量表以及当前对航空、航海等领域的驾驶员个性结构特征的研究综合归纳的基础上，认为城市轨道交通关键岗位有关的个性特征可概括为果断性、敏感性、乐群性、智慧性、稳定性、有恒性、独立性、自律性、紧张性等方面，并以此为依据进行考察。

每个岗位根据其工作内容和要求的不同，对职业适应性的要求也会产生区别，针对城轨运营关键岗位来分析其职业适应性的影响因素，以此来决定职业适应性测试指标。

11.2.1 列车驾驶员的职业适应性影响因素

1. 记忆力：驾驶员的视觉记忆表现并且重现视觉信息的能力，行车人员须具备好的相关位置记忆。

2. 注意力：注意力是人的心理活动对一定事物的指向，由于安全瞭望是驾驶员履行职责的基本要求，因此也需将注意力列入检测范围。驾驶员需具备良好的长时间注意力，注意力的强度面向包括警觉和戒备两个成分，即短时与长时注意力的启动或保持的基本程序。

3. 推理判断、理解力：掌握了各种信息，就必须立即作出判断和决策。驾驶员的判断、决策能力是行车安全的基础。

4. 沟通能力：驾驶员与调度，值班员之间会时有沟通，需要具备良好的沟通和表达能力

5. 感知能力：视觉追踪能力和技巧对于驾驶员是不可或缺的，在一个复杂环境如何有效性且可靠性辨认出最终正确的位置是十分重要的。

6. 时间－移动知觉能力：驾驶员在行车时，预测空间中物体的运动能力是很

重要的。

7. 反应时间:反应时间和筋骨肌肉动作时间。驾驶员在面对各种情况的发生,能做出的反应所需要的时间。

8. 手眼协调性:驾驶员需具备良好的手眼协调,透过视觉正确评估左右手与控制目标之间的差距,然后据此做出适当调整。

9. 压力下反应能力:驾驶员需要有持续、快速、不同应对迅速变化的刺激的能力。

10. 性格特质:自制力,情绪控制能力,冒险性格,规律性,责任感,纪律性,谨慎度:针对情感稳定、外向性、开放性、认真和令人喜悦5个大因素的人格评估。行车人员需有好的耐心,稳定性,不能有高的冒险性,须有佳的情绪控制能力及责任感。

11.2.2 行车调度员的职业适应性影响因素

1. 记忆力:调度员需具备良好的记忆力,避免出现因为遗忘或疏忽而造成人为因素的行车事件。

2. 注意力:调度的工作比较繁重,需要精神长期处于高度集中。

3. 推理判断、理解力:当调度遭遇到重大事件时,需要很强的判断能力,才能保证一次次安全的处理事故,不会出现问题。

4. 沟通能力:调度工作的方式就是通过电话发布命令,指挥行车作业,所以沟通在调度员的日常作业中占据很大的比重。

5. 反应时间:时间对于行车效率来说十分重要,反应时间迅速,调度才能够将事故的影响减到最小。

6. 压力下反应能力:调度在高压力下工作,如何保证压力下的反应能力对于事件的处理十分重要。

7. 性格特质:

责任感:调度员工作要求高、安全责任大带来的高压力。

自信心:调度指挥所表现出的另一特性是“独断性”,即集中和统一指挥。调度指挥的专业素养要求调度员必须具备一定的领导力,而其根本就是必须具备较好的自信心。

11.2.3 行车值班员的职业适应性影响因素

1. 记忆力:行车值班员须具备良好的相关位置记忆,保证车站设施设备的齐全,以及对于设备位置地点的准确记忆,可以及时处理发生的事件。

2. 注意力:行车值班员的职责是监督列车的运行,车站的正常营运,对于

CCTV 和 ATS 面板的长时间注意。

3. 推理判断、理解力：掌握了各种信息，就必须立即作出判断和决策。在部分情况下，值班员被要求站控，以及对于 FAS 和 BAS 上反应情况的判断。

4. 沟通能力：值班员与驾驶员和调度员在日常工作中经常性会发生沟通，需要由良好的沟通表达能力。

5. 反应时间：值班员对于车站及列车发生各种情况后的处理反应时间，越快则能减少越多的损失。

6. 压力下反应能力：在发生应急情况时，需要做出正确的反应，才能够保证乘客的安全，设施设备的完好。

7. 性格特质：行车人员需有好的耐心，稳定性，不能有高的冒险性，须有佳的情绪控制能力，及责任感，以及较高的职业素养和勤奋努力的品质。

11.3 行车组织相关岗位的适应性测试方法

11.3.1 四项笔纸检验

中国铁道科学研究院王四德、叶玉华等，根据高速列车机车驾驶特性，提出心理选拔指标，根据司机的作业技能提出的检查指标有 4 项纸笔检查：4 数和计算、注意广度、视觉鉴别、数字译成符号。

(1)4 数和计算：本测验每题都有 2 个正数和 2 个负数。听到“开始”口令后，迅速将每一题计算出来，写在等号右边。例如：

－ 8 ＋ 5 － 4 ＋ 6 ＝ － 1 ＋ 7 － 4 ＋ 5 － 3 ＝ 5

听到“停止”口令，立即停止。本测验时间为 5min，每对一题计一分。

(2)注意广度测验：本测验的每页有 18 个大方格，每个大方格内有 16 个数字。每个大方格右边虚线之后有 3 个数字。测验一开始，根据大方格右边虚线旁的数字(如第 1 条虚线旁为 4)找出大方格中共有几个和它相同的数(如有 5 个 4，把 5 写在第 1 条虚线上)，依次做下去，直至听到“停止”口令立刻停止。本测验检测时间为 4 min，每对一数字记 1 分。

(3)视觉鉴别测验：本测验有多个长方格，每个长方格内有 7 个带缺口或不带缺口的园。测验开始时请迅速将长方格内带缺口的圆认出，将其数目写在长方格下面的答案内。直至听到“停止”口令后立刻停止。本测验时间为 3 min，每对一组圆计 1 分。

(4)数字译成符号测验：本测验共 1～9 个数字，是靠记忆把这些数字译成它的代表符号。测验时，先看 1 min 1～9 个数字在“＃”字形中相应位置，各数字所处

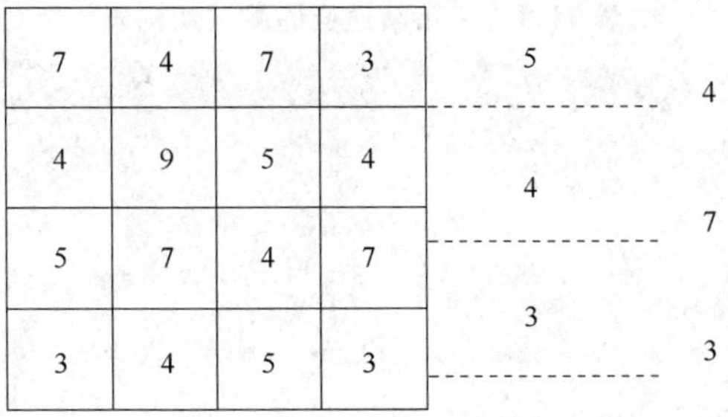

7	4	7	3
4	9	5	4
5	7	4	7
3	4	5	3

5　4　4　7　3　3

图 11.1　广度测试

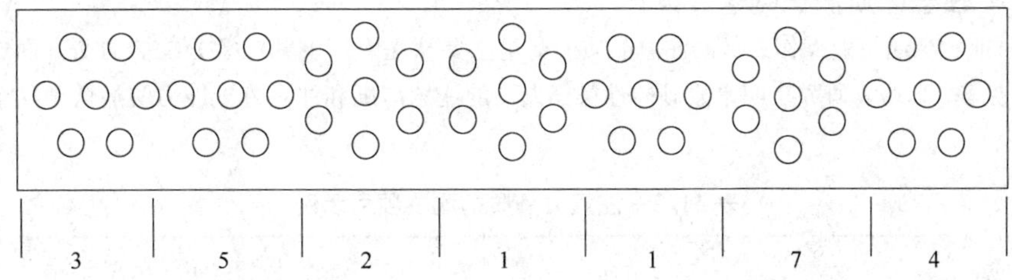

图 11.2　视觉鉴别

位置，即代表这个数字的符号。本测验时间为 3 min，每译对一符号计 1 分。在正式做题之前需做 28 个数的练习题。

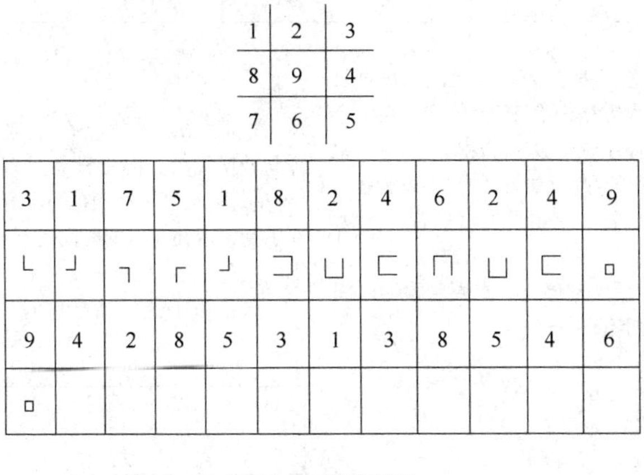

1	2	3
8	9	4
7	6	5

3	1	7	5	1	8	2	4	6	2	4	9
└	┘	┐	┌	┘	⊐	⊔	⊏	⊓	⊔	⊏	▫
9	4	2	8	5	3	1	3	8	5	4	6
▫											

图 11.3　数符翻译

11.3.2　上海申通地铁开发的城市轨道交通关键岗位测试

依据测评指标模型体系，结合城市轨道交通行业背景设计测题题干，结合速算、图形识别、16PF 心理测试、轨道交通常识、实操技能、安全知识等设计多种题型，测试题构建见表 11.1 所示。

表 11.1　城市轨道交通测试架构表

	第一部分						第二部分		
题号	1	2	3	4	5	6	7	8	9
预计测试题量	10~20	12~24	20~40	9~18	4~8	10~20	40	30	110
预计时间	5 min	5 min	5 min	5 min	5 min	5 min	8 min	8 min	14 min
测试点	注意力	注意力	思维	认知过程	记忆力	记忆力	专业测试	责任心	人格测试

以下以"注意品质"和"专业测试"为例详述题目设计。

1. 注意品质测试题题目设计

目前对交通行业操作人员的注意品质的衡量主要从注意广度和注意分配能力两方面进行考察(见表 11.2)。研究表明事故倾向性操作人员的注意广度和注意分配能力明显低于安全驾驶员。

表 11.2　注意力品质的测试项目示例

A. 注意广度	B. 注意分配能力
该测试题测试目标:注意力的广度 测试题题目的数量:20 道题目 测试时间:5 min 测试对象:城市轨道交通在岗人员 测试计分:1 题 1 分	该测试题测试目标:注意力的分配能力 测试题题目的数量:24 道题目 测试时间:5 min 测试对象:城市轨道交通在岗人员 测试计分:1 题 1 分
示例: 采用自设的注意广度表格进行测试。每页有 18 个大方格,每个大方格内有 16 个数字。在每个大方格右边虚线之后有 3 个数字。测验一开始,根据大方格右边虚线旁的数字(如第 1 条虚线旁为 4)找出大方格中共有几个和它相同的数(如有 5 个 4,把 5 写在第 1 条虚线上的括号中),依次做下去,直至听到"停止"口令后立刻停止。本测验检测时间为 5 min,每对一数字记 1 分。	示例: 根据"stroop"效应原理,考察应试者的注意分配与转换能力。向受试者呈现表示某种颜色的汉字,呈现的汉字字面颜色与本身的字义相同或不同,要求受试者在一定的时间内判断每个汉字的字义与字面颜色是否一致,一致的在旁边的括号中打"√",不一致在该字旁的括号中打"×",每正确一个记 1 分。

7	4	7	3	5 ------ 4
4	9	5	4	4 ------ 7
5	7	4	7	3 ------ 3
3	4	5	3	

红(　)	黄(　)	蓝(　)
绿(　)	黑(　)	黄(　)
蓝(　)	绿(　)	黑(　)

2. 专业素养测试题题目设计

结合城市轨道交通行业背景,行车调度员、列车驾驶员和车站值班员 3 个岗位的工作环境及操作要求,围绕仪表显示、操作面板、轨道交通基础知识设计测试题目(见表 11.3)。

表 11.3　专业素养的测试项目示例

A. 仪表显示	B. 面板识别
该测试题测试目标：列车驾驶员仪表素质 测试对象：城市轨道交通在岗人员 测试计分：1 题 1 分	该测试题测试目标：车站值班员仪表素质 测试对象：城市轨道交通在岗人员 测试计分：1 题 1 分
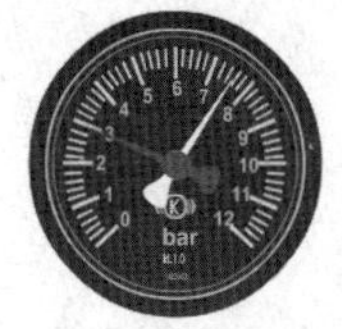 该图显示的是： A. 电压表 B. 电流表 C. 压力表 D. 频率表	本图●|表示显示为红色的信号机，●|表示显示为绿色的信号机，显示方向都是朝右，请问图中显示方向朝左并且显示为红色的信号机有 ____ 个。 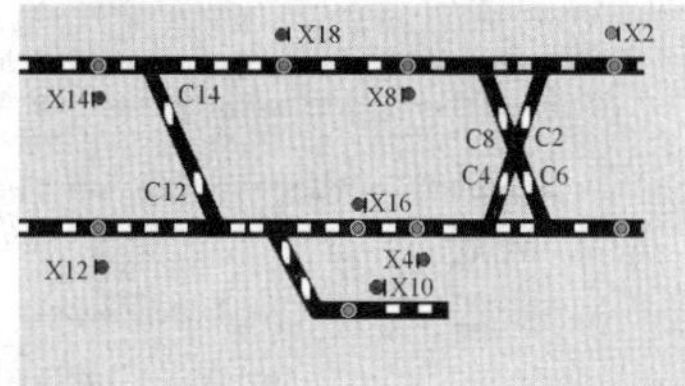

11.3.3　VTS 系统中轨道交通相关岗位测试模块

1. 持续注意力题目设计

图 11.4　维也纳心理测试题(a)

这是维也纳心理测试中持续性注意力测试的例题，题目会给出诸如朝上的三角形有 3 个，由受试者选择对错。读表寻数题在此项测试的基础上进行了一定程度的变更，采取让受试者选择表中数字的个数，同样是测试受试者的持续性注意力。

2. 空间思维力题目设计

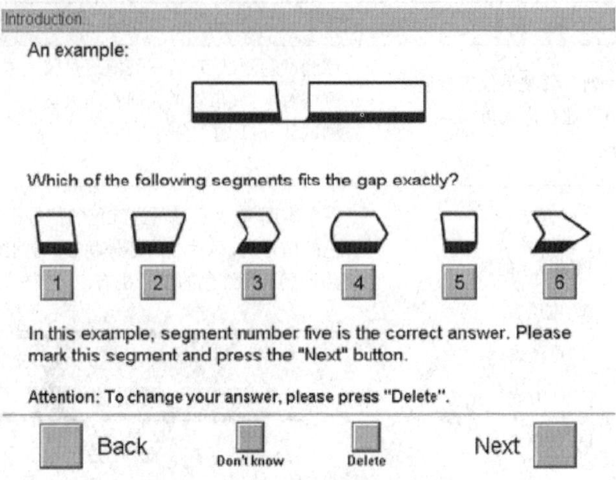

图 11.5 维也纳心理测试题(b)

这是维也纳心理测试中 2D 直观想象力测试的一道例题。题目要求从以下图形碎片中选择匹配上图缺口的碎片。该测试对受试者的认知能力进行评估,通过不同维度和组织图片来反映空间想象力。

3. 思维推理能力题目设计

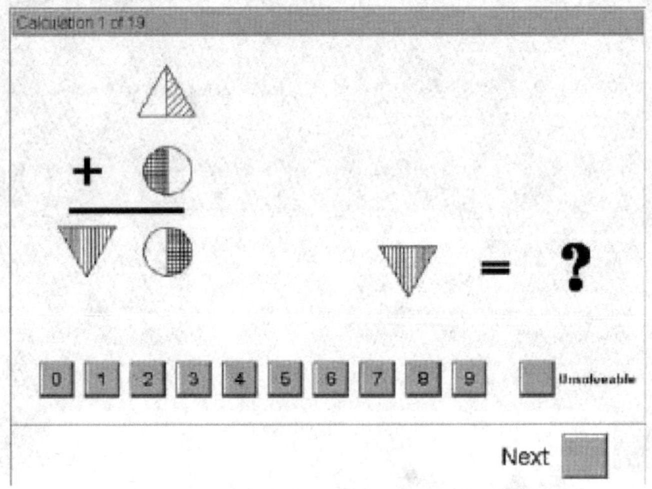

图 11.6 维也纳心理测试题(c)

这是维也纳测试中符号计算测试中的一道例题,测试中受试者面对一系列无意义的图形代替数字的简单算术方程式,这是一项评估归纳思维及推理思维的测试。数符转换借鉴了该测试的部分模式,并进行了一定程度的调整,可以同时测试受试者的短时记忆力。

思 考 题

1. 城市轨道交通行车组织有哪些相关的岗位?
2. 简述行车组织各相关岗位的工作职责。
3. 何谓职业适应性测评? 包括哪主要指标?
4. 哪些是影响列车驾驶员的职业适应性的因素?
5. 哪些是影响行车调度员的职业适应性的因素?
6. 行车组织相关岗位的适应性测试方法有哪些?

附件：气质测验

简介：

气质是个人与生俱来的心理活动动力特征。近代以来，心理学界形成了许多气质理论，制定了测量气质类型的量表，对人的行为表现，反应速度，情绪情感等进行测验研究。对人的气质类型的划分，学术界尚无统一的见解，但把人区分为多血质、胆汁质、粘液质和抑郁质4种传统的气质类型，则是心理学中流行的分类法。

本测验选择的气质类型简便易做，而且测验结果也比较符合实际，是一种颇受欢迎应用较广的气质类型问卷测验。

说明：

下面60道题，可以帮助你大致确定自己的气质类型，在回答这些问题时，你认为：

很符合自己情况的 记2分

比较符合的 记1分

介于符合与不符合之间的 记0分

比较不符合的 记－1分

完全不符合的 记－2分

气质问卷量表

1. 做事力求稳妥，一般不做无把握的事。
2. 遇到可气的事就怒不可遏，想把心里话全说出来才痛快。
3. 宁可一个人干事，不愿很多人在一起。
4. 到一个新环境很快就能适应。
5. 厌恶那些强烈的刺激，如尖叫，噪音，危险镜头等。
6. 和人争吵时，总是先发制人，喜欢挑剔别人。
7. 喜欢安静的环境。
8. 我善于和人交往。
9. 羡慕那种善于克制自己感情的人。
10. 生活有规律，很少违反作息制度。
11. 在多数情况下情绪是乐观的。
12. 碰到陌生人觉得很拘束。
13. 遇到令人气愤的事，能很好地自我克制。

14. 做事总是有旺盛的精力。

15. 遇到问题总是举棋不定,优柔寡断。

16. 在人群中从不觉得过分约束。

17. 在情绪高昂的时候,觉得干什么都有趣,情绪低落的时候,又觉得什么都没有意思。

18. 当注意力集中于一事物时,别的事很难使我分心。

19. 理解问题总比别人快。

20. 碰到危险情境,常有一种极度恐怖感。

21. 对学习、工作,怀有很高的热情。

22. 能够长时间做枯燥、单调的工作。

23. 符合自己兴趣的事情,干起来镜头十足,否则就不想干。

24. 一点小事就能引起情绪波动。

25. 厌烦做那种需要耐心、细致的工作。

26. 与人交往不卑不亢。

27. 喜欢参加热烈的活动。

28. 爱看感情细腻,描写人物内心活动的文学作品。

29. 工作学习时间长了,常感到厌倦。

30. 不喜欢长时间谈论一个问题,愿意实际动手干。

31. 宁愿侃侃而谈,不愿窃窃私语。

32. 别人总是说我闷闷不乐。

33. 理解问题常比别人慢些。

34. 疲倦时只要短暂的休息就能精神抖擞,出现投入工作。

35. 心里有话宁愿自己想,不愿说出来。

36. 认准一个目标就希望尽快实现,不达目的,誓不罢休。

37. 学习、工作同样一段时间后,常比别人更疲倦。

38. 做事有些莽撞,常常不考虑后果。

39. 老师或他人讲授新知识、技术时,总希望他讲得慢些,多重复几遍。

40. 能够很快的忘记不愉快的事情。

41. 做作业或完成一件工作总比别人花时间多。

42. 喜欢运动量大的剧烈体育运动或者参加各种文艺活动。

43. 不能很快地把注意力从一件事转移到另一件事上去。

44. 接受一个任务后,就希望把它迅速解决。

45. 认为墨守成规比冒风险强些。

46. 能够同时注意几件事物。

47. 当我烦闷的时候,别人很难使我高兴起来。
48. 爱看情节起伏,激动人心的小说。
49. 对工作抱认真严谨,始终一贯的态度。
50. 和周围的人关系总是相处不好。
51. 喜欢复习学过的知识,重复做能熟练做的工作。
52. 希望做变化大、花样多的工作。
53. 小时候会背的诗歌,我似乎比别人记得清楚。
54. 别人说我“出语伤人”,可我并不觉得这样。
55. 在体育活动中,常因反应慢而落后。
56. 反应敏捷,头脑机智。
57. 喜欢有条理而不甚麻烦的工作。
58. 兴奋的事常使我失眠。
59. 老师讲新概念,常常听不懂,但是弄懂了以后很难忘记。
60. 假如工作枯燥无味,马上就会情绪低落。

气质测验评卷

胆汁质 题号 2 6 9 14 17 21 27 31 36 38 42 48 50 54 58 总分

得分

多血质 题号 4 8 11 16 19 23 25 29 34 40 44 46 52 56 60 总分

得分

粘液质 题号 1 7 10 13 18 22 26 30 33 39 43 45 49 55 57 总分

得分

抑郁质 题号 3 5 12 15 20 24 28 32 35 37 41 47 51 53 59 总分

得分

结果

该测验评分方法如下:

1. 如果某一项或两项的得分超过20,则为典型的该气质。例如胆汁质项超过20,则为典型胆汁质;粘液质和抑郁质项得分都超过20分,则为典型粘液一抑郁质黄河型。

2. 如果某一项或两项以上得分在20以下,10以上,其他各项得分较低,则为该项一般气质。例如,一般多血质;一般胆汁-多血质混合型。

3. 假若各项得分都在10分以下但某项或几项得分较其余项为高(相差5分以上),则为略倾向于该气质(或几项混合)。例如略偏粘液质型;多血质-胆汁质混合型。

其余类推。

一般来说,正分值越高,表明被试越具有该项气质的典型特征;反之,分值越低或越负,表明越不具备该项特征。

关于4种气质类型的典型特征说明如下:

A. 胆汁质:直率热情、精力旺盛、脾气急躁、情绪兴奋性高、容易冲动、反应迅速、心境变化剧烈、具有外倾性。

B. 多血质:活泼好动、反应灵敏、乐于交往、注意力易转移、兴趣和情绪多变、缺乏持久力、具有外倾性。

C. 粘液质:安静、稳重、沉着、反应缓慢、沉默寡言、三思而后行、情绪不容外露、注意力稳定而较难转移、善于忍耐、偏内倾型。

D. 抑郁质:情绪体验深刻、行动迟缓、具有较高的感受性、善于觉察他人不易注意的细节、富有幻想、胆小孤僻、具有内倾性。

确定气质类型的测量表

胆汁质	题号	2	6	9	14	17	21	27	31	36	38	42	48	50	54	58	总分
多血质	题号	4	8	11	16	19	23	25	29	34	40	44	46	52	56	60	总分
粘液质	题号	1	7	10	13	18	22	26	30	33	39	43	45	49	55	57	总分
抑郁质	题号	3	5	12	15	20	24	28	32	35	37	41	47	51	53	59	总分

确定气质类型的方法:

1. 某气质类型如果得分均高出其他三种4分以上,则可定为该气质类型;

2. 如果该气质类型得分超过20分,则为典型型;如果得分在10～20分之间,则为一般型;

3. 两种气质类型得分接近,差异低于3分,而且又明显高于其他两种,高出4分以上,可定为该两种气质类型的混合型。如多血质—粘液质,胆汁质—多血质。

4. 三种气质类型得分接近而且高于第四种,则是这三种气质类型的混合型。如胆汁质—多血质—抑郁质。

参 考 文 献

[1] 黄健之,袁恩桢等．交通大辞典[M]. 上海:上海交通大学出版社,2005.

[2] 朱小瑶等．城市轨道交通客运管理[M]. 上海:上海科技教育出版社,2012.

[3] 彭聃龄等．普通心理学[M]. 北京:北京师范大学出版社,2008.

[4] 侯玉波等．社会心理学[M]. 北京:北京大学出版社,2008.

[5] 傅文青等．人格心理学[M]. 北京:人民卫生出版社,2007.